Coleção Espírito Crítico

SERTÃO MAR

Coleção Espírito Crítico

Conselho editorial:
Alfredo Bosi
Antonio Candido
Augusto Massi
Davi Arrigucci Jr.
Flora Süssekind
Gilda de Mello e Souza
Roberto Schwarz

Ismail Xavier

SERTÃO MAR

Glauber Rocha e a estética da fome

Livraria
Duas Cidades

editora 34

Editora 34 Ltda.
Rua Hungria, 592 Jardim Europa CEP 01455-000
São Paulo - SP Brasil Tel/Fax (11) 3811-6777 www.editora34.com.br

Copyright © Editora 34 Ltda., 2019
Sertão mar © Ismail Xavier, 1983, 2007, 2019

A fotocópia de qualquer folha deste livro é ilegal e configura uma
apropriação indevida dos direitos intelectuais e patrimoniais do autor.

Edição conforme o Acordo Ortográfico da Língua Portuguesa.

Este livro foi publicado originalmente pela Brasiliense, em 1983,
com uma segunda edição pela Cosac Naify, em 2007.

Capa, projeto gráfico e editoração eletrônica:
Bracher & Malta Produção Gráfica

Revisão:
Milton Ohata

1ª Edição - 2019

CIP - Brasil. Catalogação-na-Fonte
(Sindicato Nacional dos Editores de Livros, RJ, Brasil)

Xavier, Ismail, 1947
X468s   Sertão mar: Glauber Rocha e a estética
da fome. São Paulo: Duas Cidades; Editora 34, 2019
(1ª Edição).
288 p.   (Coleção Espírito Crítico)

ISBN 978-85-7326-735-8

1. Cinema - Brasil. 2. Cinema Novo.
3. Rocha, Glauber, 1939-1981 - Crítica e interpretação.
I. Título. II. Série.

CDD - 791.437

Índice

Apresentação 9

Introdução 17

1. *Barravento*: alienação *versus* identidade 25

2. Contraponto I: *O pagador de promessas*
   e as convenções do filme clássico 61

3. *Deus e o diabo na terra do sol*:
   as figuras da revolução 95

4. Contraponto II: *O cangaceiro*,
   ou o bandido social como espetáculo 167

5. Considerações sobre a estética da violência 209

Bibliografia geral 227

Posfácio à 2ª edição, *Leandro Saraiva* 235

Prefácio à edição francesa, *Mateus Araújo* 243

Entrevista a Vinicius Dantas 259

Ficha técnica dos filmes analisados 277

Outros filmes citados 281

Índice onomástico 282

Créditos das imagens 285

Sobre o autor 286

Agradecimentos do autor:

Antonio Candido (*in memoriam*), João Alexandre Barbosa (*in memoriam*), Maria Rita Galvão (*in memoriam*), Lígia Chiappini Moraes Leite, Eduardo Peñuela Cañizal e Jean-Claude Bernardet, pelas críticas e sugestões. Washington Racy e Maria Regina Reis Martins, pela produção dos fotogramas.

Isaura, apoio do começo ao fim, neste e em tudo o mais.

Apresentação

Meu intento neste livro, publicado originalmente em 1983, foi tratar de forma mais incisiva uma questão central na experiência do Cinema Novo: a da relação entre seu diálogo com a herança modernista e os imperativos de uma militância de efeito político imediato na conjuntura dos anos 1960. A demanda gerada pela inserção criativa na reflexão de longo prazo sobre a sociedade e a cultura brasileiras era posta em correlação com uma vontade de intervenção direta na vida política, antes e mesmo depois do golpe militar de 1964, quando foi vivida em termos distintos face ao período populista.

A retomada criativa do modernismo e a pedagogia política formaram, no entanto, uma equação nem sempre bem resolvida, e o enorme saldo positivo do movimento muito deve à sua adoção do princípio de autoria que definiu — em nítida tensão com as cobranças pela "correção" do recado político urgente — a forma dos seus melhores filmes, sua estética. Neste sentido, meu propósito foi superar o caráter redutor e excessivamente ideológico do debate em torno de Glauber Rocha, renovar a visão dos seus filmes pela atenção à forma, discutindo, em outros termos, o sentido político de sua *mise-en-scène* dentro de sua peculiar junção entre o olhar do documentarista e o cerimonial dos atores — gesto e palavra.[1]

Era preciso assumir de modo mais radical o reiterado reconhecimento do que sempre houve de figurativo em seu cinema, de religioso em sua "crítica da alienação", de contraditório em sua riquíssima encenação da história. Expor o modo como o conflito entre distintas temporalidades ganhava expressão na trama e no estilo, desestabilizando a crítica da religião presente em seus filmes realizados antes do golpe de 1964. Daí o meu empenho em ressaltar o que há de circular e mágico no movimento que impulsiona *Barravento* (1961-62), e o que está implicado na alegoria da esperança de *Deus e o diabo na terra do sol* (1963-64), filme que oferece um exemplo notável de composição do "realismo figural" tão bem explicado por Erich Auerbach em seu clássico *Mimesis*.[2] Foi o ensaísta alemão que me ajudou a entender como conviviam, no plano da forma artística, o Glauber leitor de Marx e o Glauber leitor da Bíblia, e de que modo o dilaceramento próprio à alegoria moderna se instalava no que parecia ser uma pedagogia feita de certezas. Procurei mostrar, na leitura do filme, sua condição de obra-síntese capaz de tornar visível, e articulada, uma concepção messiânica da Revolução muito presente na esquerda latino-americana dos anos 1960.

---

[1] Quanto a essa tensão entre espaço aberto e *mise-en-scène* teatralizante, entendida como central no estilo de Glauber, ver Ismail Xavier, "Glauber Rocha: le désir de l'histoire", em Paulo Paranaguá (org.), *Le Cinéma brésilien*, Paris, Centre Georges Pompidou, 1987, pp. 145-54. Texto incluído em Ismail Xavier, *O cinema brasileiro moderno*, São Paulo, Paz e Terra, 2001.

[2] Ver Erich Auerbach, *Mimesis*, Princeton, Princeton University Press, 1953 [ed. bras.: *Mimesis: a representação da realidade na literatura ocidental*, trad. George Sperber, São Paulo, Perspectiva, 2015, 6ª ed.].

Apresentação

Naquela conjuntura, Glauber encarnava o intelectual militante, com uma sensibilidade peculiar, mas era também o cineasta em claríssima sintonia com a reflexão sobre cinema moderno realizada nos grandes fóruns da época. Isto se evidencia em seus filmes e textos, mas de modos distintos, pois vale lembrar que a palavra do cineasta não se projeta de forma automática nos filmes. Estes não são apenas produtos da vontade e da ideia; sofrem inflexões vindas das circunstâncias e abrigam conflitos, mais ou menos declarados, numa travessia que pode estar cheia de atropelos, como aconteceu com *Barravento*. Neste sentido, a análise imanente não apenas esclarece a estrutura e os sentidos nela implicados, mas também especifica, com mais rigor, as perguntas que devem orientar uma pesquisa voltada para a gênese da obra, ou seja, para o processo de criação e de produção material do filme. Tal pesquisa já encontrou uma formulação mais sistemática no caso de *Deus e o diabo*, em especial no trabalho recente de Josette Monzani, que analisa as várias versões do roteiro escrito por Glauber ao longo de anos.[3] Em contrapartida, embora motivo de muitas observações que ofereceram dados de um conflito já conhecido em seu contorno mais geral, a história de *Barravento* requer um exame do roteiro de Luís Paulino dos Santos e uma ampliação dos dados referentes à produção das imagens, trabalho que está por ser feito de modo mais rigoroso. Tal crítica genética traria grande contribuição para o estudo do filme, não porque alterasse a ordem das imagens que de fato estão lá a exibir a forma criada pela montagem, tal como caracterizei em minha leitura, mas porque especificaria melhor o processo que gerou as contradições que apontei no filme assinado por Glauber.

---

[3] Josette Monzani, *Gênese de Deus e o diabo na terra do sol*, São Paulo/Salvador, Annablume/UFBa/Fundação Gregório de Mattos/Fapesp, 2006.

Uma observação sobre a análise aqui feita. Não se trata de isolar os filmes e descartar outras intervenções do cineasta, como as entrevistas, os manifestos e as declarações. Estes são documentos importantes. No entanto, não detêm a verdade da obra. Confundir a intenção do autor com o sentido efetivo produzido pelas imagens e sons é cair na "falácia intencional", para usar a expressão do crítico norte-americano William K. Wimsatt Jr.[4]

A tarefa da crítica muitas vezes envolve o gesto fundamental de apontar a diferença entre projeto, intenção e realização, pois é a obra que cria o autor, e não o contrário. Cineasta-autor proclamado, Glauber se instalou no coração desta problemática e a expressou de maneira exemplar. Em seus filmes, o caráter heteróclito da enunciação no cinema vem a primeiro plano, pois ele soube inventar formas originais de articular as bandas de som e de imagem, ora incorporando traços da cultura popular, ora do teatro moderno ou da tradição literária, sem elidir o seu diálogo intenso com o cinema de autor europeu que lhe era contemporâneo, ou mesmo com o *western* dos anos 1950.[5] O seu cinema não é cordel, nem mito de fundação. É o ponto de gerenciamento

---

[4] William K. Wimsatt Jr. e Monroe C. Beardsley, "The Intentional Fallacy", *Sewanee Review*, v. 54, 1946, pp. 468-88. Republicado em *The Verbal Icon: Studies in the Meaning of Poetry*, Lexington, University of Kentucky Press, 1954.

[5] Observei alguns traços deste diálogo com o *western*, mas não especifiquei algo fundamental. No comentário ao filme, sequência por sequência, que integra o DVD de *Deus e o diabo* (Versátil/Riofilmes/Cinemateca Brasileira), destaco o nítido eco da figura de Ethan, de *Rastros de ódio* (*The Searchers*, John Ford, 1956), na composição de Antônio das Mortes como o parteiro do futuro, porém rejeitado. O personagem interpretado por John Wayne, tal como Antônio, é a figura do saber e do enigma que faz o trabalho de repressão/liberação dos demais, mas não tem lugar no futuro da comunidade. Esta é uma conexão significativa que não tematizei neste livro. Vale aqui o reparo.

Apresentação

dos conflitos entre os vários canais de expressão, conflitos que os cineastas de sua geração tornaram evidentes ao questionar o imperativo de que uma única voz deve orquestrar tudo num filme, levando a crítica a mobilizar as noções de Mikhail Bakhtin para descrever as novas regras do jogo. No caso de Glauber, o essencial era mostrar de que modo o feitio das máscaras é tão importante quanto o teor das ações práticas e como a dimensão mágica se tece junto com a ideia de determinação material-histórica.

Na primeira edição deste livro procurei condensar a introdução e as justificativas de praxe quanto aos procedimentos da análise, pois julguei que esta devia, por si mesma, fazer-se expressão do quadro conceitual de referência. Em contrapartida, vejo agora que, em algumas passagens dos capítulos de contraponto, fui pedagógico, talvez em excesso, nas observações sobre o cinema clássico e seu regime de autoridade. Minha tonalidade seria hoje distinta, dada a ampla disseminação de variadas formas de cotejo entre o clássico e o moderno, ou entre o cinema de gênero e o cinema de autor. Naquele momento, o desafio maior era definir os termos de um capítulo brasileiro do cinema moderno em seu momento de grande impulsão e caracterizar a originalidade de Glauber na articulação do estético e do político. Sua obra exibe tensões reveladoras num estilo que procurei apreender em detalhe, única maneira de esclarecer as formas do tempo trazidas à cena nos seus primeiros filmes, nesses rituais instituídos no ponto de intersecção entre mito e história.

Atravessando espaços emblemáticos, seu cinema procurou dialogar criticamente com as grandes formas da memória social e do imaginário popular para alcançar uma representação apta a superar o que ele entendia como limitações do teatro psicológico burguês. Seu cerimonial, tenso e descontínuo na montagem, compõe, a cada passo, um dueto entre a câmera e os atores que ora incorpora o impulso épico de Bertolt Brecht, ora a intensidade do gesto que é própria ao teatro da crueldade, de Antonin Artaud.

Marcado por um impulso de contradição, Glauber teceu em suas imagens um drama barroco que, no sentido proposto por Walter Benjamin, só se explicitou com maior clareza na estrutura e no estilo de *Terra em transe* (1967). Este filme trazia uma reflexão exasperada diante do que o cineasta entendia como um reiterado adiamento bem próprio à história truncada de uma nação a construir, uma nação-problema, talvez uma miragem, de qualquer modo um hipotético ponto futuro que em *Deus e o diabo* (1963-64) havia pensado numa tonalidade distinta.[6] Na cena que configurou no sertão, a questão central não era a crise de um projeto, mas a forma peculiar de Glauber compor uma teleologia — a da formação nacional — que tem seu parentesco com outros exemplos de narrativas de fundação, mas exibe nítida diferença. O seu ponto essencial é o reconhecimento de que tal formação não se completou, é da ordem da profecia.

Tal diferença se esclarece quando se toma como referência o *western*, ou mesmo a representação da história universal feita por outro cineasta leitor da Bíblia: o David W. Griffith de *Intolerância* (*Intolerance*, 1916). Hollywood pensava o processo de formação nacional como um percurso consolidado e fazia do recuo ao passado um momento de reflexão sobre os valores que deviam ser reafirmados no presente; era um ato de celebração da virtude dos heróis que haviam sancionado, pelas armas, o princípio da boa ordem expresso na lei escrita. A procura da justiça, como premissa maior da jornada alegórica das personagens de

---

[6] Ver meu comentário sobre a miragem da nação-sujeito em *Alegorias do subdesenvolvimento: Cinema Novo, tropicalismo, cinema marginal* [1993], São Paulo, Cosac Naify, 2012, 2ª ed., pp. 189-99.

Apresentação

Glauber, é um movimento que se repõe a cada passo; no entanto, porque incompleto, tal movimento não dá ensejo para a celebração de uma totalidade já constituída. Pelo contrário, o passado e a violência são objeto de uma reflexão tensa, dramática, que se volta para heróis marcados pela ambivalência, ou melhor, para uma lição da história marcada pela ambivalência.

Ao compor sua representação a partir de tais premissas, a inovação formal de Glauber traz a primeiro plano a descontinuidade; sua alegoria compõe movimentos que afirmam avanços, mas não encontram um ponto seguro de apoio que permita a pedagogia serena do ritual cívico da indústria cultural, seja a do *western* clássico, seja a da novela de TV contemporânea. Pelo contrário, os seus filmes compõem os traços típicos do dilaceramento da consciência moderna que, em muitos países, ganhou expressão cinematográfica mais nítida nos anos 1960. Deste modo, ele se insere no conjunto de experiências de renovação do cinema que alcançaram, naquele momento, um diálogo mais consequente com a arte de seu tempo. Neste particular, há neste processo outra inversão não menos decisiva: no plano estético, o cinema de Glauber integra — juntamente com outros filmes do Cinema Novo e obras-primas da América Latina, como *Memórias do subdesenvolvimento* (*Memorias del subdesarrollo*, 1968), de Tomás Gutierrez Aléa — o elenco de filmes que veio questionar o preconceito subjacente a uma teleologia que supõe ser tarefa dos países centrais (Estados Unidos e nações europeias) produzir as experiências artísticas de ponta, enquanto caberia aos países periféricos apenas trazer ao mundo da literatura e do cinema o suplemento de um conteúdo político concentrado na temática nacional das obras.[7] Recusando tal premissa, Glauber fez da in-

---

[7] Tal premissa é mais frequente e resistente do que parece, marcando até

venção de estilo a condição para a sua intervenção no debate político. Definiu, nesta escolha, a força maior de seu cinema, uma peça-chave no processo cultural que se desdobrou no tropicalismo e em outras experiências de vanguarda dos anos 1970.

O essencial, quando empreendi este estudo, era evidenciar o seu trabalho notável de formalização, capaz de recolher o conflito de vozes de toda uma época, fazendo a ponte entre o cinema dos anos 1960 e o movimento maior que envolve os caminhos do modernismo no período posterior à Segunda Guerra Mundial.

Ismail Xavier
junho de 2007

---

mesmo textos de grande originalidade e interesse escritos por autores a quem não se pode negar aguda consciência política, como Fredric Jameson. Ver o seu ensaio "Third World Literature in the Era of Multinational Capitalism", *Social Text*, nº 15, out. 1986.

Introdução

Da fome. A estética. A preposição "da", ao contrário da preposição "sobre", marca a diferença: a fome não se define como tema, objeto do qual se fala. Ela se instala na própria forma do dizer, na própria textura das obras. Abordar o Cinema Novo do início dos anos 1960 é trabalhar essa metáfora que permite nomear um estilo de fazer cinema. Um estilo que procura redefinir a relação do cineasta brasileiro com a carência de recursos, invertendo posições diante das exigências materiais e as convenções de linguagem próprias do modelo industrial dominante. A carência deixa de ser obstáculo e passa a ser assumida como fator constituinte da obra, elemento que informa a sua estrutura e do qual se extrai a força da expressão, num estratagema capaz de evitar a simples constatação passiva "somos subdesenvolvidos" ou o mascaramento promovido pela imitação do modelo imposto que, pelo avesso, diz de novo "somos subdesenvolvidos". A estética da fome faz da fraqueza a sua força, transforma em ato de linguagem o que até então é dado técnico. Coloca em suspenso a escala de valores dada, interroga, questiona a realidade do subdesenvolvimento a partir de sua própria prática.

Neste trabalho, minha atenção se concentrou nesse estilo de fazer cinema. O objetivo era caracterizá-lo a partir dos filmes, examinados com paciência; fazer comparações, revelar as implicações de certas escolhas. Esta é a razão pela qual falei de poucos filmes e me concentrei num só autor. Tudo aqui gira em torno da análise e interpretação dos filmes de Glauber Rocha realizados antes do golpe de 1964: *Barravento* (1961-62) e *Deus e o diabo na terra do sol* (1963-64).

Como assumo que a melhor análise é aquela que enriquece a percepção das diferenças, dos conflitos, da mútua negação existente entre estilos alternativos, organizei o trabalho na base do ponto-contraponto. Para caracterizar o que o cinema de Glauber é em 1962-64, falo também do que ele não é, marcando os pontos de transformação. Para isso, tomei exemplos que julgo bastante representativos do cinema não novo brasileiro: dois clássicos, filmes consagrados que até possuem a curiosa peculiaridade de preceder o cinema de Glauber na esfera da reputação internacional e dos prêmios: *O pagador de promessas* (1962), dirigido por Anselmo Duarte, e *O cangaceiro* (1953), por Lima Barreto. Um dado fundamental não pode ser esquecido: meu olhar sobre os filmes de Glauber é mais interrogativo; sobre os contrapontos é mais didático, tendendo a sublinhar neles os traços que têm maior rendimento na comparação. Nesse sentido, funcionam mais como espelhos, como fundo sobre o qual se torna mais visível a forma que me interessa caracterizar e discutir.

No meu trajeto, procurei dar a palavra ao cinema, imagem e som. No entanto, nesse observar, o que bate na tela não podia pretender completa inocência. Muita coisa do contexto se fez presente como parte do meu instrumental. Não fui eu quem escolheu com liberdade alguns dos problemas aqui discutidos, pois cada filme tinha associado a si uma crítica que já havia selecionado certos temas. Meu débito é flagrante para com tudo e com todos que interceptaram meu debate direto com os filmes. Sejam os manifestos do próprio Glauber, a crítica da época do lançamento dos filmes, a reflexão ensaística de Luís Carlos Ma-

Introdução

ciel, Zulmira Ribeiro Tavares, Paulo Perdigão e Raquel Gerber, para citar alguns exemplos. Seja, em especial, o livro de Jean-Claude Bernardet, *Brasil em tempo de cinema* (1967), que foi peça de constante diálogo ao longo do texto, mesmo quando não nomeado.

Diante das leituras já feitas, insisti em ver e ouvir, favorecido que estava pelo intervalo de tempo entre produção (1962-64) e leitura (1979).[1] Na raiz da minha insistência estava a convicção da necessidade de retomar as interpretações e discutir os temas mais amplos da estética e da política dos anos 1960 a partir de um contato mais cuidadoso com as obras.

Sabemos que Glauber Rocha, como outros artistas naquela década, trazia consigo o imperativo da participação no pro-

---

[1] Nesse ano, foi redigida a tese apresentada à Faculdade de Filosofia, Letras e Ciências Humanas da Universidade de São Paulo, sob orientação de Antonio Candido de Mello e Souza, que acompanhou o trabalho após a morte de Paulo Emílio Sales Gomes. Tive a chance de discuti-lo com Maria Rita Galvão, João Alexandre Barbosa, Lígia Chiappini Moraes Leite, Eduardo Peñuela Cañizal e Jean-Claude Bernardet, o que me orientou nas modificações posteriores. A intervenção para valer atingiu esta introdução, praticamente refeita. No mais, alterei o tom de minhas considerações nos capítulos de contraponto para torná-los mais adequados à função que têm no conjunto. Nos capítulos dedicados a Glauber, introduzi uma titulação que não havia e acrescentei notas e parágrafos onde senti que dados novos haviam me ajudado a situar melhor as questões. Creio ter deixado mais claro o movimento do texto. Nas considerações finais, foi feita a ponte entre *Sertão mar: Glauber Rocha e a estética da fome* e *Alegorias do subdesenvolvimento: Cinema Novo, tropicalismo, cinema marginal* (1993), livro que estava, naquele momento, em elaboração. A estética da fome é aqui discutida em oposição a um passado cinematográfico com o qual ela está em conflito; no outro livro, *Terra em transe* (1967) é ponto de partida dentro de um percurso onde analiso filmes brasileiros que intervieram de modo decisivo no processo cultural brasileiro, desde a eclosão do tropicalismo até meados dos anos 1970.

cesso político-social, assumindo inteiramente o caráter ideológico do seu trabalho — ideológico em sentido forte, de pensamento interessado e vinculado à luta de classes. Afirmava então o desejo de conscientizar o povo, a intenção de revelar os mecanismos de exploração do trabalho inerentes à estrutura do país e a vontade de contribuir para a construção de uma cultura nacional-popular; linhas de força que se manifestavam no cinema, na música, no teatro. Era a forma específica encontrada por artistas brasileiros para expressar o seu compromisso histórico e seu alinhamento com as forças empenhadas na transformação da sociedade.

Diante daquela atmosfera de engajamento, meu propósito foi identificar como, nos filmes analisados, as características de imagem e som se põem como respostas a demandas que vêm da esfera do político e do social, e como também elementos de outra natureza entram no jogo que constitui a obra.

* * *

Cada filme define um modo particular de organizar a experiência em discurso, sendo um produto de múltiplas determinações. É comum se dizer que são redutoras as análises que reconhecem no filme apenas aquilo que está na ideologia formulada nos manifestos ou nas entrevistas do autor. E o mesmo é dito das análises que, partindo do filme, saltam com certa pressa de um resumo do enredo para a caracterização da mensagem da obra ou da ideologia do autor. Fala-se de associação mecânica, que não leva em conta as mediações do processo de representação. Ou seja, o modo pelo qual se conta a estória, os meios à disposição do autor, as limitações impostas pelo veículo usado, as convenções de linguagem aceitas ou recusadas, a inscrição ou não em determinado gênero. Meu objetivo era justamente levar em conta as mediações. Para esclarecer como

Introdução

procurei fazê-lo, comento aqui o referencial utilizado na lida com o específico, ao cinema ou à narrativa como forma geral de representação.

No percurso que vai da textura do filme à interpretação, procurei escolher uma categoria descritiva, um aspecto da elaboração do filme que servisse de baliza para marcar identidades e rupturas. Ao trabalhar com elementos como decupagem, câmera na mão, *faux raccord*, descontinuidade, campo-contracampo e som *off*, organizei a análise em torno de uma questão: a do ponto de vista do narrador. Em outros termos, preocupei-me com o "foco narrativo" (foco no sentido de ponto de onde emana, fonte de propagação): sua caracterização nos diferentes filmes e os significados sugeridos pelo comportamento do narrador em cada caso. Perguntei sempre: como se conta a estória? Por que os fatos são dispostos deste ou daquele modo? O que está implicado na escolha de um certo plano ou movimento de câmera? Por que este enquadramento aqui, aquela música lá?

Na busca de respostas, procurei reduzir ao mínimo o apelo a conceitos gerais. Nesta introdução sinto apenas necessária uma observação a respeito da noção de narrador, embora o próprio texto deixe claro o seu sentido neste trabalho. Para evitar equívocos, é preciso não confundir a figura do narrador, que pertence à obra, e dela é elemento interno, com a figura do autor, sujeito empírico responsável pela produção da obra, seja uma pessoa ou um complexo industrial, elemento exterior à obra. Autor e narrador pertencem a mundos distintos. Este é figura imaginária tanto quanto as personagens e outros elementos ligados à ficção. Isto fica bem nítido quando explicitamente uma das personagens da estória é a própria figura mediadora que nos dá a conhecer o mundo imaginário que emana de palavras impressas ou de imagem-som na sala escura. Machado de Assis, quando escreveu *Dom Casmurro*, escolheu fazer de Bentinho o narrador da estória e, nessa escolha, fez de uma personagem envolvida na ficção (que tem nome, feições e comportamento dentro dela) a figura mediadora. No entanto, mesmo quando "na moita", escondido, o narrador pode ser caracterizado e, da mesma forma, não se confunde com o autor. Seja qual for o processo pelo qual se conta a estória, o narrador é figura logicamente necessária, mediação pressuposta, em verdade invenção decisiva dos responsáveis pela obra, invenção como outras e que ocupa lugar fundamental na organização do filme, conto ou romance.

No cinema corrente, e em certa literatura naturalista, a figura do narrador se esconde por trás do seu próprio ato, o qual ele executa com certos cuidados. Não é palpável, não tem rosto, nem nos deixa nenhum outro traço que não seja o ato mesmo de narrar. Pelos cuidados que toma, acaba por provocar em nós uma relação muito particular com a ficção, tal como se esta se desenvolvesse por si mesma e a mediação não existisse, tal como se estivéssemos diante de algo tão autônomo quanto certos acontecimentos de nosso cotidiano. Mas, sabemos, lá no fundo, que estamos diante de um jogo de linguagem, de um faz de conta com o qual desenvolvemos uma relação toda especial e que resulta de uma cumplicidade sutil que envolve a todos. Afinal, o jogo da ficção implica várias metamorfoses, nos dois extremos do processo: produção-consumo. A do próprio autor, que se transforma em alguém ou numa entidade que acredita no que conta como se houvesse visto ou estivesse vendo, testemunhando, e está empenhado em manter o encanto frente aos ouvintes ou espectadores; estes, por sua vez, têm a sua metamorfose, pois se transformam em entes capazes de "suspender o descrédito", para usar a expressão de Samuel T. Coleridge, e aceitar a autenticidade dos eventos os mais maravilhosos ou prosaicos, de modo a completar o circuito de cumplicidades necessário ao faz de conta. O narrador é essa figura mediadora que resulta da

Introdução

metamorfose do autor, ou da sua invenção, como diriam alguns, ou da linguagem de seu trabalho, como diriam outros. Num processo inverso, mas de estatuto semelhante, como espectadores, acionamos quem ou o que dentro de nós está disposto a se envolver no jogo porque precisa da ficção, a deseja. Para ilustrar, lembremos o exemplo de metamorfose dado por Wolfgang Kayser: a mãe ou o pai, ao narrar um conto de fadas, abandona a atitude de adulto para se transformar em alguém que acredita no universo imaginário que a sua própria encenação está criando.

Há muita coisa séria implicada nesse jogo que, no momento, descrevo apenas esquematicamente. Fixemos apenas a ideia de que, nessa simulação geral, seria ingênuo atribuir diretamente ao autor aquilo que é próprio ao narrador que ele inventa. Se há algo a "cobrar" de cineastas e escritores, é o sentido de suas invenções — incluído o narrador — no conjunto de relações internas à obra, relações que definem a contribuição de cada aspecto para as significações do filme ou do romance.

Em cada caso, o narrador tem certas capacidades e saberes, mas trabalha dentro de certos limites. No cinema, as mediações que me levam à ficção são complexas, envolvendo todos os recursos de elaboração da imagem e do som. Examinar o trabalho do narrador é mergulhar dentro do filme para ver como imagem e som se constituem, numa análise imanente que, ao caracterizar os movimentos internos da obra, oferece instrumentos para discussões de outra ordem, particularmente aquelas que nos levam ao contexto da produção do filme e sua relação com a sociedade.

Nessa ordem de ideias, meu estudo dos filmes de Glauber Rocha procura percorrer os meandros da atividade do narrador, investigar em detalhe como a mediação opera. São os próprios filmes que permitem caracterizá-la. Seja qual for o tipo de produção, independentemente das intenções de a ou b, posso examinar os filmes e falar da postura da narração, de seus critérios, de seu saber, de sua lógica. A obra de ficção é a invenção de uma estória e, ao mesmo tempo, de um modo de narrá-la.

Neste trabalho, a análise de diferentes modos de narrar se articula a considerações temáticas particulares, em especial a relação entre o estilo dos filmes e as formas de representação próprias à cultura popular. Ou, mais precisamente, a perspectiva segundo a qual os filmes incorporam na sua representação determinadas formas de consciência. A partir de análise centrada na questão do "foco narrativo", tento responder às perguntas: quais as implicações de certo aspecto formal no plano da significação? Como se concebem os movimentos da consciência de segmentos específicos — camponeses, pescadores de uma comunidade de origem africana — no interior de uma visão global do processo histórico? Que estatuto ganha a religião do oprimido? De que forma, em suma, o cinema de Glauber encontra seu lugar entre o círculo da lenda e o vetor da história?

Capítulo 1

Barravento:
alienação *versus* identidade

A alienação como parâmetro:
retomando a questão

Logo no início da projeção, o letreiro que introduz *Barravento* é contundente na indicação de leitura:

No litoral da Bahia vivem os negros puxadores de "xaréu", cujos antepassados vieram escravos da África. Permanecem até hoje os cultos aos deuses africanos e todo esse povo é dominado por um misticismo trágico e fatalista. Aceitam a miséria, o analfabetismo e a exploração com a passividade característica daqueles que esperam o reino divino. "Iemanjá" é a rainha das águas, a "velha mãe de Irecê", senhora do mar que ama, guarda e castiga os pescadores. "Barravento" é o momento de violência, quando as coisas da terra e mar se transformam, quando no amor, na vida e no meio social ocorrem súbitas mudanças. Todos os personagens apresentados neste filme não têm relação com pessoas vivas ou mortas e isto será apenas mera coincidência. Os fatos contudo existem. *Barravento* foi realizado numa aldeia de pescadores na praia de Buraquinho, alguns quilômetros depois de Itapoan, Bahia. Os produtores agradecem à prefeitura municipal de Salvador, ao governo da Bahia, aos proprietários de Buraquinho e a todos aqueles que tornaram possíveis as filmagens, principalmente aos pescadores, a quem este filme é dedicado.

As declarações de muitos críticos e a própria posição de Glauber Rocha na época da realização do filme nos sugerem uma interpretação de *Barravento* que se alinha aos termos do letreiro inicial: "Em *Barravento* encontramos o início de um gênero, o 'filme negro': como Trigueirinho Neto, em *Bahia de Todos os Santos*, desejei um filme de ruptura formal como objeto de um discurso crítico sobre a miséria dos pescadores negros e sua passividade mística".[1] Assim dizia Glauber em 1963, no livro *Revisão crítica do cinema brasileiro*. Luís Carlos Maciel, por sua vez, observa: "*Barravento* revela a preocupação fundamental de Glauber com a alienação religiosa do povo brasileiro. Nele, as crenças religiosas dos pescadores de uma praia da Bahia são o grande obstáculo para a luta de libertação do jugo econômico a que estão submetidos. São as crenças que impedem a rebelião. São elas que impedem a humanização".[2] Barthélémy Amengual, em 1973, diz: "Ainda em 1962, o cinema político tem ideias simples e claras: o bem é a razão, a solidariedade, a consciência de classe; o mal é o irracional, a religião, a tradição, a resignação. *Barravento* termina com a imagem de um farol erigido como símbolo político: luz, poder e justiça prometidos aos trabalhadores se eles se conscientizarem de sua força e de sua unidade".[3]

---

[1] Glauber Rocha, *Revisão crítica do cinema brasileiro* [1963], São Paulo, Cosac Naify, 2003, p. 160.

[2] Luís Carlos Maciel, "Dialética da violência", em Glauber Rocha e outros, *Deus e o diabo na terra do sol*, Rio de Janeiro, Civilização Brasileira, 1965, p. 201.

[3] Barthélémy Amengual, "Glauber Rocha e os caminhos da liberdade", em Raquel Gerber (org.), *Glauber Rocha* [1973], Paz e Terra, 1977, p. 99.

Barravento: alienação *versus* identidade

Em 1977, ao tentar a descrição de um percurso do Cinema Novo frente às formas de representação popular, eu trazia uma hipótese que caminhava na mesma direção: a década de 1960, no seu conjunto, corresponderia ao momento do que se poderia chamar "crítica dialética" da cultura popular, marcada pela presença da categoria da alienação no centro de sua abordagem da consciência das classes dominadas; a década de 1970 corresponderia a um gradativo deslocamento pelo esforço de "compreensão antropológica", tornada possível através de um recuo do cineasta, que resolve pôr entre parênteses seus valores — em alguns casos, a visão marxista do processo social e da ideologia — e renuncia à ideia da religiosidade popular como alienação. Abre-se espaço para uma política de adesão que privilegia, nas representações dadas, uma positividade quase absoluta, que as torna intocáveis porque testemunho da resistência cultural frente à dominação e afirmação essencial de identidade.

Barravento e *Deus e o diabo na terra do sol* seriam dignos representantes da década de 1960. Nessa esquematização, despontavam como exemplos claros da crítica à alienação pelo misticismo. E *O dragão da maldade contra o santo guerreiro* (1969) era apontado como ponto de inflexão, no caso particular de Glauber. O panorama era mais amplo e localizava o termo final dessa tendência à adesão ao popular na proposta de Nelson Pereira dos Santos, cristalizada em *O amuleto de Ogum* (1973-74) — sua versão mais feliz — e *Tenda dos milagres* (1977) — versão caricatural e doutrinária.

Ao analisar com mais cuidado o filme *Barravento*, percebi o quanto a leitura marcada pelo conteúdo de crítica à alienação religiosa era seletiva, podendo apenas dar conta de certos aspectos do enredo e de uma parcela dos diálogos, minimizando os problemas colocados pela composição da imagem. Ficou clara a presença de um estilo de montagem que, associado a uma utilização particular da câmera e a uma movimentação coreográfica das figuras humanas, estabelece relações de tal natureza que esta interpretação é posta em xeque. Ela não dá conta do filme em sua complexidade de percursos e deixa de lado elementos cuja presença, não apenas episódica, é recorrente ao longo do filme. Feita essa constatação, tornou-se difícil assumir *Barravento* como um discurso unívoco sobre a alienação dos pescadores em sua miséria e reduzir os elementos de estilo a expressões do temperamento do cineasta, cuja relevância seria menor ou quase nula nas considerações sobre a sua significação social e política. Estabelecida uma direção de leitura que procura integrar, em pé de igualdade, como fonte de significações, os diversos procedimentos presentes no filme, procuro aqui retomar a análise evitando o preconceito que opõe ao "eixo" do discurso, via de regra o enredo, os "ornamentos" de imagem e som.

Recusando essa hierarquização, que deprecia justamente o específico, procuro um tipo de integração diferente daquele proposto por René Gardies no seu livro.[4] A formalização da análise na base de um inventário dos códigos em ação na obra de Glauber Rocha visa, no caso de Gardies, a um levantamento capaz de identificar uma constelação de procedimentos como foco do *sistema textual* característico da obra.[5] Nessa linha, há um avanço pela integração de procedimentos específicos no corpo da análise, pois eles constituem uma parcela dos códigos em ação, mas a tendência à descrição topológica, onde se defi-

---

[4] René Gardies, *Glauber Rocha*, Paris, Seghers, 1974 [ed. bras., "Glauber Rocha: política, mito e linguagem", em Raquel Gerber (org.), *Glauber Rocha*, 1977].

[5] Conceito proposto por Christian Metz em seu livro *Langage et cinéma*, Paris, Larousse, 1971, pp. 69-90 [ed. bras., *A significação no cinema*, tradução de Jean-Claude Bernardet, São Paulo, Perspectiva, 1972].

nem puras recorrências e seus lugares, deixa a leitura a meio caminho. Compara-se os filmes no conjunto e opera-se uma decomposição que encaixa todos num único engradado, perdendo-se a chance de reconstruir a dinâmica de cada filme na sua particularidade. Tornam-se invisíveis as transformações que marcam o trajeto do autor ao longo dos anos e faz-se um discurso por demais genérico sobre a presença de referenciais históricos e míticos, que acabam por flutuar nos filmes. Não há uma tentativa de precisar melhor como o movimento interno de cada filme define os critérios e valores que orientam a incorporação desses elementos da história, da cultura popular e do mito. Estão lá apenas como objeto da representação? Ou estão lá para definir a própria perspectiva que preside o discurso sobre o mundo e a sociedade?

Estas são algumas das razões que me levam a privilegiar a análise individual de cada filme e, dentro desse percurso, optar pela consideração particular e detalhada de alguns segmentos que assumi serem capazes de condensar os problemas.

No caso de *Barravento*, o segmento a ser tomado como nó da discussão é constituído de seis planos e marca a passagem entre duas sequências fundamentais do filme. Antes de sua descrição e análise, para situá-lo, apresento um retrospecto onde a divisão do filme em sete blocos narrativos e sua descrição sumária já pressupõem uma seleção e seus critérios. Ao mesmo tempo, para definir melhor certos traços de estilo, comento em seguida meu próprio retrospecto para poder chegar mais perto da imagem e do som de *Barravento*.

Montando e desmontando o esqueleto: tradutor/traidor

BLOCO I: Chegada de Firmino

Os pescadores trabalham puxando a rede, enquanto Firmino é visto caminhando na praia, em uma montagem que alterna as imagens do trabalho com a aproximação solitária do malandro que volta da cidade. O reencontro de Firmino com sua comunidade de origem gera o discurso contra a exploração e a permanência das condições precárias de vida. Parcela substancial do trabalho da comunidade é apropriada pelo dono da rede, que não vive na aldeia; enquanto isto se reproduz, os pescadores aceitam passivamente tal condição, submetendo-se ao poder despótico do Mestre, velho líder que organiza o trabalho, negocia com o dono da rede a partilha aviltante dos peixes e exerce influência em múltiplos aspectos da vida da aldeia. O Mestre tem sua liderança legitimada pelo sistema religioso da comunidade. Firmino chega, e o acompanhamos em diferentes diálogos que nos esclarecem sobre suas antigas relações e sobre a atual condição das personagens principais da estória: Aruá; Cota, namorada de Firmino; e Naína, a moça angustiada que gosta de Aruá e tem posição ambígua na comunidade devido à sua origem branca. Cenas de roda de samba e capoeira permeiam essa primeira fase, cujo objetivo é fornecer um retrato da aldeia, povo e paisagem, trabalho e costumes, deixando clara a condição de Firmino como figura que vem perturbar a ordem de Buraquinho.

BLOCO II: Firmino desfere o primeiro ataque contra Aruá

Pescador de "corpo fechado", figura protegida pelos deuses e sob a tutela do Mestre, Aruá deve permanecer virgem para conservar sua santidade e estar em condições de substituir o

Barravento: alienação *versus* identidade

Mestre no futuro, assumindo o poder e protegendo os pescadores. Este bloco se inicia com a cena noturna em que Firmino deita com Cota na praia; no diálogo ele revela sua revolta contra Aruã, prometendo fazer despacho contra o jovem, para acabar com a adoração que o cerca. Enquanto isso, no terreiro de candomblé, os atabaques marcam o ritual de Naína para verificar se ela é filha de Iemanjá. Firmino, apesar da oposição de Cota ao uso do feitiço, põe seu plano em prática. O despacho não funciona. Na manhã seguinte, Firmino promete continuar a luta e mudar de tática.

BLOCO III: Centrado na questão da rede

O Mestre entra em discussão com o representante do dono da rede a propósito da queda do rendimento do trabalho, o que diminui a cota do patrão; as explicações que fornece não convencem o representante e o Mestre termina por renunciar à sua reivindicação por uma rede nova. Firmino aproveita a ocasião para fazer novo discurso contra a exploração, e Aruã, oscilante, não traduz em ação sua discordância para com o Mestre. Acata a decisão de remendar a rede, o que é feito com paciência pelos pescadores. No entanto, Firmino aproveita a noite para cortá-la e danificá-la de vez. Cota o surpreende no ato de sabotagem e ele discursa sobre a condição dos negros desde a vinda da África, reiterando a necessidade de mudança. No dia seguinte, os pescadores se veem desprovidos de seu instrumento de trabalho e os representantes do patrão vêm buscar a rede inútil. Em silêncio, todos assistem à retirada. Firmino agita novamente, incitando à resistência e acusando o pessoal de covarde. Isto causa confronto com Aruã, mas a intervenção dos pescadores impede o conflito. O Mestre define que podem pescar sem a rede, como se fazia nos velhos tempos.

BLOCO IV: A comunidade revive seus mitos

Sem a rede, os pescadores não vão para o mar. Há um tempo morto, hiato para recordações e lamentos frente à miséria geral, no sertão seco e no litoral. Homens e mulheres, em rodas, contam estórias dos velhos tempos, da pesca sem rede, do barravento. Nesse momento, somos informados de algumas tradições e lendas da comunidade que explicam melhor seus valores e o papel de algumas personagens na sua vida. Uma velha conta a história da mãe de Naína. A posição de Aruã no sistema simbólico dos pescadores fica mais clara. Em conversa com Chico, seu amigo, Aruã comenta sua própria condição e demonstra influência dos discursos de Firmino numa fala confusa. Isto não o impede de assumir o papel de protetor da pesca, cumprindo as expectativas da comunidade e se lançando no mar, sozinho, para buscar o peixe, na jangada e sem rede. Aruã é bem-sucedido e sua volta é festejada pela aldeia. Os pescadores saem para o mar, sentindo a proteção e a força de Aruã. A movimentação das jangadas e dos remos, sob os olhares das famílias, marca um momento de integração feliz da comunidade com sua tradição. Firmino resolve acabar com essa "mistificação" e convence Cota a seduzir Aruã antes que seja tarde.

BLOCO V: A profanação de Aruã se consuma

Na praia, Cota aproveita a noite para banhar-se nua no mar, exibindo-se ostensivamente para Aruã. Este não resiste à sedução, aceita a sua sexualidade e viola os preceitos que, segundo a fé, garantem o seu poder sobrenatural. Paralelamente, no terreiro, uma nova função dá continuidade aos rituais que envolvem os vários estágios de preparação de Naína. Ela é filha de Iemanjá e a mãe de santo determinou que ela deve fazer um ano de isolamento na camarinha. Os detalhes de sangue do ritual se alternam com o encontro sexual na praia, num processo de in-

Barravento: alienação *versus* identidade

tensificação dramática. Na manhã seguinte, Aruã acorda, só e sereno, na praia tranquila.

BLOCO VI: O barravento se consuma
Deflagra-se a tempestade sempre temida pela comunidade. Seu Vicente, pai branco de Naína, está no mar. Aruã e Chico tentam salvá-lo. Cota corre pela praia e, em meio à convulsão geral, morre afogada em circunstâncias nada claras. A natureza se acalma e Aruã volta só, informando que Chico e seu Vicente estão mortos. Ele não acredita mais em seus poderes sobrenaturais; assume-se definitivamente como homem, falível como os outros. Firmino agita novamente e Aruã investe contra ele. No duelo, Firmino o derrota, mas pede à comunidade que siga Aruã, o novo líder que tem nova consciência, e abandone a obediência ao Mestre. Dado seu último recado, Firmino desaparece.

BLOCO VII: Desenlace
Em alongada sequência noturna, acompanhamos o cortejo fúnebre na despedida a Chico, até o amanhecer. Aruã assume o discurso de Firmino contra o Mestre. Este procura isolá-lo da comunidade. Naína tem seus cabelos cortados e está quase pronta para o ano dedicado a Iemanjá. As mães de santo comentam que sua dedicação pode salvar Aruã. O casal se encontra na praia e, ao se despedir, Aruã promete voltar depois de trabalhar um tempo na cidade. Diz que Firmino tem razão; as coisas devem mudar. Faz planos de comprar uma nova rede, "para consertar a nossa vida e a de todo mundo". Garante a Naína que ela não está só, podendo ficar um ano na caminhada religiosa para depois reencontrá-lo. Ao amanhecer, Aruã se vai, passando pelo mesmo farol que marcara a chegada de Firmino.

Esse retrospecto traduz o desenvolvimento geral da estória e seleciona algumas indicações sobre diálogos e combinações de imagens que permitem avançar certas interpretações. Podemos, a partir dele, perceber a situação básica do filme e seu desenvolvimento, marcado pelo trinômio: *equilíbrio* — inicial à vida da comunidade antes da chegada de Firmino; *desequilíbrio* — causado pela presença de Firmino e sua campanha subversiva; *novo equilíbrio ao final* — comunidade permanece nas mesmas condições, tendo o esforço de Firmino resultado na transformação de Aruã, que vai para a cidade, tal como ele um dia o fizera.

Dentro da evolução dos episódios, essa tríade pode ser detectada em escala menor, comandando as transformações do enredo. Por exemplo, Firmino cria um problema com a danificação da rede e as tensões geradas pela sua iniciativa são resolvidas na palavra de ordem do Mestre: "Pescaremos sem rede, como antes"; quando Aruã assume seu papel e a comunidade se ajusta à palavra de ordem do Mestre, trabalhando segundo a tradição, é outra vez Firmino quem toma a iniciativa para gerar nova ruptura do equilíbrio, insistindo junto a Cota para que seduza Aruã.

Nessa configuração geral, fica nítido o papel de Firmino como elemento motor das transformações e fonte dos desafios que põem as personagens em movimento. Se é ele quem empurra a estória, não admira que seu discurso venha a primeiro plano. A sua denúncia tem como alvo a religião, acusada de ser um obstáculo à tomada de consciência e à reivindicação de direitos por parte dos pescadores. Ele procura firmar sua liderança, fazer-se ouvir, mas sua atuação junto à comunidade é problemática, num trajeto de isolamentos e fracassos que torna seu método questionável.[6] O maior efeito de sua pregação se exer-

---

[6] Retomo aqui análise já desenvolvida por Jean-Claude Bernardet, em *Bra-*

Barravento: alienação *versus* identidade

ce sobre Aruã, seu adversário, mas a análise de Jean-Claude Bernardet já nos chamou a atenção para a repetição aí envolvida: quando toma consciência de que é preciso mudar, quando assume um discurso progressista, Aruã também se isola. Essa identidade de situação frente a Firmino não se evidencia apenas no nível do enredo, pois ao abandonar Buraquinho numa atitude pessoal, Aruã deixa a pergunta: voltará algum dia para completar a repetição? Ela se faz presente na própria forma da narração. Ao longo do filme, os discursos de Firmino assumem uma impostação teatral-didática na *mise-en-scène* e o enquadramento o isola dos pescadores. Discursa praticamente para a câmera e encontra seus ouvintes numa suposta plateia fora do mundo de Buraquinho. Quando Aruã, no final, esboça a mesma postura doutrinária diante dos pescadores, o enquadramento também o isola e põe em suspenso sua figura, filmada em ligeiro *contre-plongée* (câmera baixa), de modo a recortar o céu chapado ao fundo.

Sem considerar essa transformação pessoal de Aruã, a comunidade, não possuindo quase nenhum contato com o exterior e não integrada em processos sociais mais amplos, reitera os seus mecanismos tradicionais de sobrevivência, vida cultural e relações internas de poder. Seu isolamento só não é absoluto por força de dois fatores: primeiro, as migrações em ambos os sentidos — há os pescadores que foram sertanejos e lamentam as condições precárias no sertão e na cidade, onde a vida é tão ruim quanto a da pesca, e há casos especiais, como os de Firmino e Aruã; segundo, o arrendamento da rede, que coloca a força de trabalho dos seus habitantes a serviço dos comerciantes da cidade, fato que não melhora suas condições de vida. No de-

---

sil em tempo de cinema: ensaio sobre o cinema brasileiro de 1958 a 1966 [1967], São Paulo, Companhia das Letras, 2007, pp. 73-81.

senvolvimento do filme, há, de um lado, a revelação clara do mecanismo de exploração, o que dá legitimidade a certos discursos de Firmino e nos propõe a transformação da consciência de Aruã como dado positivo, progressista, porque obedece aos imperativos da mudança solicitada pelas condições miseráveis expostas ao longo do filme. De outro, há uma série de vaivéns no jogo de relações e na própria ação do malandro da cidade que torna problemática a sua posição efetiva diante dos valores religiosos da comunidade. Se não tem fé, por que recorre ao despacho? Se o primeiro fracasso marca o abandono dessa tática que pressupõe a fé, por que a adota novamente quando propõe a sedução de Aruã? Ou sua convicção na eficácia desse último estratagema vem exclusivamente da esfera da psicologia sem implicar a admissão da veracidade do encanto?

As respostas a estas perguntas exigem algo além do meu retrospecto. Se ele permite retomar as observações de Jean--Claude Bernardet sobre aspectos fundamentais da prática de Firmino, tais como a discussão e a crítica implícita da relação líder-povo existente no filme, ele não permite dizer tudo, seja sobre a personagem, seja sobre o tipo de olhar que a narração deposita sobre ela. Na verdade, a questão do narrador é o ponto fundamental.

As oscilações de Firmino podem surpreender, às vezes, mas não trazem perplexidade. Sua prática e certos pontos obscuros de sua fala podem ficar por conta de uma assimilação confusa de novos valores dentro de condições impostas pela sua vida supostamente violenta na cidade. Ele assume um tom doutrinário, de profeta que detém a mensagem fundamental, mas sua revolta se organiza a partir de uma consciência que, em termos de uma leitura realista, reuniria de modo sincrético diferentes fragmentos da experiência urbana e da experiência mais antiga de Buraquinho. E podemos buscar argumentos de ordem psi-

Barravento: alienação *versus* identidade

cológica para interpretar suas incoerências e erros táticos, uma vez que Firmino se mostra a todo instante um poço de ressentimentos e é, em geral, impulsivo, reagindo ao estímulo imediato e tendendo à ação individual isolada.

Mais intrigante e menos redutível a uma explicação de ordem psicológica é a considerável sintonia entre o comportamento da personagem e a forma da narrativa, também convulsiva, marcada por saltos bruscos, pontos obscuros e por evidente desequilíbrio na sua disposição. Exibindo uma descontinuidade flagrante e reiterando uma forma oblíqua de passar certas informações até elementares, a narração do filme cria um arranjo que não facilita a apreensão. Às vezes as coisas andam muito depressa, às vezes algo fundamental é dito na periferia de um diálogo e, quase sempre, as coisas não estão exatamente arranjadas nos seus lugares como o retrospecto talvez faça supor.[7] A traição maior nessa tradução do desenvolvimento do filme está justa-

---

[7] Evidentemente, muitas características do filme estão ligadas às condições problemáticas que cercam a sua produção, da filmagem na Bahia à montagem no Rio de Janeiro. Por ora, interessa o fato de que estão lá, impressas na imagem-som e assumidas pelo autor como constituintes da obra. Não é meu objetivo discutir aqui aspectos da gênese do filme, nem mesmo aqueles referentes à história do projeto e suas transformações. Sabemos que Luís Paulino dos Santos é o autor da ideia e do roteiro que deram origem a *Barravento*. Por ocasião das filmagens, divergências dentro da equipe resultaram na saída de Luís Paulino, até então diretor. A produção entregou o projeto a Glauber, já ligado ao filme, e foram redefinidos os seus parâmetros. Realizada a nova filmagem, Glauber demorou algum tempo para levar o filme ao Rio de Janeiro, onde foi montado por Nelson Pereira dos Santos. Não conheço o roteiro original e não posso avaliar que elementos foram mantidos. Esses dados da produção, no entanto, não incidem sobre esta leitura, na medida em que meu objetivo não é analisar intenções ou fazer um histórico de como *Barravento* chegou a ser o que é. Considero o filme que "bate na tela", assinado por Glauber Rocha, consciente de que ele resulta da soma de contribuições

mente nesse alisamento da superfície, que escamoteia a verdadeira textura de imagem e som, decisiva na experiência do espectador e foco de tensões, prazeres e dúvidas que desaparecem na exposição de um esqueleto tal como está feito acima. Tanto quanto dos fatos e das personagens, preciso falar do modo pelo qual cada episódio é narrado e comentado. Como são propostas certas ligações e como são realizadas certas separações; como as coisas podem se confundir ou ficar claras.

Há muitos exemplos da minha própria traição. Primeiro, descartei o prólogo no resumo do enredo. Afinal, existem imagens de abertura, anteriores aos letreiros de apresentação, escritos sobre um fundo de gravuras com motivos típicos do litoral nordestino. Tais imagens, um plano do céu, com a câmera em movimento, outro da praia, também em movimento, e um terceiro que mostra um negro a bater no atabaque com todo vigor, estão "soltas". Não há nessa combinação um começo de estória, um encadeamento factual. Há somente um clima, unificado pela presença, desde o início da primeira imagem, do som do atabaque e de vozes que entoam um canto africano.[8] Através desse

---

muitas vezes soterradas, e convicto de que esta análise ajuda a definir melhor as perguntas que podem orientar uma pesquisa dedicada à gênese do filme.

[8] Não tenho elementos para avançar numa interpretação que caracterize a relação deste e de outros procedimentos com a instauração de um espaço sagrado. Na minha leitura, concentrei-me nas contradições internas do filme, contestando a interpretação corrente. Não estabeleci um ponto de vista que olhasse *Barravento* a partir da religião. Fiz uma leitura laica, a única que me pareceu possível naquele momento (1979). Em 1981, ficaram mais claras as novas perspectivas de abordagem, dada a minha participação no seminário sobre "Cinema e Descolonização" promovido pela Sociedade de Estudos da Cultura Negra no Brasil, em Salvador (BA). Na Universidade de São Paulo, o meu contato com Roberto Moura e José Gatti Jr., pesquisadores da cultura negra, ao mesmo tempo em que reabriu a "questão *Barravento*" em seus trabalhos, deixou claro que seria preciso ex-

Barravento: alienação *versus* identidade

prólogo, define-se um contexto, e a combinação céu-mar, ao som do atabaque, já esboça certos critérios do discurso no tratamento da natureza, de grande relevância nas considerações que devo fazer. Esta é uma omissão mais ostensiva do meu resumo, mas há outras mais sutis e mais enganadoras porque trazem a aparência de objetividade. Quando digo "os pescadores trabalham puxando a rede, enquanto Firmino é visto caminhando na praia, numa montagem que alterna as imagens do trabalho com a aproximação solitária do malandro que volta da cidade", trago inferências, "malandro" não está escrito na imagem, e antecipações; só sei que Firmino vem da cidade num momento posterior do filme, e, fato principal, trago omissões. Ao afirmar "imagens do trabalho", digo muito pouco se não disser nada da particularidade dessas imagens, do seu arranjo, do seu enquadramento e ritmo, de modo a especificar melhor que ideia é transmitida de tal trabalho, que aspectos são selecionados e qual a tonalidade fundamental da sequência. O fato de mencionar a montagem alternada é legítimo, mas não deixa de escamotear tal omissão porque fornece um selo de especificidade à minha descrição que, na verdade, não basta. As imagens iniciais do trabalho na pesca, em *Barravento*, não são focalizadas com olhos neutros e preocupados com a descrição do esforço, ou da técnica, em termos da atividade humana frente à inércia da natureza. A escolha dos planos mais próximos, dos pés na areia, das mãos nas cordas, do batuque, dos rostos, da agitação dos peixes na chegada da rede, e a escolha dos planos gerais, que salientam o movimento rítmico do arrastão e das ondas sob o sol, definem uma tendência a pintar o trabalho como festa, integração comunitária, ritual que

---

plorar novas direções no estudo do filme. Nesse, o passo decisivo era a publicação do roteiro original de *Barravento*, de autoria de Luís Paulino dos Santos, que já tinha o material reunido e pretendia divulgá-lo.

traz as propriedades da dança e do canto. Nessas imagens, os homens realizam tarefa de interesse imediato, mas dentro de uma coreografia que tem ressonância, como o som dos instrumentos, e que amplia as dimensões desse momento particular, apontando para a inserção harmônica da coletividade numa totalidade maior e ordenada. Tais reverberações cósmicas, tal sacralização do trabalho, terão um momento de maior acento em sequência posterior do filme que confirma essas sugestões iniciais. Essa forma de representar o trabalho se insere numa rede de relações que é fundamental apontar.

Falei das queixas e dos lamentos dos pescadores, na palavra de suas mulheres e até nas conversas de Aruã; muitas vezes, no filme, vemos a comunidade consciente do seu sofrimento e da precariedade de suas condições de vida. Falei dos discursos "subversivos" de Firmino, repetitivos na denúncia da exploração e da passividade dos habitantes de Buraquinho, sob o domínio da religião e do Mestre. Há em tudo isto um discurso pela mudança, cuja possibilidade Aruã encarna ao final; um discurso que deixa implícita a negatividade de tudo o que é obstáculo à transformação e ao progresso. Um discurso que, do exterior, denuncia a alienação religiosa.

No entanto, vimos também que há elementos, como o tratamento dado à representação do trabalho coletivo, que não parecem se encaixar nesses parâmetros de exterioridade frente aos valores dos pescadores. Da ação de Firmino, ficaram certas dúvidas que apontei como menos intrigantes do que o tom convulsivo da própria narrativa em seus atropelos. Creio ser agora o momento da consideração em detalhe desses aspectos do discurso de *Barravento*. A questão central — motivo da escolha do segmento a ser analisado — é a da perspectiva da narração ao dar conta dos eventos. Cabe verificar se prevalece uma postura de total exterioridade frente aos valores religiosos da comunida-

Barravento: alienação *versus* identidade

de ou se, no seu arranjo, o narrador assume tais valores como matriz orientadora de suas operações.

A dinâmica de *Barravento*, Firmino, Exu

Inserido entre os blocos V e VI, temos o seguinte conjunto de planos:

PLANO 1 — Imagem da praia tranquila em plano geral. Aruã esticado na areia é visto ao longe, com o mar ao fundo. Ele se levanta. No som, apenas o leve ruído das ondas.

PLANO 2 — Aruã de perfil, focalizado em plano americano, quase primeiro plano. Olha a paisagem como que satisfeito com a experiência nova da sexualidade. Começa a andar e a câmera o acompanha. No som, continuidade em relação ao plano anterior.

PLANO 3 — A câmera mantém a mesma distância em relação a Aruã, mas o focaliza de costas a caminhar, dando continuidade à imagem anterior. No som, tudo igual.

PLANO 4 — Aruã de frente, rosto satisfeito, interrompe sua caminhada e olha firme para o espaço atrás da câmera, ainda à mesma distância. Recomeça o andar decidido e seu corpo invade o quadro à medida que se aproxima da objetiva. Quando seu corpo ocupa toda a superfície da tela, há o corte.

PLANO 5 — Câmera na mão faz movimento rápido em "L" ascendente, partindo da base de um coqueiro e subindo pelo tronco até a copa, onde faz uma panorâmica horizontal até a extremidade das folhas. À proporção que a câmera sobe, acentua-se o ruído do vento.

PLANO 6 — Céu nublado. Um relâmpago anuncia a tempestade. No som, vento e trovoada.

Ao pensar este conjunto de planos, verificamos haver uma continuidade de ação que liga os quatro planos iniciais, todos focalizando Aruá, que se levanta e passa a caminhar. Tal continuidade no fluxo do tempo é colocada em suspenso quando surge o plano 5. Nada se pode dizer da relação temporal entre a imagem do corpo de Aruá e a imagem do coqueiro, o mesmo podendo-se dizer da relação entre o movimento ascensional da câmera até as folhas e a imagem do céu que anuncia a tempestade. Na verdade, o plano 5 não focaliza um "acontecimento" de coordenadas definidas. Sabemos tratar-se da imagem de um elemento caracterizador da paisagem local, ponto marcado pela sua ligação com as representações simbólicas da comunidade (fato afirmado em outro momento do filme). Por ora, interessa sua condição de elo na cadeia de imagens, elo fundamental de passagem, acronológico. Antes dele, nada, nos quatro planos da praia e Aruá, antecipa o barravento desencadeado no plano que lhe é posterior.

Dada essa configuração, a passagem entre os blocos V e VI não se organiza para determinar o intervalo de tempo decorrido entre a noite da profanação de Aruá e a irrupção do barravento. Entre a caminhada de Aruá e o relâmpago há um hiato no tempo diegético.[9] O plano 5 não o preenche e deixa essa questão em

---

[9] De *diegese*: "A palavra provém do grego *diegesis*, significando narração e designando particularmente uma das partes obrigatórias do discurso judiciário, a exposição dos fatos. Tratando-se do cinema, o termo foi revalorizado por Étienne Souriau; indica a instância representada do filme — a que um Mikel Dufrenne oporia à instância expressa, propriamente estética —, isto é, em suma, o conjunto da denotação fílmica: o enredo em si, mas também o tempo e o espaço implicados no e pelo enredo, portanto, as personagens, paisagens, acontecimentos e outros elementos narrativos, desde que tomados no seu estado denotado". Ver Christian Metz, *op. cit.*, ed. bras., p. 118.

Barravento: alienação *versus* identidade

suspenso para estabelecer uma ligação de outra ordem. A caminhada de Aruã fornece ao espectador maiores dados sobre os efeitos do ocorrido na personagem. É significativo que, para fazê-lo, a narração selecione seu despertar isolado na praia, de modo a reduzir os termos a Aruã e à natureza. No conjunto, os quatro planos trazem a afirmação de um novo Aruã, de alguém que se movimenta e traz no rosto a expressão do reconhecimento feliz de sua potência sexual, sendo essas imagens uma pequena celebração dessa novidade. De início, o plano geral o situa num contexto sereno, onde a praia e o mar fornecem o quadro para a afirmação de um ser integrado, cujo retrato vem nos três planos seguintes. Nestes, a angulação procura reforçar o vigor que vem da própria postura do ator, e a sucessão de imagens marca um cerco obsessivo do seu corpo, coroado pela posição final da câmera, que, de frente para Aruã, deixa-se atropelar pela sua caminhada. É preciso que seu corpo ocupe todo o quadro antes de ser abruptamente substituído pela imagem, em primeiro plano, do pé da árvore. A passagem tão ostensiva de Aruã para a árvore, seguida do movimento ascensional da raiz ao topo, estabelece uma relação direta entre seu corpo sexuado, como raiz, e a convulsão da natureza, como resposta à profanação, deflagrada pelo céu nublado e pelo trovão. Desse modo, podemos ver essa cadeia de imagens como uma mediação entre o céu e a terra, se quisermos entre microcosmo (a comunidade e seu solo natal) e macrocosmo (a natureza). Mediação cujo momento fundamental é a ascensão contida no plano 5.

A direção de leitura exposta acima segue sugestões que vêm da configuração própria do segmento e de seu lugar no arranjo geral. Levando adiante essa interpretação, posso, a título de hipótese, estabelecer uma equivalência precisa entre os seis planos e um enunciado linguístico do tipo "a profanação de Aruã é a causa do barravento", numa formulação mais abstrata, ou "no

Plano 1

Plano 2

Plano 3

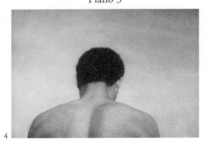

Plano 4

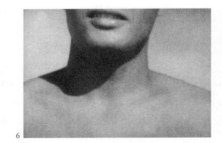

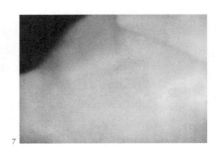

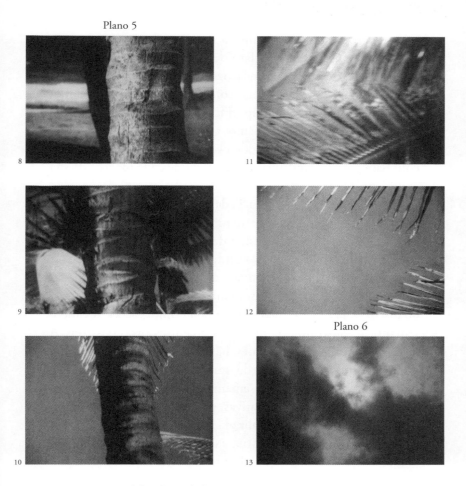

Movimento ascensional de eclosão do barravento.

corpo sexuado de Aruã está a raiz do barravento", formulação mais metafórica, que já se vale da própria sequência de imagens, sendo de certo modo sua tradução.

Ao discutir essa hipótese, talvez surjam elementos que apontem outras relações para desautorizá-la. Mas, se encontrarmos elementos que nos assegurem que faz sentido a equivalência proposta, que tornem o assumido coerente com outras afirmações sobre o filme, estaremos de posse de uma chave fundamental para caracterizar as implicações do estilo do discurso. Ou seja, teremos um exemplo claro de como a narração de *Barravento* propõe determinadas relações entre eventos como expressão de uma necessidade, e não como pura sucessão no tempo. A partir de uma sucessão específica onde, na tela, temos uma imagem *e depois* outra, estaríamos avançando uma proposta que diz algo sobre a "lei interna de evolução do mundo narrado", com base nas características particulares de cada plano e de sua combinação.

Para apreender a relevância de tal discussão, poderia ser dito que o conjunto de planos tem uma função mais simples. Marcaria apenas um processo usual de pontuação, uma vez que a passagem da calmaria para o arranque do barravento teria de ser composta plasticamente de modo a satisfazer exigências ligadas ao ritmo do filme. Nesse caso, embora necessários à economia do discurso, tais planos não trariam tantas implicações de ordem semântica, constituindo uma transição entre outras possíveis. A favor das minhas considerações, há o argumento de que é justamente a escolha desta forma de transição, e não outra, que confere ao segmento sua carga semântica. Para citar um exemplo, extraído de múltiplas alternativas, pode-se admitir que a passagem de ritmo poderia ser realizada através de planos gerais, sem a reiteração da presença de Aruã e sem a sua substituição por tal plano tão característico quanto o plano 5. De qualquer modo,

Barravento: alienação *versus* identidade

a simples referência a outras transições possíveis, apesar de útil, não é tão decisiva para a fundamentação da minha hipótese. Mais esclarecedora é a colocação desse segmento em confronto com outros elementos do filme, em particular outras sequências de transição, para verificar a especialidade ou não dos procedimentos aí utilizados. Lançado o problema no detalhe, voltemos à análise de conjunto.

Comentando a sequência inicial do filme, já fiz notar o segmento organizado pela montagem paralela que alterna imagens dos pescadores no trabalho com imagens de Firmino em sua chegada. Quando passamos desse segmento à cena do encontro de Firmino com os velhos amigos, a pontuação é realizada através de um plano geral da praia e da aldeia. O contraste desse plano geral com os planos próximos da pesca, cheios de dinamismo, fornece o hiato que dá a deixa para a introdução da cena do reencontro, onde vemos Firmino e os pescadores já conversando, em roda, após o trabalho. Esse procedimento indica a preocupação do narrador em separar os dois segmentos. Depois do plano geral, o critério da montagem e o da representação mudam. Antes dele, temos um paralelismo bastante simétrico e sublinhado pela alternância na trilha sonora, uma música para Firmino, outra para o trabalho da pesca. Depois, temos um fluxo contínuo de situações de conversa, onde imagem e som procuram simular o efeito de registro *in loco* das falas e da própria música que acompanha a roda de samba e a capoeira. Percorrido o trajeto de apresentação da aldeia, novamente um plano geral é o elemento de transição na passagem para o bloco II, quando se encerra a série de diálogos e festejos que se seguem à chegada de Firmino. Para confirmar uma tendência à teatralização, conscientemente assumida na filmagem das danças, este plano geral do encerramento é eliminado quando o movimento de um objeto, da parte inferior à parte superior do quadro, funciona como uma cortina que se fecha para o espectador, rapidamente. Dessa "cortina", saltamos direto para a cena noturna de Cota e Firmino na praia; sons de atabaque surgem para indicar atividade no terreiro.

Se continuarmos o inventário das transições, podemos constatar a predominância de planos gerais da praia e da aldeia, tal como acontece entre os blocos III e IV, onde a mudança de ritmo é criada pelas imagens de mar, areia e coqueiros, e entre os blocos VI e VII, com o plano geral do mar e pedras vistos do alto. O mesmo esquema aparece na transição que marca o fim do barravento e numa passagem da noite para o dia pertencente ao bloco III, da conversa entre Firmino e Cota à manhã seguinte, quando os pescadores descobrem a sabotagem da rede. Ao lado desse esquema dominante, há casos de corte seco, como a passagem do bloco II ao III, e sequências introduzidas por uma imagem emblemática que dá a tônica do que vem a seguir, como no início do bloco V, onde imagem e som dos tocadores de atabaque nos conduzem ao clima da sequência noturna decisiva dos rituais no terreiro e da sedução de Aruá na areia da praia.

O contraste entre o segmento escolhido para essa discussão e as transições em corte seco — próprias aos momentos de intensificação dramática — ou as transições em plano geral — mais suaves, separadoras, figuras do tempo que escoa — já nos fornece elementos para destacá-lo. Sua combinação de planos marca uma forma de transição muito específica que está longe de ser regra dentro do próprio filme. Isto evidencia o quanto sua elaboração produz um resultado que vai além da mera alteração de ritmo. Além disso, o único momento onde se verifica uma transição que apresenta um plano semelhante — movimento em "L" ao longo do coqueiro — é uma passagem noite-dia que contém relações sugestivas com o segmento em questão. Tal passagem está inserida no bloco II, num episódio onde o corpo fechado de

Barravento: alienação *versus* identidade

Aruá e os estratagemas de Firmino estão, pela primeira vez, em pauta. Nesse caso, o movimento de câmera em "L" se dá com inversão de sentido, do céu iluminado e folhas em silhueta à raiz do coqueiro. Esse movimento termina exatamente onde se encontra o despacho contra Aruá, preparado por Pai Tião, atendendo à encomenda de Firmino. Lembremos o contexto que antecede essa passagem.

À noite, Firmino tenta utilizar o terreiro para fazer o trabalho contra Aruá. Rechaçado pela mãe de santo, que reafirma a condição sagrada do protegido do Mestre e a dimensão sacrílega de tal investida, ele procura Pai Tião, figura marginal em relação ao sistema religioso da comunidade, que se presta à tarefa. Essa trama noturna se encerra com o plano em que Firmino estabelece contato com Pai Tião; quando a tela totalmente escura só nos permite ouvir sua voz conspiradora, temos o corte para o movimento em "L" da câmera. O som de atabaque dramatiza esse plano e, em seguida, a voz de um pescador vinda do mar anuncia a suposta morte de Aruá: "A rede furou e Aruá morreu no mar". Firmino se dá por feliz com o resultado de seu estratagema e acaba tendo uma discussão com Cota em função disso. Em meio ao diálogo ríspido, vem a notícia de que Aruá está vivo. Da imagem de Firmino e Cota, saltamos para o plano do despacho ao pé da árvore, visto praticamente da posição em que a câmera estivera no final do movimento descendente. Pescadores examinam o despacho e comentam: "Feitiço não pega ele nunca".

"Aruá tem a proteção divina", eis como a comunidade explica a ineficácia do ataque. Firmino, em seguida, reconhece essa ineficácia e justifica o defeito da rede em termos naturais — era ruim e velha, arrebentaria de qualquer jeito. Conclui que "feitiço não funciona mesmo". No entanto, não deixa de arrematar seu discurso com uma ameaça: "Mas vou arrancar barravento à ponta de faca". A ambiguidade contida nessa frase vem de encontro a outras interrogações que o bloco II nos deixa, ligadas às incoerências de Firmino e à própria razão, natural ou metafísica, do seu fracasso. Podemos assumir o malogro como evidência do caráter ilusório das crenças religiosas que presidem a prática do feitiço, ou podemos, aceitando o sistema religioso, atribuir a vitória de Aruá aos poderes maiores, também sobrenaturais, que o protegem diante das forças mobilizadas pelo despacho. Na ótica da comunidade, esse episódio reafirma seus próprios valores. Ao mesmo tempo, não colide com os critérios materialistas de quem vê, do exterior, o mundo dos pescadores. O trabalho da narração deixa em aberto as diferentes explicações e resta ao espectador esperar novos desenvolvimentos para uma possível resposta.

Quando, no bloco VI, o barravento finalmente ocorre, a ameaça de Firmino parece se cumprir e sua referência ao fenômeno natural, de início aparentemente metafórica, adquire um sentido literal. Ou tudo é mera coincidência?

Contra a hipótese de acaso, há a relação de simetria entre os dois movimentos de câmera e a reiteração do elemento mediador céu-terra, ou seja, o coqueiro. Isto já estabelece um elo entre o momento de deflagração do barravento e a primeira situação em que os poderes espirituais de Aruá estão em causa, situação que se encerra justamente com a ameaça de Firmino. Além desse elo pela imagem, há toda uma disposição de enredo que abre espaço para a admissão de que a sintonia entre os estratagemas de Firmino e o barravento ultrapassa o plano da coincidência.

Quando Firmino tenta nova investida após o primeiro fracasso, a danificação da rede resulta, apesar dos discursos e outras considerações sobre a miséria, num redobrado triunfo de Aruá e da crença que ele sustenta: a pesca sem a rede faz a comunida-

Barravento: alienação *versus* identidade

de retornar aos tempos míticos de origem e festejar coletivamente o trabalho no mar, tal como o fizera tradicionalmente. A sequência do triunfo de Aruã no mar, com a participação coletiva no trabalho como rito, marca um dos momentos de apoteose do filme, com um tratamento de imagem que retoma e intensifica a coreografia da sequência inicial, novamente ao som de batuques e cantos religiosos. Firmino é a nota destoante nessa integração coletiva. No apogeu da sequência festiva, à felicidade estampada no rosto de um pescador, em primeiro plano, segue-se a cena da conspiração de Firmino, quando convence Cota a seduzir Aruã. Seu discurso é ambíguo, como sua ameaça o fora, sobrepondo a fé à descrença. Sua fé está, de certo modo, implícita no próprio fato de recorrer à "profanação" e se explicita na forma do pedido a Cota, quando fala em termos de quebrar o feitiço. Sua descrença e seu materialismo são postos em prática quando é necessário tranquilizar Cota, temerosa diante da lenda: "Quem tocar nele morre". Nesse fim de conversa, Firmino diz: "Morre nada, o que mata é fome, bala, chicote... tem milhões de negros sofrendo no mundo inteiro". No entanto, seu arremate nos traz de novo para o espaço do enigma: "Só gente como Aruã pode resolver".

Consumada a profanação do corpo de Aruã, segue-se a irrupção do barravento, ocasião oferecida pela natureza para que fiquem comprovadas suas limitações humanas. Ele se desmistifica diante de si e da comunidade. Para completar seu trabalho, o barravento, entre outros efeitos, propicia a morte de Cota, numa convulsão ambígua demais para que se possa reduzir aos termos psicológicos de um suicídio sua queda no que parece ser a Lagoa do Abaeté.[10] Consuma-se, desse modo, a punição estabe-

---

[10] Local cultuado pelos adeptos do candomblé. Em tupi *abaîté* significa

lecida pela crença, numa atualização da lenda, exemplar em sua repetição precisa do passado. Desde o início do filme, havia certas interrogações com relação a Naína, dadas as suas esquisitices frente aos ritos da comunidade. A figura estranha do pai branco, no seu silêncio e solidão, e o mistério em torno da mãe desaparecida forneciam uma explicação para o seu comportamento, em termos psicológicos, mas faltavam dados para encaixar os ritos preparatórios a que era submetida. A certa altura, exatamente no bloco IV, no hiato das recordações, uma das anciãs do grupo revela a Naína a história de sua mãe. Esta morrera sob as ondas do mar e tal destino era entendido como punição dos céus por ela ter seduzido Joaquim, jovem cuja posição no sistema religioso da comunidade era similar à de Aruã no presente. Narrada essa história no bloco IV, é notável sua repetição na trajetória de Cota, nos blocos V e VI. Nesse particular, a ficção de *Barravento* comporta-se segundo o modelo das repetições cíclicas, onde o presente segue uma lógica já estabelecida pelo sistema simbólico.

Como se não bastassem tais ressonâncias de ordem mítica, há algo mais no arranjo dos acontecimentos para marcar a presença de determinações que caminham na direção de minha leitura do segmento que tomei como detalhe deflagrador da discussão. Volto agora minha atenção novamente para Firmino. Primeiro, para acentuar aspectos mais gerais do tratamento a ele dedicado pela narração. Em seguida, para lembrar seu comportamento na vizinhança imediata dos seis planos que antecedem o barravento.

A passagem de Firmino por Buraquinho constitui o núcleo

"horror", "terror", reforçando a crença popular segundo a qual a lagoa, lugar de vários afogamentos, seria mal-assombrada.

Barravento: alienação *versus* identidade

da estória; é seu principal elemento motor. Em termos da religião, Firmino é um autêntico Exu. Desde o primeiro momento em que reencontra sua aldeia natal até seu desaparecimento de cena, ele tem seu comportamento marcado pela constante militância. Ao seu estilo, agita sempre, tece suas tramas e faz seus discursos a qualquer hora, como se tivesse uma missão a cumprir sem descanso e não pudesse incluir nada mais em sua relação com os pescadores. Essa ideia de missão a cumprir, que tende a reduzir sua figura à função de portador de mensagens dentro do filme, já fica esboçada na forma de sua chegada. Vindo de trás do farol, Firmino caminha solitário e, quando cai em meio ao grupo de pescadores, já inicia a falação. Os dados do seu passado — rancores antigos contra Aruã, a relação com Cota, a vida na cidade, aqui e ali indiretamente referida — lhe conferem uma espessura individual e o identificam como pessoa. Mas, à medida que o filme se desenvolve, essa dimensão vai se dissolvendo e, ao final, Firmino desaparece literalmente. Encerrada a tarefa no duelo com Aruã e dado o último recado para os pescadores, ele some, depois de caminhar em direção às pedras. O plano geral do mar e das pedras que marca a passagem do bloco VI para o VII se insere justamente aí, pois nele Firmino já não aparece. Na próxima sequência, temos as seguintes cenas encadeadas: a conversa sobre o futuro de Aruã e de Naína, o enterro para o morto — o pescador Chico, vítima do barravento, o efeito dos acontecimentos no rosto triste do Mestre. Há uma noção de continuidade que se insinua nos ritos da aldeia. Enfim, a vida continua. Quanto a Firmino, ocorre um completo silêncio. Se no início ainda tem um passado como todo mundo, no final ele não tem futuro. Quando abandona a cena, apaga, só deixando vestígios. Tudo sugere a metáfora e não há como não dizer: Firmino é um barravento. No acontecer abrupto e no dissolver. É presença convulsa e, de repente, não é nada.

Nesse contexto, não surpreendem certos detalhes de sua ação na vizinhança do barravento propriamente dito. Antes que se prenuncie o acontecimento, Firmino engana seu Vicente, pai de Naína, e faz o velho sair para o mar, acenando com um suposto chamado de Iemanjá. Ele reafirma, nessa armadilha, o papel de orquestrador que assume durante toda a sequência. Nós o vimos conspirar e depois vigiar o banho de Cota no mar em planos bem marcados pela trilha sonora: é num desses planos de Firmino que se inicia o canto que vai pontuar a relação de Cota e Aruã, no paralelismo com os rituais do terreiro. Pois bem, a cena em que Firmino engana seu Vicente é a última dessa sequência noturna, sendo logo seguida pelo plano geral de Aruã na praia, o primeiro do segmento escolhido para nossa análise. Estabelecida a passagem para o barravento, a primeira imagem após o plano do céu, o último do segmento de transição é novamente de Firmino: em plano americano, ele grita: "Seu Vicente está no mar". Seu alarme encontra resposta na aparição de Chico, que sai de uma palhoça meio sem rumo numa movimentação afobada e um tanto quanto estranha para quem sempre viveu na aldeia. É Firmino quem intercepta seu caminho, orienta sua corrida e o empurra na direção da jangada e do mar, para que Chico, seguido de Aruã, tente salvar o velho. No mar, Chico encontra a morte e Aruã tem a evidência dos seus limites humanos. Se a tempestade é a circunstância imediata da tragédia, não há dúvida de que é Firmino quem empurra Chico para a morte, assim como o fizera com seu Vicente, numa atitude que supõe uma sintonia com o barravento, antes mesmo de qualquer anúncio da atmosfera.

Nesse episódio fundamental, fica patente uma coordenação na qual a personagem faz um dueto com as forças da natureza. A ameaça de Firmino se cumpre porque dessa vez a natureza (o cosmos) está do seu lado, sendo significativo que tal aconteça

Barravento: alienação *versus* identidade

somente depois da transgressão, depois de Aruã desrespeitar a regra básica que sustenta o encanto que o cerca. Cumprida essa primeira etapa, Firmino consolida sua vitória frente a Aruã no confronto direto quando, após o barravento, assume um duelo que evitara em momentos anteriores do filme. Nesse duelo, a narração se organiza de modo a compor uma moldura francamente teatral que desnaturaliza o evento e o inscreve num jogo simbólico. O enfrentamento se dá como rito de atualização de antagonismos extrapessoais, antagonismos de forças que as personagens podem representar, mas que ultrapassam o nível do aqui e agora humano e social. O caráter da representação é dado logo no início da luta pela coreografia e pelas imprecações que marcam a aproximação dos dois em vetores opostos; é sustentado pelo estilo do gesto da capoeira e pela trilha sonora do berimbau, e reafirmado pela atitude de Firmino após a vitória. Junto ao adversário, dá o último recado e termina por gritar direto para a câmera; levanta-se, firma na areia a lança da vitória e retira-se com passos cadenciados, como que liberto, para desaparecer.

Tal conjugação de elementos, longe de acumular evidências que forneçam um suporte para a crítica aos equívocos da consciência religiosa, faz justamente o oposto. Na verdade, o desenvolvimento do filme e os procedimentos específicos da narração nos colocam diante de uma disposição de situações que faz do sistema religioso dos pescadores uma boa, senão a melhor, explicação para a lógica dos fatos. Quando estabeleci a hipótese da equivalência entre os seis planos descritos e o enunciado linguístico "no corpo sexuado de Aruã está a raiz do barravento", atribuí ao narrador uma atitude de adesão aos valores religiosos das personagens, numa reiteração da própria eficácia de suas explicações mágicas. Observando outras sequências e procedimentos narrativos, creio ter acumulado argumentos para demonstrar que tal leitura é plausível, faz sentido e marca a coerência desse segmento com uma série integrada de elementos presentes na obra.

A convivência de contrários:
a ambivalência na estrutura

Ao apontar as relações de coerência, tomo o cuidado de particularizar. Prefiro não me referir à relação entre parte (segmento analisado) e todo (filme tomado em sua estrutura), mas à relação entre parte e aspectos fundamentais do todo (a série articulada de elementos que reforçam a interpretação proposta). Isto porque, como já explicitei, existem aspectos desse mesmo todo que não se encaixam nessa direção de leitura, mas afirmam justamente o aspecto alienante dessas mesmas representações que recebem a adesão do narrador nos momentos em que o filme se organiza conforme a visão de mundo dos pescadores. A narração em *Barravento* oscila, mais até do que Firmino. No seu estilo convulso, adere e se afasta do objeto do seu discurso, num movimento que torna ambíguos os valores que, em última instância, a orientam, assim como torna opacos certos episódios de sua estória. Diante de seus desequilíbrios, só uma interpretação altamente seletiva é capaz de privilegiar o que há nela de crítica externa à cosmovisão dos pescadores. Há, inegavelmente, uma postura de franco ataque à figura do Mestre, líder despótico que tem seu poder legitimado pela representação religiosa. No entanto, esta, enquanto manifestação coletiva, só recebe os elogios e celebrações de uma narração que, no seu modo de trabalhar imagem e som, mais de uma vez confirma a sua validade explicativa frente ao mundo. Há, sem dúvida, uma convivência entre religião e miséria que desgasta essas crenças aos olhos urbano-in-

Barravento: alienação *versus* identidade

dustriais. Diante do visto, elas parecem ineficazes para trazer a felicidade à aldeia. Mas, se os pescadores se queixam em dado momento, e nos levam a esperar um movimento subsequente de raciocínio que implique a análise do que está na raiz de sua miséria, no momento seguinte vem a explosão de felicidade, a ostentação de uma tal coesão interna e harmonia com a natureza, que faz com que suspendamos o juízo e recolhamos nosso ponto de vista, descabido e alheio ao universo da tela.

Se há um tempo que corre em linha reta, expresso na rede que vem da cidade, na acumulação dos exploradores e na pregação de Firmino que atinge Aruã, há também um tempo circular, de repetição indefinida, expresso nas reproduções das lendas, na regularidade dos rituais e no próprio jogo de compensações, que faz da integração de Naína no sistema religioso a contrapartida da perda de Aruã, que se desgarra para viver a história. Esse jogo de compensações se evidencia no desenvolvimento geral do filme, pela simetria bem precisa entre os dois movimentos — de exílio, no caso de Aruã, e de integração, no de Naína —, e também é claro na montagem paralela que associa os dois fatos decisivos desses trajetos cruzados: a profanação de Aruã e os rituais de purificação de Naína no terreiro. Essa presença da circularidade manifesta-se, inclusive, no desligamento de Aruã ao final, sugerida na imagem do farol que dera origem à figura de Firmino. Se, numa direção de leitura, o farol é luz e conota desalienação e promessa de liberdade, noutra ele é instância de repetição e se insere nessa rede de elementos que sugere a circularidade de tudo. Se Aruã repete Firmino, talvez refaça o percurso de volta, cidade-aldeia, para agir como ele, que assume o discurso da política e da consciência transformadora enquanto tece uma prática que o envolve no sagrado.

Há, em *Barravento*, um movimento descentrado. Na sua textura de imagem e som, nas ações das personagens, nas intervenções da natureza, nos deparamos com relações específicas que marcam um percurso nada unívoco em seu foco: uma análise do exterior da comunidade e sua alienação integra, à sua própria estrutura, uma organização do mundo natural e social que parte dos valores e sintoniza com as representações que emanam desta comunidade e de sua religião.

O fundamental nessa superposição de perspectivas é a impossibilidade de separar os focos contraditórios e localizá-los em diferentes níveis do discurso, cada nível abrigando homogeneamente um dos polos da contradição. Não há, por exemplo, a separação entre o nível "mais profundo" do enredo — iluminista, desenvolvimentista — e o nível "mais epidérmico" das imagens, movimentos de câmera e batuques — mágico, religioso. Se, reiteradamente, caracterizei o discurso de *Barravento* como desequilibrado, convulso, tais desajeitos não são propriedade exclusiva de um modo de montar, sonorizar, movimentar a câmera ou os atores; o enredo é também seu lugar. Em outras palavras, quero evitar a ideia de que existe uma intenção racional que se manifesta no esqueleto da estória, mais consciente e controlável, contraposta à expressão de disposições inconscientes, descontroladas e irracionais, na textura de imagem e som. Quero sublinhar exatamente o oposto: é todo o filme que se contorce para que nele desfile a oscilação entre os valores da identidade cultural — solo tradicional da reconciliação, da permanência e da coesão — e os valores da consciência de classe — solo do conflito, da transformação, da luta política contra a exploração do trabalho.

Do ponto de vista dos pescadores de Buraquinho, Aruã, depois de Firmino, se aliena porque se desgarra da comunidade, separando-se do mito e da natureza para se inserir no tempo do outro, o branco, dono da rede. Do ponto de vista do outro, é a comunidade que se aliena na religião, e o movimento de Aruã

Barravento: alienação *versus* identidade

em direção à cidade é uma promessa de salvação de quem emerge para a lucidez e encara um mundo em transformação. *Barravento*, filme, é a equação irresolúvel que confronta essas duas perspectivas, recusando o ponto de vista transcendente que, exterior a elas ou privilegiando uma delas, avançaria a resposta una e fecharia o discurso.

Capítulo 2

Contraponto I:
O pagador de promessas
e as convenções do filme clássico

Naturalização do espaço
e caracterização psicológica

Em *Barravento*, a questão política (da transformação social) e a questão cultural (da identidade) emergem como núcleo da atenção, dos problemas e das propostas do discurso. Isto se efetiva de tal forma que marca um flagrante contraste com o lugar que se reserva à população de pescadores num filme como *Caiçara*, produzido pela Companhia Cinematográfica Vera Cruz em 1950, sob a direção de Adolfo Celi. Em *Caiçara*, inertes como a paisagem, parte do cenário exótico da aldeia, caracterizados como indolentes e vagabundos, os pescadores não são foco de problemas, mas "espectadores de um drama que não lhes diz respeito", "público para o drama das personagens centrais", como observa Maria Rita Galvão no decorrer de sua análise, em profundidade, do filme.[1] Segundo a autora, *Caiçara* é o típico exemplo onde o máximo que se faz é descrever os seus costumes e contar suas lendas e onde não há lugar para a representação do mundo dos pescadores como universo de trabalho, problemáti-

---

[1] Maria Rita Galvão, "Cartão-postal: apontamentos sobre *Caiçara*", *Almanaque*, nº 6, 1978, pp. 87-98.

co no interior da dinâmica social, e muito menos para qualquer consideração de ordem política.

Citar esse filme não deixa de ser uma forma cômoda de localizar o oposto — no estilo, na ideologia e no modo de produção — do filme de Glauber. Voltar a 1950 significa saltar praticamente dez anos de um trajeto de discussões em torno de um cinema independente, na forma de produção e no estilo; discussões articuladas com o questionamento da própria estrutura política e social do país, num processo que tem sua síntese no movimento do Cinema Novo. Não vou aqui me deter no cotejo entre *Barravento* e *Caiçara* porque Maria Rita já nos destrinchou o filme da Vera Cruz e o essencial já está evidenciado. *O pagador de promessas* (1962), de Anselmo Duarte, oferece um bom contraponto para observações contextuais que ajudam a caracterizar o estilo de narração em *Barravento*. Produção paulista da Cinedistri, rodado na Bahia, é um filme praticamente contemporâneo ao de Glauber. Nele, igualmente, a questão religiosa vem a primeiro plano, articulada à política, tão ausente (ou presente pela ausência) nos filmes da Vera Cruz. Em uma demonstração de que o problema da cultura popular e o da liderança política não eram, naquele momento, preocupações exclusivas ao Cinema Novo, o filme de Anselmo Duarte adapta a peça teatral de Dias Gomes e olha de frente o conflito entre uma ortodoxia católica — ligada às classes dominantes — e o candomblé de origem africana, de grande penetração nas classes dominadas. Mas o faz de modo distinto, pois o olhar que *O pagador de promessas* deposita sobre o drama de Zé do Burro constitui uma versão mais competente e atualizada da cinematografia produzida na Vera Cruz.

Se há uma postura político-ideológica que, neste filme, equaciona diferentemente de *Barravento* os problemas discutidos, o fundamental para minha análise é que a diferença política se produz também, e articuladamente, através de uma diferença

O pagador de promessas e as convenções do filme clássico

de estilo. *O pagador de promessas* afirma um modo de fazer, uma relação com o equipamento cinematográfico e uma atitude de respeito frente ao filme narrativo clássico que expressam, face *Barravento*, uma concepção bem distinta de como se deve construir o ver e ouvir no cinema.

Medido com os parâmetros clássicos, *Barravento* é irregular no seu ritmo, desequilibrado na composição das cenas, precário muitas vezes em sua técnica fotográfica. Exibe aqui e ali aqueles "defeitos" que chamam a atenção para a fatura do discurso, tão a contragosto de uma narração que se quer fluente — para ser esquecida enquanto narração —, verossímil — para dar peso de realidade a suas operações — e clara — para não levantar suspeitas sobre a sua autoridade. Desejando ser fluente, verossímil e clara, a narração de *O pagador de promessas* procura sempre a continuidade, o equilíbrio de composição, a uniformidade técnica, o encadeamento de motivos naturais para o desenvolvimento da ação. Auxiliando as imagens, a trilha sonora exibe uma partitura musical que suaviza eventuais saltos e mudanças de direção, preparando o espectador para a nova tonalidade que se inaugura em cada episódio. Nesse esforço, a música é eficiente em muitas passagens, como no caso da chegada do repórter à cena, no seu primeiro encontro com Zé do Burro, quando passamos de uma tensão a um relaxamento. Mas muitas vezes chega a carregar nas tintas ou sons, em certas dramatizações que duplicam sem habilidade a tensão que vem das imagens, como no caso da chegada do Monsenhor à igreja. Na composição da imagem, é também às vezes aplicado demais, quando tenta garantir o efeito desejado, a leitura correta para a cena. Um bom exemplo disso é o esquemático jogo de câmera alta/câmera baixa, aliado ao campo-contracampo, utilizado nas cenas de confronto, seja entre Padre Olavo e Zé do Burro, seja entre este e o Monsenhor. Tais exemplos, no entanto, não impedem um nível geral de eficiência na aplicação das regras de continuidade e motivação próprias ao cinema clássico, produzindo-se um efeito global de perfeição, encaixe preciso das partes, ausência de lacunas ou incoerências, em um espetáculo forte e realista.

Se o prólogo de *Barravento* pode ser suprimido em um resumo do enredo, permanecendo certa interrogação sobre seu lugar no filme e sobre seus efeitos, tudo em *O pagador de promessas*, desde a primeira imagem, tece o fio das ações claras, no desfile de imagens que fazem sempre fluir a estória. O tocador de atabaque do prólogo de *Barravento* está "solto", assim como o céu e a praia; a mão que batuca na primeira imagem de *O pagador de promessas* é o elo inicial de uma cadeia de planos montados em continuidade espaço-temporal para caracterizar o terreiro de Iansã e, dentro dele, uma ação particular: a promessa de Zé do Burro diante da imagem de Iansã-Santa Bárbara, a ação que está na raiz do conflito dramático que estrutura o filme. Registrando o ponto de origem, não se dispensa todo o percurso dos protagonistas a caminho do mar, passando pelos diferentes tipos de vegetação, numa escolha de imagens calculada para evidenciar as etapas que se cumpre ao viajar do sertão árido ao litoral. Não confiando nas indicações futuramente retomadas pelo diálogo, o filme avança a informação. Quando Zé do Burro e Rosa chegam à cidade e ele deposita a cruz na escadaria da igreja para descansar, já sabemos de onde veio, a dimensão do seu sacrifício e a paciência de sua mulher, que o acompanha. Se ainda resta alguma dúvida quanto ao seu propósito, esta é logo dissolvida no diálogo inicial.

A caracterização psicológica também se faz dentro de jogo semelhante: redundâncias favorecem a clareza, orientando a leitura das imagens. No primeiro contato com a cidade, Zé e Rosa já se tornam transparentes para o espectador, nos seus interesses e aflições, pela utilização de procedimentos de montagem que

O pagador de promessas e as convenções do filme clássico

reiteram as indicações dos diálogos. Há um processo aditivo de acumulação e confirmação de dados, e a caracterização das personagens caminha sem desvios ou pontos obscuros. Logo ao chegar, descendo a ladeira que conduz à igreja, o casal tem acentuada sua inocência pela presença dos frequentadores de um cabaré que observam o espetáculo estranho de Zé carregando a cruz. Nessa cena, através de uma decupagem tradicional para tais fins, a narração não perde a chance de caracterizar a indiferença de Zé, obcecado pelo cumprimento da promessa, e a receptividade de Rosa à nova experiência. Enquanto a ele não é dada a condição de foco de visão, no sentido estrito da identificação da câmera com o seu olhar, com Rosa acontece o contrário: mais de uma vez partilhamos do seu olhar. Num primeiro jogo de campo-contracampo, a narração salienta a troca de olhares entre Bonitão, malicioso e ciente das implicações desse jogo, e Rosa, interrogativa e devolvendo a curiosidade sem a mesma intenção sedutora.

Na cena seguinte, o encadeamento de falas e ações mantém a mesma preocupação de clareza: antes mesmo de Bonitão se aproximar do casal para se aproveitar da ingenuidade de Zé e levar Rosa consigo para passar a noite, sua condição de gigolô já é explicitada na longa cena com Marli. Quando ele aparece ao pé da escadaria para abordar Zé e Rosa, temos acumulados dois motivos para perceber, sem rodeios, a sua intenção. A decupagem dessa conversa a três sublinha a informação já contida na própria fala das personagens. Procurando a representação envolvente dos diálogos, o narrador opta pelo jogo entrecruzado de pontos de vista: mostra a personagem que fala quase sempre do ponto de vista de quem escuta. Não há nisto nenhuma caracterização especial da disposição do ouvinte, visto que nossa atenção se fixa no rosto de quem está com a palavra. Os desvios em relação a essa regra é que são significativos, pois podem revelar a intenção muda de uma personagem, intenção que permanece oculta para as outras e só se anuncia para nós. Nessa cena, é Bonitão quem se faz centro de visão em um plano deste tipo: há um momento em que suas intenções diante de Rosa são novamente reiteradas quando partilhamos do seu olhar que a examina, deitada, com as pernas à mostra. Zé não tem intenções ocultas para revelar e Rosa é, de preferência, objeto e não sujeito dos olhares. Ora é Bonitão que serve de mediador para que a observemos com ele, ora é o próprio narrador invisível que assume quebrar a monotonia da imagem que segue a fala para surpreender Rosa, em rápidos *flashes* que revelam suas intenções e dúvidas.

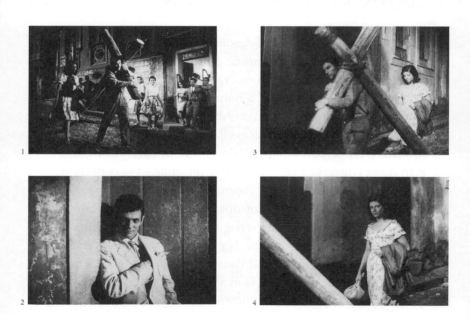

Sequência de olhares na chegada de Zé do Burro e Rosa à cidade.

Via de regra, este é o esquema utilizado ao longo do filme: a decupagem segue o diálogo e, quando dele se desvia, é para deixar claro um dado importante, marginal à fala, seja explicitando uma intenção que se quer oculta — acompanhando um olhar, por exemplo —, seja surpreendendo uma emoção ou um gesto que nos informa sobre os motivos e interesses das personagens. Acima de tudo, é preciso fazê-las psicologicamente inteligíveis, localizar claramente seus dramas, dentro de uma representação que coloca as coisas em ordem e nos dá o conforto de sentir, passo a passo, a posse dos dados essenciais para o entendimento de tudo.

Ao contrário de *O pagador de promessas*, *Barravento* não segue essa linha reta de comunicação com o espectador. Se abriga estranhezas no comportamento das personagens, com ações ou sentimentos cujos contornos não são claros, a ausência dessa decupagem esclarecedora, que sublinha e reitera, muito contribui para isto. Se é possível detectar o jogo campo-contracampo, sua incidência é muito rara em *Barravento* (a conversa de Firmino e Cota à noite na praia, no bloco II, é um dos únicos exemplos). Ao mesmo tempo, no esquema mais amplo das posições de câmera, não há muita preocupação em desenhar com clareza o espaço do drama, o lugar das coisas, a extensão do mundo visível. O tratamento do espaço torna o universo de mar e areia, de céu e coqueiros, de palhoças de pescadores e do terreiro de candomblé, um espaço fechado, que não se apresenta em continuidade com o exterior: temos apenas um elemento simbólico de fronteira, o farol, limite do visível e demarcação do mundo de Buraquinho. O espaço de *Barravento* não se estende e o mundo visível ganha singularidade como ordem fechada por oposição ao não visível, pela descontinuidade que o separa da vizinhança. E, apesar de uno, não se desenha com clareza em sua configuração interior; terminado o filme, ficamos a compor a constelação de

O pagador de promessas e as convenções do filme clássico

dados desse microuniverso sem conseguir formar uma imagem clara da disposição dos elementos, das relações de distância e, principalmente, da organização dos interiores (não entramos em nenhuma casa de pescador ao longo do filme).

Em *O pagador de promessas*, o bar é colocado nitidamente em oposição à igreja e estão lá, contíguos, enfrentando-se na coleção de planos que, na profundidade de campo, define quem desce a ladeira, chega à escadaria e como, do bar, se vislumbra, pela janela ou pela porta, a monumentalidade do edifício da igreja. O espaço central do drama é bem definido em suas relações e perspectivas, desenhado em sua continuidade. Ao contrário do que acontece em *Barravento*, o mundo das ações ganha novos espaços e deixa visíveis outros pontos de interesse: a praia, o jornal, o sertão de onde veio Zé do Burro, as ruas por onde Rosa se movimenta cheia de angústia.

Temos aqui uma oposição significativa. Adaptação de uma peça teatral, o filme de Anselmo Duarte luta para escapar às delimitações de espaço. Trabalhando um material aberto e sem limites na sua extensão natural, *Barravento* tende ao teatral, ao espaço demarcado do rito e suas reverberações simbólicas. Destaca, põe em suspenso, o mundo de Buraquinho, do qual o entrar e sair se faz na modalidade do aparecer e desaparecer, tal como nos limites de um palco. Sem interesse em explorar esse efeito, *O pagador de promessas* se esforça por abrir os seus horizontes na continuidade de um mundo sem fissuras. Se a escadaria é ponto de acumulação do drama, o filme procura dissolver qualquer fechamento e deixa claro que o mundo das personagens não é indeterminado para além de um ponto simbólico de fronteira. Multiplica seus locais para marcar melhor o andamento das situações e definir claramente a origem das personagens ou seus envolvimentos.

Evidentemente, pode ser dito que esses deslocamentos são

procurados para evitar que o espectador se aborreça, para variar um pouco, como manda a receita. O fundamental para mim é que, independentemente desse tipo de motivação, tais acréscimos tendem a acentuar que o espaço da cena é um lugar natural da cidade, apesar da configuração monumental desse anfiteatro que concentra o conflito central. A preocupação básica é tirar proveito das conotações que tal espaço produz, sem desligá-lo do mundo e sem permitir que a imaginação "decole". Pela disposição clara das extensões, reforçar a verossimilhança, evitar as interrogações sobre a fronteira desse mundo onde ocorre o duelo Zé do Burro-Padre Olavo. Diluir, enfim, a descontinuidade que separa o espaço do drama e o espaço real, pois o efeito de palco demarcado poderia criar a brecha para um processo de ritualização mais radical, cuja carga simbólica traria dimensões indesejáveis para um projeto que se quer ancorado na observação de fatos, sem pontos obscuros, sem aquele olhar para o mundo que o desdobra em camadas e multiplica seus níveis de significação.

O fato observado em *O pagador de promessas* pode ser extraordinário, mas é verossímil frente aos padrões da vida cotidiana. Ocorre num dia particular, de festa, mas inserido no fluxo da vida. Os seres nele envolvidos não são figuras depuradas; ao lado dos gestos mais elevados, exibem sua dimensão mais banal e, pela naturalidade bem explicada de suas motivações, fazem um jogo diante do qual o narrador não se abala, não perde o pé, ostentando um controle e equilíbrio que estão longe da movimentação mais nervosa e das contradições do narrador que nos apresenta a aldeia de pescadores em *Barravento*; narrador que olha o céu e o mar como elementos que cercam o espaço do drama e marcam a sua participação, ganhando uma densidade completamente ausente do drama de Zé do Burro (quem presta atenção no céu, pura extensão, em *O pagador de promessas?*).

O pagador de promessas e as convenções do filme clássico

É interessante notar que essa suavização do teatral corresponde à preocupação de muitos cineastas e teóricos do pós-guerra, na procura de um realismo específico ao cinema. Basta lembrar o ideal do cinema realista aspirado por Siegfried Kracauer, radical no seu elogio à abertura e autenticidade de observação do cotidiano e na sua condenação à presença do espaço fechado da tragédia clássica nas telas. Evidentemente, o tom clássico da decupagem de *O pagador de promessas* está calcado demais no modelo de Hollywood para que a filmagem em locação e a expansão do mundo visível consigam acomodar esse filme a tais ideais. A imagem das ruas de Salvador não basta para que o filme se transforme no típico exemplo desejado pelo teórico alemão, ou mesmo por André Bazin, na sua defesa do realismo sem fronteiras como vocação própria ao cinema. Mas é significativo que procure trazer a autenticidade das ruas e dos espaços abertos para dar apoio à ideia de fidelidade ao real que orienta sua decupagem.[2]

O pagador de promessas usa a estratégia já suficientemente testada no cinema industrial, onde o narrador procura assegurar sua autoridade através da competência em reproduzir o mundo visível. Natural na organização de aparências facilmente reconhecíveis, o discurso trata de fazer passar sua forma particular de entender o movimento mais profundo, essencial, que estabelece a lógica dos fatos. Se em *Barravento* a psicologia tornava-se opaca, porque embaralhada num embate de forças metafísicas, aqui o cuidado na competência em reproduzir exige a caracterização psicológica, a definição detalhada das situações, para que não haja brechas, dúvidas ou a suspeita de que há determinações

---

[2] Na busca de uma autenticação realista para a representação, é como se bastasse acrescentar, frente ao teatro naturalista, a presença mesma das coisas e a extensão dos espaços reais para garantir um avanço na "captação" do real.

que se instalam além das disposições reiteradas. Na pintura do painel de personagens da cidade, sejam os aliados do camponês ou a galeria de corruptos interessados em se aproveitar de Zé do Burro e Rosa como fontes de lucro, há o cuidado em detalhar o processo pelo qual estes se envolvem nos acontecimentos, à revelia e com a total ignorância de Zé. O narrador nos leva ao jornal para antecipar as intenções do repórter; nos leva à praia para já evidenciar de que lado estão os capoeiras e como são informados da situação do camponês, e nos leva à reunião das autoridades da Igreja que discutem os vários aspectos do caso e deliberam. No bar em frente à escadaria, acompanhamos a evolução das manobras de Bonitão e seu telefonema decisivo à polícia. Os meios de comunicação, as instituições e algumas ações isoladas de indivíduos tecem, ordenadamente para nós, a rede complexa de relações sociais do meio urbano que impõe significados novos à promessa de Zé e torna quixotesca a sua simplicidade de propósito. Ao marcar essa oposição entre o mundo mercantil da cidade e a consciência ingênua do camponês, o narrador se põe num ponto privilegiado, assume a condição de elemento transcendente capaz de revelar todos os passos do jogo social em torno da personagem principal. Não vê a cidade com os olhos de Zé. Pelo contrário, mostra o camponês desatento à cidade, reduzido que está à adoração da Santa, única figura a quem deve satisfação.

O cuidado em amarrar bem o encadeamento dos elementos objetivos que cercam a personagem principal se articula a uma forma específica de sublinhar seus movimentos subjetivos. Os diálogos, o comportamento do ator Leonardo Vilar, compõem o estereótipo do caipira simplório, mais sulino do que nordestino, e as posições de câmera procuram concentrar a atenção do espectador no aspecto simples e honesto de Zé, expresso na inflexibilidade no cumprimento da promessa. O momento pri-

O pagador de promessas e as convenções do filme clássico

vilegiado para colocar o protagonista como fonte do olhar atento é a cena de sua demorada contemplação da imagem da Santa no andor, cuja ascensão pela escadaria ele acompanha como que hipnotizado. A montagem paralela alterna, com insistência, o rosto devoto de Zé e a imagem da Santa, de modo a conferir espessura à sua experiência e fazê-la sensível ao espectador. Nessa cena, Zé reitera um envolvimento pessoal que contrasta com sua desatenção pelo destino de Rosa nas mãos de Bonitão ou mesmo com seu desligamento face às investidas da população da cidade, relação onde Zé, via de regra, é objeto do olhar.

A organização dos olhares é o ponto privilegiado de caracterização do que cada personagem possui como intenção e conhecimento frente às outras. E, em cada situação, o narrador observa, e nos leva a observar com ele, a cadeia de ações e reações que expressa os motivos e interesses dos vários agentes. Constrói para si e para nós um lugar especial, de objetividade realista, pela apresentação de um painel dos pontos de vista em conflito. É como se, no conjunto, dominasse a mesma regra de construção levada ao extremo na cena, já perto do final, em que Rosa observa Bonitão e decide abordá-lo para um último confronto. Cerca de vinte planos dão conta da sucessão muda de olhares que nos revelam, em detalhe, todo o processo: a ansiedade de Rosa até a decisão; a atitude provocativa e bem-humorada de Bonitão; a observação de testemunhas como o homem do bar e o poeta, irônicos no sorriso, e a vendedora de acarajés, preocupada e atenta às reações de Zé; e a evolução da atitude do camponês, que, da total inconsciência, chega à suspeita e à interrogação: "Aonde vai, Rosa?", interrogação puramente formal que aceita a primeira resposta e não impede o afastamento da mulher. Pelo uso sistemático da troca de olhares, pelas posições de câmera que interceptam a atenção das personagens, expõem-se os motivos e desenha-se, sem lacunas, a interação que as envolve.

Por esse método, nessa cena descrita e no conjunto do filme, o narrador confere maior peso à representação do drama psicológico e moral de Rosa, personagem que, mais que qualquer outra, cristaliza em torno de si as virtudes deste tipo de decupagem. Se a situação descrita constitui a mais elaborada sequência de *eye-line matches*[3] tecida pela narração, é através da interação Rosa-Bonitão que o filme ganha seus melhores pretextos para os deslocamentos espaciais mais significativos dentro do esforço para criar o *continuum* real. A ida até o hotel, no início do filme, a volta apressada de Rosa no dia seguinte e a última conversa com o gigolô constituem exemplos disto. Há, no entanto, um processo mais sutil pelo qual a ideia de *continuum* se afirma a partir da atenção à experiência de Rosa. Na oposição bar-igreja, é o diálogo Rosa-Bonitão, à mesa do bar, que permite a composição do plano em profundidade onde, pela janela, se vê toda a escadaria densamente povoada pelo movimento da festa enquanto, próximos à câmera, os dois discutem seu destino particular frente a tal pano de fundo. Dentro de outro esquema, é a oposição Rosa-Marli que permite o corte em continuidade de maior efeito na passagem interior-exterior: as duas começam sua luta corporal dentro do bar e se precipitam para a rua, acompanhadas pela câmera que salta, habilmente, para mostrar o movimento em toda a sua expansão e produzir o efeito cômico do encontro entre essa briga e o movimento ordenado da banda que desfila. Esse tipo de corte é extremamente eficiente na construção do efeito realista e não é por acaso que podemos verificar sua ausência em *Barravento*, onde as relações interior/exterior estão envolvidas em mistério.

---

[3] *Eye-line match*: forma convencional de, em inglês, nomear a montagem que estabelece relações espaciais coerentes entre as posições das personagens com base na direção dos olhares numa sucessão de planos.

O pagador de promessas e as convenções do filme clássico

Sendo um dos suportes do processo de "naturalização" do espaço e da ação em *O pagador de promessas*, a atenção à experiência de Rosa é o critério que domina também as suas imagens finais. No encerramento, a narração confirma sua perspectiva diante do drama de Zé do Burro. Quando este entra na igreja pelas mãos do povo, que o carrega na cruz como um novo Messias sacrificado, a cena traz em si as dimensões do rito e da referência simbólica à Paixão original. Passo seguinte, a composição da imagem privilegia, num plano geral da escadaria, a figura solitária de Rosa, imóvel, o olhar fixo nos degraus que marcaram a queda do marido. Um corte em contracampo nos leva à imagem final. É ainda Rosa o foco de atenção, pequena diante do aparato arquitetônico igreja-escadaria. A perspectiva frontal é ponto de repouso do olhar, instância de conclusão definitiva do discurso, e a imagem ordenada e simétrica oferece uma única direção para o lento caminhar da personagem: a exemplo dos outros, Rosa desaparece quando entra na igreja.[4]

A cena de Zé do Burro com os braços abertos sobre a cruz fornece o emblema do sacrifício pela humanidade, e a dimensão metafísica contida na metáfora da crucificação abre espaço para uma "leitura figural" do drama,[5] a qual poderia comprometer mais decisivamente o filme com as questões teológicas. Mas tal dimensão metafísica, apesar de surgir no horizonte, não é traba-

---

[4] Como não estou interessado na comparação do filme com o texto original de Dias Gomes, coloco em nota a lembrança de que esse final consolida uma diferença significativa em relação à peça: no texto, é a figura da mãe de santo que permanece só, em cena, para responder a uma trovoada (sinal dos céus?) com um chamado de candomblé. A substituição do final, na peça mais ambíguo e fazendo o referencial religioso mais presente, marca bem o projeto de naturalização do filme.

[5] Uso o termo "figural" no sentido proposto por Erich Auerbach no epílogo de seu livro *Mimesis*, Princeton, Princeton University Press, 1953.

lhada pelo desenvolvimento de imagem e som. Dentro do critério naturalista de toda a narração, não há, nesse momento, lugar para uma retórica que, utilizando imagens exteriores ao estrito desenvolvimento da ação, explorasse, na dimensão vertical, a carga simbólica dos fatos. A cena deve evoluir sem solução de continuidade, privilegiando as relações horizontais; e o isolamento de Rosa, como forma de desfecho, procura chamar nossa atenção para as consequências imediatas da morte do camponês: sua significação no plano da vida com sua mulher, polo do particular, das disposições naturais, do aqui e agora social que permanece o foco da interrogação.

Os sistemas conotativos:
da política à moral, demarcações

O pagador de promessas nos dá um bom exemplo de como a retórica do filme clássico pode discretamente se apoiar na competência em reproduzir para delimitar o espaço da discussão, deixando de lado — como dado natural — as questões que a ela não interessa levantar. A própria decupagem marca a separação nítida entre o que pertence à consciência de Zé e o que pertence àquele olhar que, conhecendo mais, o vê de fora e em perspectiva. O narrador, pelo conhecimento, está distante de Zé, marcando sua solidariedade ao camponês no plano da adesão emocional e da valorização ética, opondo a cruz autêntica do herói que vem do povo à cruz institucional de Padre Olavo, autoritária e formal (a "religião objetiva").[6] Nessa solidariedade, acen-

---

[6] O recurso à oposição proposta por Hegel — religião objetiva e religião subjetiva — permite dar uma formulação concisa ao conflito fundamental que permeia todo o filme. Não cabe aqui estabelecer afinidades entre este e o filósofo;

O pagador de promessas e as convenções do filme clássico

tuam-se as qualidades morais da fé honesta enraizada no coração de Zé do Burro (a "religião subjetiva") e o filme esboça um
discurso sobre a liderança política: é a autenticidade de Zé que
o transforma em força aglutinadora e a mobilização final do povo que o carrega não tem outro fundamento senão a exemplaridade do seu sacrifício diante de todos. Zé é representado como
simplório e o narrador deixa claro que não se trata de aderir à
sua visão do mundo, nem tampouco entrar no mérito de sua
discussão "teológica" com Padre Olavo. O elemento divisor de
águas localiza-se no plano moral, o qual serve de apoio para
que a narração aponte heróis e vilões, afirmando sua perspectiva
diante do drama.

No jogo de delimitações, há um princípio de ordem domi-
nando a representação, o qual celebra a sintonia entre o recado e
o estilo. Uma sequência específica nos evidencia isto mais do que
outras. A preocupação com o controle da experiência como garantia de objetividade produz na sequência de massas em movimento uma dupla solicitação de ordem, simultaneamente manifesta no plano do processo social que o discurso focaliza e no
plano da própria composição do discurso.

O povo está em festa diante da igreja e Padre Olavo, do alto da torre, contempla a "desordem". As ave-marias são substi-
tuídas pelo som de berimbaus e pandeiros, e a procissão ordeira
é substituída pela sensualidade de capoeiras e rodas de samba. A

---

uso a fórmula porque sugestiva, pois há nela o mesmo tipo de valoração da "religião subjetiva", dentro de um percurso de crítica ao cristianismo transformado em
positividade que se impõe de fora para dentro às consciências, comprometendo a
liberdade do espírito e marcando a separação subjetivo-objetivo própria ao estado de alienação que caracterizaria a consciência moderna. Faço o empréstimo
com base na exposição de Georg Lukács em seu livro *El joven Hegel*, Barcelona,
Grijalbo, 1970, pp. 35-97.

tudo isto a câmera observa de modo a deixar caracterizada a oposição entre a forma exterior dos ritos católicos e africanos, enquanto ambos disputam a hegemonia no som e na imagem. O desenvolvimento da cena leva ao crescente domínio da movimentação coletiva, cujo ritmo toma conta da escadaria. Padre Olavo, isolado, numa passagem de desespero e cólera, expressa sua posição batendo forte o sino, repetidas vezes. A superposição e o confronto de sons — sino *versus* berimbau — condensam a representação do conflito entre os ritos e, nesse momento, a montagem alternada, entre a torre do sino e os instrumentos de origem africana, atinge um nível de formalização que, pela reiteração simétrica das imagens, ameaça o princípio de exposição dos fatos assumido pela narração. A decupagem, matemática na alternância, confere uma coesão interna ao segmento, que tende a diferenciá-lo, destacando seus elementos do espaço-tempo da ação. Sino *versus* berimbau, pandeiro. Cada termo representando o complexo cultural de que faz parte, e seu conflito condensando, na metáfora ostensiva, a situação social de base que informa todo o filme.

Situada a alternância que cria a metáfora, as imagens de sino e berimbau cedem lugar a um plano onde os populares em festa, mãos para o alto, batem palmas ao ritmo dos batuques. A câmera, num movimento em panorâmica, abre espaço para que se evidencie a expansão do movimento coletivo, movimento de ascensão, cujo efeito lateral é a derrubada da cruz nos degraus, queda no solo que se transforma em ponto central e de repouso do olhar. Posta de lado por uma multidão que não lhe dá atenção, envolvida que está no ritmo e na dança, a cruz recebe os cuidados de uma única personagem, Zé do Burro, que se abaixa e a recolhe do solo, depositando-a em lugar seguro. Com esse gesto, Zé recupera a cruz e reordena a cena, retirando-a do domínio da expansão sem freios do movimento popular e dando

O pagador de promessas e as convenções do filme clássico

chance para que o som se domestique e o enquadramento encontre seus pontos de equilíbrio nas figuras centrais da estória. Voltamos aos diálogos. A festa do povo continua, mas retorna a seu lugar de pano de fundo, com seus movimentos perfeitamente integrados à cenografia que emoldura a conversa entre as personagens centrais. O comerciante, o poeta e a baiana que vende acarajés voltam a dar assistência ou conselho a Zé, e este retoma seu diálogo com Rosa. A chegada de Marli nos leva à cena da briga das mulheres, episódio cujo tom cômico-cotidiano contrasta com a tendência à elevação simbólica manifesta no duelo de sons da cena anterior.

Nesse duelo, a formalização só não destrói a evolução contínua e homogênea do mundo diegético porque imagem e som permanecem ancorados na ação: é preciso que Padre Olavo bata o sino e o povo toque na festa o berimbau. Entretanto, o passo decisivo de ordenação é dado no momento da intervenção de Zé do Burro ao erguer a cruz. Essa intervenção marca a retomada do desenvolvimento normal da narrativa que ameaçara decolar de sua base factual, retomada feita dentro de um processo suave pelo qual se procura sancionar e dar motivo à mudança de tom na representação. Ao erguer a cruz, Zé responde a uma solicitação das convenções do próprio filme que não vê destruído seu princípio de ordem. Ao mesmo tempo, esse gesto e seu enquadramento se encaixam num conjunto de sugestões que insinuam o enunciado: se a autoridade eclesiástica instituída se vê separada dos sentimentos do povo e, pela incompreensão e dogmatismo, torna-se ilegítima aos seus olhos, são homens como Zé do Burro que, pelo exemplo de fé, honestidade e convicção íntima, são capazes de reerguer a cruz de Cristo.

Assim como nessa cena Zé salva a cruz do abandono e reordena as ações, no desenvolvimento global do filme é seu sacrifício que acaba regulando a mobilização da massa diante da igreja. Exerce uma liderança que canaliza a energia de todos para a defesa da legitimidade da promessa feita no terreiro. Dentro da sua perspectiva, Zé não se identifica integralmente com os valores do candomblé — fato ressaltado desde a primeira cena do filme, quando ele faz a promessa diante da imagem de Iansã-Santa Bárbara, separado dos outros, que dançam e cantam, e fazendo um destoante sinal da cruz. Considera sua promessa cem por cento católica, dentro de sua visão rústica, e, mais de uma vez, recusa a adesão ao terreiro. Diante de Padre Olavo defende a identidade (Santa Bárbara-Iansã), mas diante dos convites da negra baiana defende a diferença: ir ao terreiro cumprir a promessa "não é a mesma coisa" e está na igreja o seu destino. A boa vontade de Zé é católica em sua inspiração. São as condições sociais e o desdobramento do episódio que trazem, à sua revelia, o papel de contestador da autoridade da Igreja e o de representante de uma reivindicação de natureza mais ampla. Como um fluxo e refluxo da maré, todo o ritmo do filme se estrutura em torno do vaivém de Zé diante da porta da igreja. Entrar é a meta indiscutível, ponto de acumulação do drama cuja regra é a amplificação: da primeira frustração, quando chega à noite e verifica que a porta está simplesmente trancada — momento de experiência isolada cuja significação é doméstica —, até a entrada heroica depois de morto — momento de ritual coletivo cuja significação é social e política. A cada tentativa, aumenta a concentração de povo a seu redor, havendo um desenvolvimento orgânico nessa progressão que começa com todos fora e termina com todos dentro da igreja. Concentrada no debate "entra ou não entra", a luta de Zé e o apoio que recebe da massa não caminham em direção ao questionamento radical dos valores católicos e à afirmação de um rito alternativo. Temos um movimento que pede a integração, onde a legitimidade do popular é reivindicada aos olhos da própria Igreja. Reclama-se dela uma

O pagador de promessas e as convenções do filme clássico

fidelidade aos princípios de tolerância e compreensão, um exercício efetivo do espírito ecumênico.[7] O narrador reserva a si uma atitude de observador atento apresentando o conflito aparentemente de fora, sem se envolver no debate teológico. A tragédia é proposta como resultado normal da disposição dos agentes, dotados de uma convicção, de um temperamento e de interesses específicos, que são suficientes para explicar o drama. Ao mesmo tempo, acumula operações destinadas a conotar fortemente os fatos e, desse modo, ressaltar a autoridade moral do gesto, trazendo o espectador para o lado da ação democrática e solidária, de abertura para o outro. Sublinha o lado opressor das autoridades, sua ilegitimidade, sua incapacidade de resposta às reivindicações populares. Coloca o conflito em termos de uma oposição que sugere extensiva a todas as esferas do poder: aquela entre a liderança corrupta e autoritária presa à letra dos dogmas, e a liderança autêntica emanada do povo, fiel ao espírito do cristianismo. No desdobramento das contradições, leva a uma resolução integrativa, ideal, onde se dissolvem as tensões pelo acolhimento de todos no quadro institucional, feito legítimo pelo valor da liderança democrática restauradora. No final, Zé do Burro carrega todos para dentro da igreja. Sino e berimbau voltam a ocupar a trilha sonora, enquanto Rosa caminha lentamente. Desta vez, a convivência dos sons é suave; ambos pausados, solenes, e como que reconciliados.

---

[7] Lembremos que o intervalo 1960-62 marca um período bastante específico na história da Igreja Católica, época de João XXIII e do 21º Concílio Ecumênico ou Concílio Vaticano II.

A organização da experiência:
a estratégia do clássico e a do novo

Diante dessa postura integrativa e equilibrada, as contradições e desequilíbrios de *Barravento* caracterizam um discurso precário aos olhos das convenções dominantes em 1962. Mas, para olhos interessados numa problemática mais ampla — ligada à relação entre linguagem e experiência social, entre o olhar industrializado das câmeras e as formas de consciência não industrializadas de um mundo não urbano subdesenvolvido e dominado —, essas contradições resultam de um enfrentamento com questões que *O pagador de promessas* não se coloca.

A distância — na solidariedade — que caracteriza a postura do narrador diante de Zé do Burro, ou mesmo de Rosa, é compatível com o projeto geral de organização precisa dos fatos e de elaboração dos enunciados morais. Há um esquema que preserva, a todo custo, a autoridade do narrador diante da visão das personagens, mantendo um estilo de representação homogêneo e um foco de visão unificado, em seus valores, ao longo do filme. Há um centro fixo a partir do qual se desenha a visão de mundo que governa a relação narrador/narrado e mantém a nítida separação entre os polos dessa relação. O desenho tem contornos claros e traz a impressão de que reproduz o real. O texto organizado imita a evolução contínua da própria vida e sua estrutura é percebida como ausência de estrutura. O efeito é de simplificação, fluir natural, exposição direta dos acontecimentos, mas ele é conseguido à custa de uma complicação extrema da montagem em sua fatura.[8]

---

[8] Tomo emprestadas aqui algumas observações de Iuri Lotman sobre a construção do texto realista em seu livro *La Structure du texte artistique*, Paris, Gallimard, 1973. Lotman aponta a organização de um múltiplo ponto de vista e sua

O pagador de promessas e as convenções do filme clássico

O jogo de pontos de vista que caracteriza a decupagem clássica constitui um processo de intensa fragmentação da cena. É a multiplicação de visões particulares — em si complicada pelos cuidados exigidos — que constrói a impressão de objetividade. A diversificação dos pontos de vista da câmera não significa necessariamente a adesão aos valores e à visão de mundo das personagens. Define apenas uma técnica de exposição, "mais viva e mais dramática", de sua experiência em momentos particulares. Eu, espectador, empresto os olhos da personagem que vê, mas a relação emocional e ideológica que estabeleço com ela, de identificação, indiferença ou repulsa, depende de um emolduramento criado pelo conjunto da narrativa.[9] É da organização geral dos pontos de vista que se pode inferir o princípio que domina a representação. *O pagador de promessas* nos dá um bom exemplo de como a organização visual dos episódios em termos do ponto de

---

estruturação em "metassistema" que produz um efeito de ilusão da realidade (*op. cit.*, pp. 366-82). Ele usa a expressão montagem de pontos de vista, inspirando-se no exemplo do próprio cinema. Não assumo as suas conclusões quanto às consequências de tal organização de pontos de vista no plano semântico. Lotman tende a dar maior crédito a esta organização enquanto algo responsável por uma maior polissemia, e minhas observações sobre *O pagador de promessas* tentam mostrar que há casos onde a montagem de pontos de vista fica subordinada a um centro fixo que dá maior fechamento ao texto.

[9] Ver Nick Browne, "The Spectator-in-the-Text: The Rhetoric of *Stagecoach*", *Film Quarterly*, inverno 1975-76 [ed. bras., "O espectador-no-texto: a retórica de *No tempo das diligências*", em Fernão Ramos (org.), *Teoria contemporânea do cinema*, vol. 2, São Paulo, Senac São Paulo, 2005]. Neste artigo, Browne mostra muito bem o mecanismo que estou analisando. Por outro lado, a título de referência, basta pensar em *Cidadão Kane* (1941), de Orson Welles, para que tenhamos um exemplo da presença-limite do centro fixo na organização do painel de pontos de vista criado pelo depoimento das personagens.

vista das personagens, longe de ser um processo pelo qual o narrador renuncia à sua condição de centro fixo, manipulador das situações, revela-se marcada justamente pelo contrário. Ou seja, a aparente diversidade é o próprio mecanismo da dominação e controle pela mão de ferro desse comando central. A linguagem assim codificada não abre espaço para a manifestação de outro centro de visão, em sentido amplo, que fuja ao controle e seja uma possível fonte de novas perspectivas. Ganha-se em clareza didática, mas o preço pago é a efetiva distância, mascarada de intimidade, com o universo da personagem (ver o caso de Zé do Burro), que permanece um objeto do olhar do centro organizador das imagens.

Barravento, como vimos, já esboça outro resultado. A organização de imagem e som não se mantém sob controle rígido de um centro fixo. Nas suas pulsações, o filme não se desenvolve numa perspectiva única, havendo contradições entre um enunciado e outro, sendo muito difícil estabelecer um princípio claro e unívoco de coerência, identificar o centro fixo, superior e separado das personagens, apto a desenhar de fora as diferentes experiências num encaixe perfeito.

Nesse sentido, o primeiro longa-metragem de Glauber já representa uma dissolução do método narrativo clássico e já firma um tipo de discurso tendente a certa opacidade, sem a clareza meridiana do espetáculo mais convencional, com seus códigos reconhecíveis. Mais precisamente, *Barravento* fornece um bom exemplo de como, sem trabalhar sistematicamente com o ponto de vista (em sentido estrito de posição no espaço) das personagens, sem o jogo campo-contracampo ou a sucessão de *eye-line matches*, pode-se organizar uma ficção de modo a adotar a perspectiva dos focalizados. É interessante notar que as sequências de *Barravento*, que minha discussão apontou como organizadas de modo a afirmar os valores religiosos da comuni-

O pagador de promessas e as convenções do filme clássico

dade de pescadores, estão visivelmente construídas sem utilizar a mediação do olho de qualquer uma das personagens. Sabemos que o uso da personagem como foco de visão é um álibi poderoso para uma suposta isenção do narrador: se o olhar é da personagem, qualquer organização "estranha" dos elementos é de sua responsabilidade; o narrador se coloca como quem está transmitindo a experiência de uma figura interna à ação ficcional e não a sua própria visão das coisas. O termo "câmera subjetiva", cunhado pela crítica para aqueles momentos em que o olhar da câmera expõe a experiência visual da personagem, é sintomático: seu termo oposto é a suposta objetividade do olhar nas outras situações narrativas. Na verdade, o recurso à visão subjetiva marcada enquanto tal pela montagem é uma forma sutil de garantir as regras de objetividade do discurso naturalista, fornecendo a motivação necessária para que qualquer elemento destoante seja aceito sem romper o critério unívoco de racionalidade da representação.

Há, em *Barravento*, uma ruptura com esse jogo de perspectivas demarcadas. Critérios diferentes se embaralham na organização das imagens. Se o preço pago é a ambiguidade, o desequilíbrio, há um avanço no trabalho da narração, que se torna mais complexo porque procura transpor a distância entre o narrador e o narrado. No caso específico, entre o olhar industrial posto a funcionar pelo cineasta e o grupo social de que fala a sua ficção. Se o movimento de um vai no sentido de se identificar com a perspectiva do outro ou, pelo menos, fazer com que também a sua voz se ouça, a ambiguidade que resulta não é defeito. É uma forma de quebrar a tutela do centro fixo e fazer o espectador trabalhar, saindo da posição privilegiada de quem recebe tudo pronto. A ruptura com o esquema monológico do olhar sacramentado pela indústria amplia o alcance da discussão proposta pelo filme. Produz uma representação onde o espectador é obrigado a uma consideração mais complexa da experiência social e humana, em suas contradições e múltiplos aspectos. Imagem e som escapam ao controle de qualidade — convenções do cinema dominante — e o narrador não ostenta aquela mesma certeza de que tais convenções são capazes de abrigar o que há de essencial para se dizer e exprimir.

Quando falo particularmente de *Barravento*, a caracterização de uma ruptura com o dominante assume imediatamente aquela feição "anticolonialista" que nos faz lembrar toda uma retórica de manifestos e declarações da época. Em função das condições peculiares à produção cinematográfica no Brasil na emergência do Cinema Novo, certos aspectos que não lhe são exclusivos adquirem, a partir do contexto nacional particular, este sentido de expressar uma atitude de resistência à invasão dos valores da indústria cultural, de ataque à sua aura de universalidade e ao seu padrão de competência cinematográfica.

Sabemos que o questionamento dessa universalidade e dessa competência é um fenômeno muito mais amplo e de vigor já efetivo em diferentes manifestações da vanguarda ao longo do século XX — de Serguei M. Eisenstein, do expressionismo, da *avant-garde* francesa e do surrealismo à dinâmica acelerada do *underground* norte-americano, já em movimento desde o fim dos anos 1940. O que caracteriza o início dos anos 1960 é a emergência de um novo cinema em diferentes países, um novo cinema muito particular, que nega e, ao mesmo tempo, dialoga com o cinema clássico, construindo sua narrativa de modo heterogêneo e explicitando múltiplas referências para seus procedimentos, entre elas o próprio cinema clássico das décadas anteriores. Filmes realizados por cinéfilos, longas-metragens produzidos para ocupar um espaço no mercado, nacional e internacional, esses trabalhos têm significação particular, dependendo do contexto. Como denominador comum, há a defesa do cine-

O pagador de promessas e as convenções do filme clássico

ma de autor, por oposição às amarras da indústria nos seus aspectos econômicos, políticos e estéticos. Cinema de autor significa, ao mesmo tempo, independência frente aos mecanismos burocráticos da produção, independência frente às convenções do filme narrativo usual e independência ideológica frente à censura temática da indústria. O autor rebela-se contra o capital, reivindica a expressão pessoal contra a comunicabilidade-rentabilidade a todo custo. Monta seus próprios esquemas de financiamento, via de regra torna-se produtor e, na base dos baixos orçamentos, tenta dar viabilidade ao projeto, dentro de condições em geral adversas, por diferentes motivos.

Na França, temos a figura-chave de Jean-Luc Godard, cuja rebeldia, em 1960, estava marcada por motivações ideológicas algo distintas do programa de alguns cineastas brasileiros, incluindo Glauber Rocha. Era outro o seu contexto nacional, em termos culturais e ideológicos, eram outras as condições práticas a enfrentar. Isto não impede uma aproximação significativa nas considerações sobre o estilo de narração, dentro da linha que venho seguindo.

Tomo o exemplo do seu primeiro longa-metragem, *Acossado* (*À bout de souffle*, 1960), para uma comparação. Lá estão o corte em descontinuidade (*faux raccord*), o desequilíbrio nas angulações, a câmera na mão, o ator que confessa a presença da câmera, o desenvolvimento aleatório das situações. No conjunto, há uma ostensiva desproporção entre a longa duração de um episódio que não leva adiante a intriga (cena no quarto de hotel, entre Jean-Paul Belmondo e Jean Seberg, que dura quase um terço do filme) e o processo telegráfico de representação das ações decisivas. Produz-se uma inversão no critério das elipses, subvertendo a convenção do que se mostra e do que não se mostra, e tal inversão de critérios contamina a decupagem das cenas de violência, subtraindo ao espectador o prazer de contemplar as di-

versas passagens nos seus detalhes. Frente a todas essas características, a narração não pode e, fundamentalmente, não quer apre-
sentar aquela clareza própria ao espetáculo mais convencional.
Em suas lacunas e desequilíbrios, *Acossado* valoriza a pulsação que procura representar a experiência bruta. Sua linguagem
organiza a experiência de um modo distinto, produzindo nos
seus contemporâneos a impressão de que há mais vida no seu
processo narrativo, por oposição à decupagem clássica. A incorporação deliberada do acaso, do acidental, na própria textura de
cada cena, aliada a um percurso imprevisto no conjunto frente
às expectativas já consagradas até então, confere às diferentes
passagens a forma de uma anotação de momento, imperfeita e,
por isso mesmo, expressiva. A recusa do polimento industrial,
em seus vários níveis, traz a convicção de que é possível trabalhar
com imagem e som no sentido de uma representação mais autêntica da experiência, na medida em que esta é entendida como
mais complexa e menos controlável do que admitem as simpli-
ficações da linguagem codificada em Hollywood.

Ainda que menos sistemática, há uma semelhante desorga-
nização da linguagem consagrada nos atropelos de *Barravento*,
filme que não deixa de apontar na mesma direção que *Acossado*
no tocante a essa ruptura de estilo. Sabemos que *Deus e o diabo
na terra do sol* é o momento mais amadurecido dessa ruptura,
instância mais sistemática de uso expressivo da câmera na mão,
do *faux raccord* e da pulsação própria da experiência. No entanto, no primeiro longa metragem de Glauber, é inegável a presença das preocupações típicas do Cinema Novo, manifestas no estilo convulso da narração e suas contradições, correlatas a uma
tentativa de totalização da experiência. Afinal, no Cinema Novo, a ideia de experiência assume uma conotação particular,
identificando-se com a ideia de realidade brasileira. A contestação do universal abstrato, convenção vigente, traduz-se num

O pagador de promessas e as convenções do filme clássico

projeto cultural anticolonialista porque a particularidade vivida a que se quer dar expressão mais autêntica é a do subdesenvolvimento, e o lugar dessa autenticidade é a ideologia da revolução brasileira, por oposição à "mentira" do cinema colonizador. Em *Revisão crítica do cinema brasileiro*, Glauber Rocha expõe a sua teoria do cinema de autor e sublinha a necessidade de anular o conceito de competência técnica. Este é abrigo das convenções, da censura econômica — pois exige a produção cara, com mobilização de técnicos e equipamento que possam garantir o padrão de qualidade — e da censura estética — uma vez que tal padrão é uma criação arbitrária da ideologia dominante que delimita o espaço do dizer e do como dizer. Na sua análise do cinema brasileiro, o recorte fundamental que cristaliza as contradições é o que separa o cinema comercial do cinema de autor; o primeiro, lugar da mentira e da técnica mecânica; o segundo, lugar da verdade e da busca de expressão que exige apenas liberdade. Seguindo a lição de André Bazin, crítico francês padrinho da *Nouvelle Vague*, Glauber faz seus comentários sobre a história do cinema mundial e revisa o brasileiro a partir desse recorte. A exigência de liberdade criadora e a procura pela "expressão autêntica da experiência" surgem como critério de caracterização política, permitindo a defesa comum de um cinema do Terceiro Mundo, anticolonialista e voltado para a crítica de estruturas sociais, e de um cinema europeu, onde diferentes autores traçam seus percursos de rebeldia no debate com a experiência individual imersa numa ordem social reificada.

Se o cinema comercial é a tradição, o cinema de autor é a revolução. A política de um autor moderno é uma política revolucionária: nos tempos de hoje nem é mesmo necessário adjetivar um *autor como revolucionário*, porque a condição de autor é um substantivo totalizante. Dizer que um autor é reacionário, no cinema, é a mesma coisa que caracterizá-lo como diretor de cinema comercial; é situá-lo como artesão; é *não autor*.[10]

E a referência ao gesto godardiano é explícita:

A política do autor é uma visão livre, anticonformista, rebelde, violenta, insolente. É necessário dar o tiro no sol; o gesto de Belmondo no início de *À bout de souffle* define, e muito bem, a nova fase do cinema: Godard, apreendendo o cinema, apreende a realidade: o cinema é um corpo-vivo, objeto e perspectiva. O cinema não é um instrumento, o cinema é uma ontologia.[11]

Dar o tiro no sol. A nova fase do cinema.

O gesto de Belmondo-Michel Poicard-personagem é o gesto do narrador de *Acossado*-filme, invenções que traduzem as posições de Godard-autor diante de um centro organizador da linguagem cinematográfica e de seu falar sobre a experiência. A narração, nesse filme de Godard como em outros, coloca em xeque a figura iluminadora do centro fixo, estilhaça a autoridade e a clareza do narrador transcendente, doador do espetáculo. O novo narrador comporta-se como a personagem, duplicando seus movimentos imprevistos, a gratuidade de suas escolhas, as hesitações e desregramentos, o cinismo bem-humorado, não levando tão a sério a funcionalidade de seus procedimentos para o andamento da intriga. Sem o centro fixo, não há aquele jogo de delimitações que unificam e permitem ver claro a perspectiva do narrador diante do narrado. Prevalece uma contaminação

---

[10] Glauber Rocha, *Revisão crítica do cinema brasileiro* [1963], São Paulo, Cosac Naify, 2003, p. 36.

[11] *Idem, ibidem*, p. 36.

O pagador de promessas e as convenções do filme clássico

onde os dois polos não se identificam totalmente, mas se embaralham, caminhando em sintonia. O narrador não é a personagem, mas o olhar que deposita sobre o mundo recusa-se a ir além da experiência do protagonista. É dela que retira seus critérios. No seu estilo de anotação, e de modo explícito em sua ficção, *Acossado* ironiza a ideia de perfeição e de obra-prima, rechaça a imortalidade e privilegia o processo diante do produto acabado, o momento vivido diante de sua significação numa arquitetura definida de valores.

Não se trata de endossar aqui a noção de que nova fase do cinema significa expressão da verdade e manifestação da experiência bruta, como alguns entenderam na época. Trata-se de caracterizar apenas certas operações de franqueamento de um novo fazer cinematográfico, de uma nova forma de entender a relação entre linguagem e experiência, cuja autenticidade era, naquele momento, celebrada em função de sua liberdade frente às armaduras do discurso convencional. Trata-se de chamar atenção para as recusas pensadas, conscientes de si, que se desdobraram numa transformação do próprio conceito de cinema em determinados contextos de produção.

Retomo esses dados para interpretar a fórmula de Glauber — "Godard apreendendo o cinema, apreende a realidade" — e situar essa ideologia particular da apreensão, correlata à ideia do cinema como ontologia, e seu papel articulador no confronto entre os conceitos (realidade brasileira, revolução, cinema de autor) e a prática cinematográfica. Prática cristalizada em *Barravento*, em 1962, filme que, a seu modo, não tem centro fixo; filme em que a narração, contraditória, é como Firmino, oscilando nos seus valores, de modo a imitar, como no filme de Godard, a personagem e produzir uma incorporação da lógica dos pescadores, dominante aqui e ali, numa convivência *sui generis* com a lógica da crítica social.

Como o projeto é revolucionário-conscientizador, a crítica em nome da mudança exige uma pedagogia que trace percursos claros na análise, de fora, da consciência, ou da forma de cultura, marcada pela alienação. Mas, simultaneamente, o "cinema é ontologia", e o estilo do discurso não pode se deixar levar totalmente pelo impulso explicativo que separa, define limites claros entre sujeito e objeto. Na sua textura, deve também abrigar a visão de dentro, dar expressão àquilo que emana do mundo, da realidade a "apreender", ou seja, dessa consciência, ou dessa cultura submetida à crítica. A recusa da separação define um jogo de contaminações do narrador pela perspectiva do narrado, cria um espaço de identidade que impede o fechamento da questão. Nesse jogo, a consciência tematizada não só se explica (como objeto), mas também se exprime (como sujeito), embaralhando a lição proposta pela crítica.

Com essas características, o discurso de Glauber Rocha afasta-se do didatismo que encontramos, por exemplo, em *O pagador de promessas*, filme que acaba se mostrando muito mais afinado com certas exigências de clareza próprias aos projetos de cultura popular elaborados dentro de um espírito de engajamento político que parece, a princípio, bem distante de uma produtora como a Cinedistri.[12]

Na lida com os imperativos do engajamento e dentro de sua precariedade de meios, *Barravento* propõe soluções estilís-

---

[12] É interessante notar o fato de que a adaptação de uma peça como essa de Dias Gomes, mais próxima da esfera ideológica dos Centros Populares de Cultura (CPCs) daquele período, tenha características que se ajustam ao projeto dessa produtora e a sua concepção conservadora de cinema. A mercadoria *O pagador de promessas* mostrou-se capaz de sensibilizar um público de tendências progressistas sem ferir as expectativas de quem somente aí procurava o filme "de qualidade" dentro de uma noção convencional e apolítica do espetáculo.

O pagador de promessas e as convenções do filme clássico

ticas que já esboçam uma complexidade de certo modo caracterizadora do trabalho de Glauber em toda a década de 1960. Os postulados do "cinema de autor", que exige liberdade, articulam-se a uma proposta de militância político-ideológica de efeitos históricos imediatos, num contexto de reivindicações pela reforma urgente da sociedade brasileira. Nesse esforço de síntese, localiza-se talvez a raiz da multiplicidade de movimentos e das tensões internas detectáveis nos seus filmes.

Não é meu objetivo desenvolver aqui considerações de ordem genética mais fundamentadas em dados da história, exteriores aos próprios filmes. Como disse, estou mais preocupado em circunscrever melhor aquilo de que se deve procurar a gênese. Nesse sentido, volto à leitura de imagem e som. Passemos a *Deus e o diabo na terra do sol* e aos novos problemas a enfrentar.

Em *Barravento*, o contar foi todo ele assumido por uma "voz" ou luz, se quisermos, que vem de um foco invisível não interessado em confessar seu trabalho de mediação. Se perguntarmos quem narra a estória de Firmino, de Aruã e dos pescadores, ficamos reduzidos apenas à admissão dessa presença que não reconhecemos senão pelos seus efeitos. A instância que narra, enquanto não se identifica, assume implicitamente a responsabilidade total pelos procedimentos postos em jogo: o trabalho de câmera, as combinações da montagem, a mobilização de certos cantos na trilha sonora. Se há um diálogo de perspectivas, a convivência toda se instala nesse narrador sem nome.

Nessa síntese do pedagógico-revolucionário com o movimento de identificação que procura dar voz à experiência analisada, algo mais complexo ocorre em *Deus e o diabo*. Movimentos de câmera, certo estilo de encenação, a música de Villa-Lobos lá estão para desafiar a leitura. E, tendo sua voz e força na organização dos elementos, lá está a figura do cantador pertencente à tradição do cordel, de modo a tornar explícita a mediação ou parte dela. Participando do processo narrativo, essa instância identificável estabelece novos parâmetros para a discussão das relações entre o discurso fílmico e os valores próprios ao universo nele focalizado. A relação narrador/narrado assume formas que, longe de eliminar, intensificam esse diálogo de perspectivas já presente em *Barravento*.

Capítulo 3

Deus e o diabo na terra do sol: as figuras da revolução

Entre o passado e o futuro, a brecha do presente: sertão mar

Nas imagens de abertura da sequência final de *Deus e o diabo*, vemos Antônio das Mortes em seu vagar solitário pelo sertão. Dois planos gerais o focalizam, enquanto o cantador anuncia: "Procura Antônio das Mortes, todo mês de fevereiro, procura Antônio das Mortes", repetidamente. Um terceiro plano geral nos mostra Corisco, Dadá, Manuel e Rosa, ao longe, em sua fuga pelo sertão. A voz do cantador se retira e a câmera faz um movimento, ampliando rapidamente seu campo de visão pela abertura da *zoom*: no canto direito do quadro, aparece a figura de Antônio, o perseguidor. Mais próximo da câmera e de costas, ele observa, a distância, o grupo liderado por Corisco, examinando os movimentos das vítimas sem ser notado. Silêncio absoluto, tensão, espera. Antônio aponta o rifle, comodamente. No seu gesto, a marca dos matadores de Lampião e o referencial de muitos outros crimes, frutos da vingança ou da repressão, onde as vantagens da surpresa e da tocaia definem o sucesso de uma empreitada que a lenda transforma em feito heroico.

Aqui, se há uma surpresa, ela se volta para nós, que observavamos Antônio como Antônio observa Corisco: ele não atira, e tudo no filme permanece em suspenso. A tocaia, verossímil frente ao padrão real do perseguidor, não se consuma. Antônio das Mortes não é jagunço verdadeiro ou tenente da polícia, e seus atos não se pautam por esse modelo. Antônio é personagem. Está inserido na lenda que o narrador desfia. Enquanto personagem, espera. E, com ele, todo o filme. É preciso que o sinal venha da trilha sonora para que um outro gesto de Antônio se realize, em perfeita sintonia com a balada do cantador que entra para organizar explicitamente o andamento do episódio. Entra o violão, entra a voz, e o erguer do seu braço que segura a carabina sincroniza com o grito da canção: "Se entrega, Corisco". A balada deflagra a movimentação final e Antônio retira seus gestos do congelamento arbitrário que suspendera a ação verossímil. A partir desse ponto, câmera e atores se deslocam de modo a traduzir visualmente o que é dito nos versos, numa representação que funde o espaço das imagens e o espaço da canção de cordel.

Do plano geral que marca a aproximação de Antônio e o começo do tiroteio, passamos a planos fechados, rápidos *flashes*, que mostram Corisco jogando seu rifle no chão, Manuel e Rosa deitados, Dadá ferida no pé sendo carregada por Corisco, a chegada de Antônio, que dá o último aviso, "se entrega, Corisco", pela sua própria voz, não a da canção. A montagem nos fornece uma composição que se recusa a procurar aquela exposição clara de uma sucessão de gestos contínuos e perfeitamente situados na evolução das manobras de perseguidor e perseguido. Estamos longe da alongada batalha ou tiroteio que marca os confrontos finais de Griffith a John Ford, de *O cangaceiro* (1953), de Lima Barreto, a *Mandacaru vermelho* (1960), de Nelson Pereira dos Santos. Em *Deus e o diabo*, a regra do espetáculo é outra. E a sucessão de imagens esquematiza a ação diegética de modo a conformá-la e compatibilizá-la com a canção em seu ritmo e tona-

Da intimação de Antônio à morte teatral de Corisco.

lidade. Conseguimos ver fragmentos de gestos, instantes particulares da ação, num entrecruzar de movimentos não muito claros que se seguem de forma descontínua.

Na hora do *ultimatum*, frente a frente com Antônio, Corisco nega pela última vez a proposta de entrega. Grita e salta para todos os lados, de forma tão rápida e inverossímil quanto o que diz a lenda que dá origem a seu nome. No entanto, é fulminado por Antônio, que, em seguida, corta sua cabeça. O cantador comenta:

> *Farreia, farreia povo*
> *Farreia até o sol raiá*
> *Mataram Corisco*
> *Balearam Dadá.*

A teatralidade impressa ao duelo, seu toque cavalheiresco e, em particular, o estilo da morte de Corisco, que grita "mais forte são os poderes do povo" e cai de braços abertos com a espada na mão, são indicações claras: a organização das imagens não quer assumir o tom de ação natural ilustrada por uma canção. Todo o discurso parece estar comandado pelas coordenadas da lenda, como se as palavras do cantador e a série de imagens fossem ambas produto de uma única visão das coisas. Nesse episódio, a mediação do cordel se efetiva de modo radical. Na sua feição antinaturalista, o estilo telegráfico e descontínuo da decupagem constitui uma exploração, no nível das imagens, das possibilidades abertas pela tonalidade do verso, em uma organização artesanal que se afasta da montagem típica do cinema-indústria. Tal exploração visual, evidentemente, não pode ser tomada como a tradução necessária das formas do verso de cordel, uma vez que descontinuidade, telegrafia e câmera na mão podem estar associadas a outros princípios de construção em

Corrida de Rosa e Manuel e o final com o mar invadindo a tela.

outros filmes.[1] Constituem, na verdade, uma opção de estilo pela qual se evita a presença de uma organização visual do tipo fabricado em série, escrava da ação, convencional, que transfor-

---

[1] O cinema de Godard é um bom exemplo da preferência por esses elementos, marcando aquela aproximação já comentada no capítulo anterior.

maria a trilha sonora em mero adorno, ilustração, comentário ou o que seja, tirando a possibilidade de uma leitura que vê imagem e som caminhando juntos na afirmação de que tudo passa pela mediação da lenda e seu doador: a canção de cordel. Morto Corisco, Antônio cumpre a promessa e deixa vivos Manuel e Rosa. A evolução da cena mantém a sintonia entre som e imagem: a entrada do refrão é paralela à irrupção da desabalada corrida final. Essa corrida do casal de camponeses é o primeiro vetor em linha reta dentro de uma trajetória de curvas e hesitações, sempre marcada por mais um volteio do olhar, do corpo ou do pensamento. Ela define e reforça a projeção para o futuro, a certeza da transformação radical assumida pelo refrão cantado pelo coro: "O sertão vai virar mar, o mar virar sertão". Retoma-se o discurso projetivo, a frase síntese dos sonhos de Sebastião e Corisco.

Minha interrogação, nesse final, se endereça aos termos dessa retomada. O cantador deixa explícita sua moral da história:

> *Tá contada a minha história*
> *Verdade, imaginação*
> *Espero que o Sinhô*
> *Tenha tirado uma lição:*
> *Que assim mal dividido*
> *Esse mundo anda errado*
> *Que a terra é do homem*
> *Não é de Deus nem do Diabo!*

Enquanto o refrão afirma a certeza metafísica de beato e cangaceiro, os versos do cantador propõem a moral humanista que coloca o futuro do homem nas mãos do próprio homem. Nesse cruzamento, ficamos a nos perguntar pelo desenvolvimento global do filme e pela possibilidade de aí encontrar uma

Deus e o diabo na terra do sol: as figuras da revolução

indicação de leitura que permita ver o que prevalece, se uma noção humanista e laica da história ou uma ideia metafísica de destino. Nessa mesma sequência, é difícil encontrar a chave que permita a síntese dos vários elementos presentes. Há, na canção, uma certeza e um convite. A lição do cantador nos convoca para o trabalho de transformação desse mundo "mal dividido". Mas o que dentro do filme sustenta tal diagnóstico e tal convocação? De onde vem essa certeza do "sertão virar mar"?

A imagem da corrida de Manuel não veicula propriamente um recado didático, uma palavra de ordem definida do tipo que encontramos ao final de um panfleto político. Manuel corre, Rosa o segue até cair. Manuel continua sempre, mas sua movimentação não determina a perspectiva: a imagem evoca que é preciso caminhar, abrir perspectivas. Nesse sentido, seu gesto, apesar de projetivo, é uma instância de plena disponibilidade. Ele não tem um caminho unívoco e distinto a seguir, nada confere direção à sua trajetória. Na aparência imediata, ela é um voo cego pela caatinga, perdida na extensão uniforme, sem orientação definida. No entanto, Manuel ainda corre em linha reta. E projeta sua corrida para um futuro que permanece opaco e fora do seu alcance.

O fundamental é que a narração não encerra aí o seu discurso, na corrida de Manuel e nos versos da canção. Intervindo na própria forma da representação, é o narrador quem dá o salto. Na imagem, completa a metáfora da transformação que se repetira pela voz de Sebastião e de Corisco: o mar invade a tela e substitui a caatinga. Na trilha sonora, é também alterado o registro. Um novo impulso é dado com a emergência da música coral de Villa-Lobos que traz as vozes do rito para celebrar tal invasão. A câmera, em movimento, nos mostra um mar visto de cima, de modo a evitar que se desenhe uma superfície lisa, delimitada pela linha estável do horizonte. O mar afirma-se como massa viva, no vaivém das ondas. A conotação de vigor, de consumação inserida na ordem universal, encontra seu reforço na música. Esse ato final define um momento de plenitude que atualiza o *télos* (objeto da vontade transformadora) que orienta o comportamento das personagens ao longo do filme, mas permanece ausente no seu aqui e agora.

Nessa atualização, ganha força e se consolida a fórmula da esperança, uma vez que recebe o endosso total da narração pela imagem, sem a mediação evocadora de Sebastião, de Corisco ou do cantador. Por sua vez, a descontinuidade entre a presença do mar e o trajeto de Manuel confirma o hiato entre esse futuro que virá e a sua experiência particular. O registro visual do fim almejado não se dá por força de uma projeção do seu pensamento ou de sua esperança, muito menos por força de qualquer contiguidade espacial — Manuel não chega até lá. Não há, ao longo do filme, e muito menos nesse final, qualquer materialização, em imagem, do desejo de Manuel ou de antevisão motivada pelo anseio de qualquer personagem. Se imagem e som celebram a representação do *télos*, renovando a certeza revolucionária, tal coroamento do discurso é uma intervenção direta do narrador. Em termos de encadeamento, a presença do mar não vem, portanto, da consciência ou do gesto de Manuel. No entanto, o mar na tela parece ter tudo a ver com essa corrida pela caatinga. De que modo então pensar a relação entre essa disponibilidade e essa certeza?

Creio estar nessa brecha, entre a metáfora do mar e a corrida de Manuel, um dos pontos fundamentais do filme.

Tomada a sequência final como ponto de partida da análise, é desse detalhe que saem as questões, juntamente com a pergunta que coloquei a partir do confronto entre as palavras do cantador e do coro.

Deus e o diabo na terra do sol: as figuras da revolução

Inegavelmente, esse final é a afirmação reiterada de que a revolução é urgente, a esperança é concreta. Mas a sua realização efetiva não está na própria aventura de Manuel e Rosa, nem nas figuras que tomaram para si a tarefa da transformação, Sebastião e Corisco, pois já estão mortos. Qual a relação entre esses projetos de salvação vividos pelas personagens e essa proposta final da narrativa? Como se organizam as aventuras e desventuras do casal?

Analisar quem interfere no seu percurso e como se tecem suas passagens fundamentais é encontrar, se possível, a sustentação dessa esperança e verificar se uma determinação mais efetiva aparece ou não no "mecanismo do mundo" para tornar a lenda de *Deus e o diabo* algo mais do que um elogio romântico da vontade transformadora e da energia do que se move pela negação.

A disposição linear das fases
e a descontinuidade das rupturas:
a pulsação como estilo

No seu desenvolvimento geral, o filme possui uma organização linear claramente marcada. Desde o momento em que Manuel aparece até a sequência final da corrida, há uma disposição dos fatos relativamente simples, se olharmos apenas para o nível da fábula (o que se conta) e esquecermos o nível da narração e seu trabalho (como se conta). Em função dessa linearidade, a exposição resumida da fábula corresponde exatamente à ordem em que os episódios são representados no filme.

Deus e o diabo organiza-se em torno da vida do casal de camponeses Manuel e Rosa. Fala de sua condição social, seu trabalho, seu universo de representações, seu debate com os donos do poder e sua vinculação a determinadas formas de contestação da ordem vigente no sertão: a rebeldia messiânica e a violência do cangaço. Na experiência dos protagonistas, podemos identificar três fases que, no relato, são nitidamente distintas pela voz do cantador, instância que fala diretamente ao espectador:

1. Manuel-vaqueiro: vivendo na roça com sua mulher e sua mãe, em condições precárias de subsistência, Manuel cuida do gado do coronel Morais; como pagamento, tem direito a uma pequena parcela do rebanho em cada acerto de contas; Rosa cuida da roça, ajudando no cultivo dos gêneros que consomem para sobreviver.

Primeira ruptura: vítima de um logro na partilha do gado, Manuel se revolta e mata o coronel; os jagunços o perseguem e, no tiroteio em frente à sua casa, matam sua mãe. Vendo nessa morte um sinal de Deus, percebendo a sua condição de perseguido diante dos poderosos, Manuel adere a Sebastião, o santo milagreiro.

2. Manuel-beato: apesar da oposição de Rosa, que não acredita em Sebastião, Manuel entrega seu destino ao santo, demonstrando fidelidade e devoção no cumprimento dos rituais exigidos pela sua doutrina de purificação da alma. Concentrados em Monte Santo à espera do milagre dos céus que trará a salvação dos eleitos, os beatos de Sebastião incomodam os senhores de terra e a Igreja católica; estes, para neutralizar Sebastião, apelam para Antônio das Mortes — o "matador de cangaceiros".

Segunda ruptura: aceita a tarefa do extermínio, Antônio elimina os beatos no momento em que Rosa mata Sebastião, pondo fim à sua luta para recuperar Manuel.

3. Manuel-cangaceiro: únicos sobreviventes do massacre de Monte Santo, Manuel e Rosa são conduzidos por Cego Júlio para a sua ligação com Corisco, sobrevivente de um outro massacre: o do bando de Lampião. Para vingar o santo, e vendo em Corisco um novo sinal dos céus, Manuel adere ao cangaço, procuran-

Deus e o diabo na terra do sol: as figuras da revolução

do manter-se fiel ao passado de beato, o que motiva constantes discussões com Corisco sobre a significação da violência e da reza na luta para mudar o destino; em torno da grandeza do santo, contraposta à grandeza de Lampião, desenvolve-se o desafio que acaba envolvendo todos os protagonistas, inclusive Rosa e Dadá, mulher de Corisco.

Ruptura final: Antônio cumpre a sua missão de matador de cangaceiros e realiza o prometido, em conversa com Cego Júlio, eliminando Corisco; o sertão se abre para a corrida de Manuel e Rosa, sobreviventes.

Assim dispostas, essas fases[2] não ocupam intervalos iguais no andamento da narrativa. A primeira é bem mais curta, sendo encarada por alguns críticos como uma espécie de prólogo.[3] Apesar de sua feição esquemática na caracterização de um estilo de vida, essa primeira parte não é apenas a evocação de um estado inicial a partir do qual ocorrem os mergulhos de Manuel em messianismo e cangaço, focos centrais do discurso. Há uma representação explícita desse estado inicial e já se desenvolvem aí certas construções a comentar, ao mesmo tempo em que se desenha um quadro consistente de vida, a ponto de podermos falar em ruptura no ato rebelde de Manuel e discutir suas motivações. Nesse sentido, ela é algo mais do que um prólogo e es-

---

[2] O uso do termo "fase" para cada uma das partes do filme tem suas razões, expostas adiante, vindo do próprio princípio construtivo da obra.

[3] Sérgio Augusto, em seu artigo "Uma visão de *Deus e o diabo*" (em Glauber Rocha e outros, *Deus e o diabo na terra do sol*, Rio de Janeiro, Civilização Brasileira, 1965), assume explicitamente essa preferência, o mesmo acontecendo com Jean-Claude Bernardet, em *Brasil em tempo de cinema: ensaio sobre o cinema brasileiro de 1958 a 1966* [1967] (São Paulo, Companhia das Letras, 2007), e Paulo Perdigão, em seu artigo "Ficha filmográfica", em Glauber Rocha e outros, *op. cit.*

Sertão mar

tará presente em todos os movimentos de minha análise como parte de mesmo estatuto que as outras.

Resumida a fábula, identificadas as fases, tem-se a impressão de que há uma separação didática entre elas, o que não está longe da verdade. Tal separação pode ser entendida como associada a uma concepção muito simples da temporalidade humana e social, como se houvesse uma evolução natural dos fatos e nada mais, dentro de uma visão do tempo como extensão pura, mero quadro dos acontecimentos. Isto é ilusório e somente uma análise do estilo de apresentação dos vários episódios e das várias rupturas nos traz uma ideia mais justa de como se configura o tempo das ações dentro do filme. Na busca do que é determinante na lenda, a primeira ordem de considerações destaca a pulsação fundamental que caracteriza a moldagem do tempo.

Na primeira fase, já se delineia um estilo sintético de representação das condições de vida de Manuel e Rosa. Como têm uma dimensão preparatória e tendente ao descritivo, os primeiros momentos da narração em geral são assumidos como dotados de um estilo mais realista em comparação com o encontrado nas fases seguintes. Mesmo assim, é notável a sua distância frente ao que prevalecia em filmes preocupados com a notação *in loco* de certas realidades sociais — um bom exemplo das diferenças seria *Vidas secas* (1963), contemporâneo de *Deus e o diabo* e mais afinado com certa tradição realista no desenvolvimento das cenas. Em oposição ao predomínio da evolução contínua, que tende a privilegiar e estender a duração própria dos episódios em sua dimensão cotidiana, o começo de *Deus e o diabo* já apresenta um esquema elíptico, combinando fragmentos de situações. Sem deixar de incluir a representação da atividade de rotina, condensa a narrativa e caracteriza a totalidade de um viver, não só pela escolha de um ou outro momento essencial, mas tam-

Deus e o diabo na terra do sol: as figuras da revolução

bém pela apresentação esquemática, depurada, breve, que confere às imagens o caráter de "emblema" desse modo de vida.

É o que ocorre com a sucessão de cenas que começa com a chegada de Manuel à roça, quando tenta sensibilizar sua mulher e sua mãe diante do choque causado pelo seu encontro com Sebastião, e termina no caminhar de Manuel pelo curral da feira da pequena cidade, quando vai encontrar o coronel Morais para a partilha do gado.

Temos três cenas na roça: o diálogo sobre Sebastião, em frente à casa, narrado num único plano frontal; o esforço renovado e o silêncio do trabalho na preparação da farinha; o diálogo, dentro da casa, filmado em planos fechados, que define as esperanças de Manuel e o desengano de Rosa diante do futuro. E temos a série de planos rápidos que fornecem a ambientação local, tipo documentário, para as andanças de Manuel na feira. De forma concisa, o filme prepara o espectador para captar a significação dramática do diálogo com o coronel no trajeto do vaqueiro. Na cena desse diálogo, temos o primeiro momento em que se desenvolve, na sua plenitude, um estilo de narração já anunciado na apresentação do filme e retomado em todo o seu transcorrer.

O anúncio de que falo se dá em meio aos letreiros de apresentação, sobrepostos a planos gerais do sertão árido. Uma peça sinfônica de Villa-Lobos, "Canção do sertão",[4] estabelece um "crescendo" que tem seu clímax na introdução emblemática do drama da seca na região: dois primeiros planos, da queixada e do olho, em decomposição, de um boi morto. O impacto dessas imagens breves, que contrasta de forma aguda com os planos gerais precedentes, repercute, mas sem demora a cabeça de boi

---

[4] Paulo Perdigão, *op. cit.*, fornece um guia detalhado das peças de Villa-Lobos utilizadas no filme. "Canção do sertão" é ária das *Bachianas brasileiras* nº 2.

é substituída pelo primeiro plano do vaqueiro Manuel, focalizado pela primeira vez. Manuel procura assimilar esse dado de sua realidade, enquanto nós somos convidados a assimilar os dados do espetáculo, que se confessa no aparecimento do letreiro "Geraldo Del Rey".[5] Desse modo, dois planos rápidos, introduzidos sem maiores preparações e não seguidos de nenhuma forma de comentário ou imagem explicativa, concentram a carga de informação e a força dramática da apresentação da seca e das condições precárias de vida no sertão. Assim, vários planos gerais definem um nível de relação espectador-imagem que é rompido nesse pico dramático, que irrompe e se dissolve rapidamente — o letreiro com o nome do ator nos distancia e o afastamento de Manuel, na ficção, nos faz voltar aos planos gerais. Essa irrupção brusca de um dado novo, o estilo sintético, a imagem-impacto que condensa e simboliza uma ampla conjuntura já anunciam aquela modulação, própria a *Deus e o diabo*, que acentua contrastes e impõe saltos energéticos.

Na sequência em torno do diálogo com o coronel Morais, tal modulação ganha maior nitidez. A conversa é mostrada em três planos apenas. As tensões do confronto não são propostas no jogo campo-contracampo, recusado pela decupagem: um plano longo dá conta da chegada de Manuel e do início da conversa, quando vemos o coronel de costas, mais próximo da câmera, e Manuel, que se aproxima; o segundo plano isola Manuel, de perfil, para evidenciar sua reação diante das regras de partilha impostas pelo coronel; o terceiro, mais longo de todos, acompanha o desenvolvimento da exasperação de Manuel frente ao logro de que é vítima até sua explosão de violência. As tensões da cena são

---

[5] O fato do nome em questão ser do próprio ator que interpreta Manuel, cuja imagem está na tela, não é essencial para esse afastamento, embora o reforce para quem reconhece Geraldo Del Rey.

Deus e o diabo na terra do sol: as figuras da revolução

marcadas pela lenta movimentação dos atores, cuidadosamente seguida por ligeiras correções no enquadramento, de modo que haja uma acumulação expressa pela dilatação da cena no tempo. A polaridade se instala de imediato, no início da conversa, e o hiato até a resolução do confronto é longo. Há, nesse processo de dilatação, um momento fundamental em que observamos Manuel, por longo tempo, a pensar e repensar antes de agir, permanecendo de costas para o coronel. Confirmada a ofensa ao patrão, este parte para a violência que encontra resposta: Manuel descarrega a tensão acumulada e sua disposição encontra ressonância na montagem do filme. Dos planos longos, passamos a uma sucessão rápida de *faux raccords* que articulam planos de curta duração. O narrador "estenografa" a luta entre Manuel e o patrão, a perseguição e cavalgada de jagunços, a luta corporal, a troca de tiros na roça e a morte da mãe do vaqueiro. Tal montagem visual descontínua é combinada a uma montagem de som que contrapõe, ao silêncio anterior, uma trilha saturada, com a superposição de ruídos de ação e a música de Villa-Lobos. Essa saturação sonora é deflagrada pela antecipação do som da cavalgada, presente antes mesmo da morte do coronel, quando Manuel empunha o facão.

Renovando o contraste, tal precipitação de acontecimentos e sons é seguida de um longo plano em que Manuel fecha os olhos da mãe morta e levanta-se lentamente, passando o olhar pela casa da fazenda. O silêncio prevalece e só é quebrado pela canção-lamento do cantor, cuja tonalidade se ajusta à imobilidade pensativa da personagem. No plano seguinte, Manuel, diante do túmulo da mãe, comunica a Rosa sua interpretação dos acontecimentos e sua decisão de aderir ao santo Sebastião, selando a primeira ruptura do filme.

Pelo descrito, vemos que, no interior mesmo dessa sequência de ruptura, tempos dilatados de relativa imobilidade e silêncio emolduram o tempo contraído de múltiplas ações onde tudo se precipita. Tal esquema ostentador do contraste, no qual a ação se ausenta na duração e se excede no instante, é encontrado em outros momentos decisivos do filme dentro do mesmo tipo de sucessão. Para citar o mais elaborado, e completar a caracterização das rupturas do filme (a terceira descrevi logo no início e constatei o mesmo critério de longa espera, seguida de "estenografia" na violência), lembro a narração da segunda grande ruptura no desenvolvimento geral: a morte de Sebastião na capela e o massacre dos beatos pelas mãos de Antônio.

A longa cena em que Manuel, de joelhos, carrega a pedra na cabeça, morro acima até a capela maior, dilata-se até a exasperação. A câmera na mão estabelece um contato estreito com o esforço da personagem, dando um efeito de atualidade à sua experiência — vemos a cena através do olhar de uma câmera que não se esconde e que procura, pela sua presença confessa, acentuar o aqui e agora da situação testemunhada. Suportamos a experiência de Manuel na medida em que ela vai se constituindo aos tropeços, saturados com a insistência com que se representa esse gesto de entrega total. Um único plano geral quebra tal corpo a corpo e nos fornece a visão ampla da extensão de seu deslocamento. Esse plano, descrição de um espaço, significa a duração que exaspera. O som local intensifica o prolongado desconforto.

Chegados à capela, o que nos espera é um novo período de silêncio cerimonial e gestos lentos, marcados. Em tom baixo, Sebastião ordena a preparação do ritual para purificar Rosa. Manuel vai buscar sua mulher e uma criança escolhida para o sacrifício. A oposição entre o interior da capela, espaço de silêncio e equilíbrio, e o exterior, espaço da histeria de Rosa e da agitação dos beatos, reproduz, em ponto menor, a mesma dinâmica rarefação-excesso que comanda o bloco narrativo em seu conjun-

Deus e o diabo na terra do sol: as figuras da revolução

to. Na capela, câmera fixa; no exterior, câmera na mão em permanente giro. Manuel agarra Rosa, em meio à gritaria e ao som estridente do vento; em corte brusco, voltamos à capela, onde o ritual se arrasta numa dominante de silêncio, de olhares fixos e gestos calculados. Esse tom solene contamina o próprio percurso do olhar da câmera: saímos de Rosa encolhida no chão, que olha fixo para Sebastião no altar, concentrando-se para o sacrifício, e Manuel hipnotizado, imóvel, com a criança nos braços. Quando o instrumento central do rito, o longo punhal, hipnotiza todas as personagens, ele se transforma no centro de gravidade da composição visual e dos movimentos da câmera. No encadeamento que nos leva da morte da criança à morte do próprio Sebastião, há uma curva do olhar em função dos movimentos do punhal só interrompida, mas logo retomada, por um plano breve de Manuel, que grita, de repente, e faz com que Sebastião largue o punhal, numa queda acompanhada pela câmera. Tal dueto, lento e silencioso, de câmera e punhal, cerimonioso como a ação das personagens, completa-se e sofre ruptura com a morte do santo. A disposição hierática se rompe quando Sebastião, apunhalado por Rosa, derruba as velas e ícones do altar na tentativa de recuo, produzindo ruídos que funcionam como um sinal para a irrupção dos tiros e da gritaria que nos trazem o massacre. A câmera recua bruscamente em linha reta, Rosa e Manuel correm em direções opostas e tem início a "estenografia", a montagem descontínua em *flashes* rápidos, da agitação e queda dos beatos sob o fogo ininterrupto de um Antônio das Mortes multiplicado: sua violência é representada de modo semelhante à metralha que atinge os operários em *Outubro (Oktiabr*, Serguei Eisenstein, 1927), na sequência que narra "os dias de junho". Algumas imagens de mortes e quedas complementam a referência a Eisenstein, pela citação do massacre de Odessa, clímax de *O encouraçado Potemkin (Bronenosets Potyomkin,*

Serguei Eisenstein, 1925). Consumada a matança, ao lento movimento de câmera sobre as vítimas encadeia-se o lento caminhar de Antônio no exame pensativo do ocorrido. Na capela, ele encontra Sebastião morto, e seu rifle projeta uma sombra que compõe uma cruz com o punhal nas mãos de Rosa, fechando o círculo composto pela ação dos dois objetos, rifle e punhal, na liquidação do sonho messiânico dos camponeses. A partir do balanço do massacre, voltamos a uma nova etapa de ação rarefeita, onde a reflexão se instala e a voz do cantador, somada à presença explícita de Cego Júlio no mundo das personagens, engendra uma nova fase do filme.

A modulação descrita não é apenas encontrada nas rupturas, estando presente em diversos momentos do filme. Para citar dois, basta lembrar a forma como a lenta exasperação de Rosa, diante da entrega de Manuel a Sebastião, transforma-se em grito que dá a deixa para a introdução heroica de Antônio das Mortes, quando este irrompe pela primeira vez no filme; e a forma como a extrema lentidão do caminhar, dos volteios e do jogo de olhares entre Rosa e Corisco, somada ao silêncio que domina o cerimonial de sua aproximação, é rompida pelo corte brusco, pela montagem descontínua dos movimentos em círculo, pelo alto volume da música de Villa-Lobos,[6] quando finalmente os dois liberam os gestos e se unem. Presente na modulação de segmentos, presente nas grandes rupturas, marcando o próprio arranjo global da temporalidade do filme, essa dialética de rarefação-condensação, da ação que se ausenta ou transborda, cumpre uma função decisiva na economia do relato e constitui um foco de significações a considerar.

---

[6] "Cantilena", ária das *Bachianas brasileiras* nº 5.

Sequência da capela centrada no movimento do punhal. A sombra do rifle de Antônio das Mortes forma uma cruz com o punhal nas mãos de Rosa, selando o encontro.

O tempo elástico do pensamento:
Eisenstein e Brecht na pedagogia da fome

No seu aspecto funcional, a modulação do filme cria brechas para diferentes formas de intervenção do narrador. Na sua descontinuidade, abre espaço para comentários explícitos sobre o próprio imaginário. Temos uma representação que distende o tempo, interrompe a ação para comentá-la e bloqueia certos gestos para sublinhar sua significação social, como em Brecht. Em termos especificamente cinematográficos, temos a montagem vertical tal como postulada por Eisenstein, a qual permite um desenvolvimento francamente independente de imagem e som. Prevalece o pensamento da figura mediadora que comanda a representação. Não atrelada à continuidade da cena ou à ligação suave e "natural" entre os vários episódios, a montagem realiza diferentes tipos de combinação, podendo recorrer, inclusive, aos procedimentos retóricos do final, onde o espaço-tempo da ação se dissolve para dar lugar à construção puramente metafórica: presença do mar, oposto ao sertão.

Os episódios da fase Manuel-beato, nos intervalos da ação rarefeita, são montados sem a preocupação de respeitar a integridade de cada cena ou de encadeá-las, sem a preocupação de fornecer antecedentes e consequentes dentro de uma continuidade factual que prepara o espectador para o que vem em seguida. Na interação entre Rosa, Sebastião e Manuel, cada uma das passagens vividos é escolhido e encenado em função de sua capacidade de fornecer uma representação sintética da correlação de forças. O duelo Rosa-Sebastião e as hesitações de Manuel são figurados no jogo de posições mútuas dentro do enquadramento, onde o estar perto ou longe, junto ou separado, e o estar no meio ou na ponta constituem a base do discurso. Temos a representação de quadros que simbolizam, na disposição espacial das

Deus e o diabo na terra do sol: as figuras da revolução

figuras e no seu movimento quase ritual, a crescente dominação de Manuel por Sebastião, com a correlata marginalização de Rosa. O elemento unificador de tais imagens é o palco de Monte Santo e o que comanda o ritmo da sequência é a articulação do discurso messiânico contra a descrença de Rosa, num jogo de perguntas e respostas que acompanhamos pelo som, não importando que uma frase dita numa determinada cena (representada na imagem) seja completada em outra totalmente distinta. A montagem aqui predomina porque o mais importante é caracterizar os passos da argumentação e sua lógica, sem a necessidade de elaborar a evolução interna de cada cena.

Na fase Manuel-cangaceiro, algo de equivalente acontece na linha de recusa do naturalismo, mas com nítidas diferenças. Nos momentos alongados de ação rarefeita, a argumentação pela fala e a movimentação ritual das personagens comandam o ritmo da representação. A marcação dos atores e os enquadramentos tendem a radicalizar o tom teatral dos diálogos e gestos, num esquema afinado com certa proposta mais ampla da narração frente às figuras do cangaço. Nessa fase, procura-se a significação menos pela montagem e mais pela duração e movimento interno do plano, levando cada episódio à saturação. A câmera na mão, em plano-sequência, com seus movimentos de vaivém, colabora com esse esforço de criação de um certo cerimonial, ao mesmo tempo que procura situar-se no nível da experiência das personagens, como se fosse um elemento a mais no grupo. O narrador assume as interrogações de Corisco ou Manuel, aderindo ao seu aqui e agora, como alguém que, partilhando da abertura e das dúvidas de cada instante, também procura a sua perspectiva, indo atrás das figuras que se movimentam. Nesses momentos, *Deus e o diabo*, ao explorar as possibilidades da câmera na mão, define uma dinâmica específica na representação cinematográfica. O equilíbrio e a coordenação de

Sertão mar

atores e câmera são substituídos pela interação improvisada, pela instabilidade, pela movimentação que dá efeito de procura, como se o narrador renunciasse ao seu saber do fato para se ajustar ao comando de uma disposição, para agir ou refletir, que vem das personagens.

Tal dinâmica, reiterada em várias passagens, tem seu momento de maior evidência na cena em espaço aberto, na caatinga, logo após o ataque violento à fazenda do coronel Calazans — única representação efetiva de um ataque cangaceiro durante todo o filme. Manuel, Rosa, Dadá e o próprio Corisco vivem uma atmosfera de transe pessoal, de perplexidade ou delírio, onde o diálogo no grupo se desagrega para dar lugar a um vaivém interrogativo, onde a personagem volta-se para dentro de si, ou para os outros, na busca de uma definição ou resposta que ponha as coisas no lugar. Tal atmosfera é assumida pela câmera que também parece estar à procura de um ponto de apoio, como Manuel diante do ritual de violência de Corisco, como Rosa e Dadá em sua troca de presentes e na renovação do carinho manifesto desde o primeiro encontro. Na consciência de Manuel, na movimentação do grupo, no transe violento de Corisco, há uma atmosfera de crise; a câmera na mão permite ao narrador um comportamento que imita a própria disposição das personagens. O comentário musical dissonante dramatiza, preenche o momento, sem organizá-lo e sem recuperar a ideia de que há um centro de controle zelando pelo bom caminho da representação.

De modo geral, os planos-sequência dessa fase do filme tendem a criar uma tensão que vem exatamente das peculiaridades da câmera na mão. Seu andar desequilibrado, sua liberdade de movimentos e sua trepidação denunciam uma subjetividade por trás da objetiva, revelam uma palpitação nas operações de quem narra de modo a nivelar sua experiência à das personagens. O fundamental é que, nesses momentos, não há em *Deus e o diabo*

Deus e o diabo na terra do sol: as figuras da revolução

a preocupação em utilizar alguma personagem como elemento mediador — a subjetividade seria a dessa personagem e teríamos o esquema convencional. Permanece essa figura sem nome, o narrador-câmera, como responsável pela composição ou decomposição das imagens. Há um efeito de simultaneidade, onde o presente do narrador e o das personagens se identificam, numa tendência contrária ao usual afastamento que se supõe entre o tempo de quem narra e os eventos passados, ou mesmo àquela diferença de temporalidade que se produz quando a narração é assumida pelo cantador, que usa o pretérito para se referir à aventura das personagens.

Essas considerações evidenciam a presença de diferentes registros na relação narrador/narrado, diferentes tipos de intervenção da figura mediadora. Múltipla em suas vozes, pelo som e pela imagem, ora permanece colada à experiência dos protagonistas, ora a observa de um ponto de vista mais distante, organizando-a pela montagem e fornecendo o comentário retrospectivo ou antecipatório do cantador. Pelos exemplos que dei, a fase Manuel-beato ficou caracterizada como o lugar da montagem, da fratura do tempo, enquanto a fase Manuel-cangaceiro apareceu como o lugar das tensões pela duração, num festival de planos-sequência. Em termos tendenciais, isto realmente ocorre.[7] No entanto, é necessário lembrar que os instantes de maior fratura no tempo, onde se vai além da montagem elíptica ou da condensação das cenas de violência pela "estenografia", ocorrem justamente nas falas de Corisco. Pelo menos duas vezes, o tempo da ação se rasga para que, na brecha, Corisco desenvolva seu monólogo, encenando à parte seu rompimento com Lampião ou

---

[7] Glauber Rocha assume essa caracterização, no que é acompanhado por alguns críticos. Ver Alex Viany, "Debate conduzido por Alex Viany", em Glauber Rocha e outros, *op. cit.*, pp. 116-50.

Plano-sequência da encenação de Corisco no excurso emoldurado pelas imagens do primeiro encontro entre Rosa e Dadá.

declamando a confissão de medo desse seu ídolo maior. Em tais momentos, a câmera observa Corisco num único plano, sem corte, e a encenação que ele desenvolve, estando fora da continuidade da cena, tampouco é um *flashback* convencional. Tal como num *flashback*, a imagem dessas encenações é emoldurada claramente, como se, ao final do plano, tivéssemos de retomar a linha de ação a partir do ponto em que foi rompida.

No primeiro caso, é a imagem de Dadá e Rosa, no seu mútuo reconhecimento, que constitui a moldura para a longa narração de Corisco, numa teatralização que constitui um autêntico *excursus*. Só, ele representa a sua versão da desavença com o líder máximo do cangaço e evoca a morte do bando nos Angicos. Faz os dois papéis, o dele próprio e o de Lampião, numa conversa direta com a câmera que o focaliza isolado na caatinga feita palco para este número especial, num das passagens brechtianos do filme.

No segundo caso, a mudança de registro não é menos radical. Estamos no momento decisivo da discussão sobre a legitimidade da reza e da violência. O diálogo entre as quatro personagens — Corisco, Manuel, Rosa e Dadá — desenvolve-se a partir da argumentação de Corisco, que, para provar a superioridade de Virgulino sobre Sebastião, narra um suposto confronto no qual o cangaceiro "chutou e cuspiu na cara" do santo. Dessa superioridade marcada no duelo pessoal, segundo regra da tradição sertaneja, Corisco conclui pela maior legitimidade da violência: "Homem nessa terra só tem validade quando pega nas armas pra mudar o destino. Não é com rosário não, Satanás. É no rifle e no punhal!".[8]

---

[8] Corisco dirige-se a Manuel como Satanás porque esse é seu nome de batismo no cangaço, dado pelo próprio Corisco em ritual que antecede o ataque à fazenda do coronel Calazans.

Preparação do clímax da narração de Corisco: um cangaceiro afia o punhal, e ele, em *off*, fala da pretensão do beato.

A negação desesperada de Satanás-Manuel e a intervenção das mulheres estabelecem uma disputa pelo espaço da cena. Corisco traz a câmera para dentro do jogo, numa fala direta — "é mentira" — para negar a pequenez de Lampião proclamada por Dadá. De frente para a câmera, ele passa da negação imediata à reflexão. Emoldurada por esse primeiro plano de Corisco, que olha a câmera, a declamação ocorre num plano de temporalidade indefinida. Corisco, braço direito estendido para dispor o punhal paralelo à linha do horizonte, de costas para a câmera, confessa o medo de Lampião pela fala ritmada e em baixo tom: "Tenho medo de viver sonhando com a luz do mal que joguei em cima do bom e do ruim. Tenho medo do inferno e das almas penadas que cortei com meu punhal. Tenho medo de ficar triste e sozinho, como o gado berrando pro sol. Tenho medo, Cristino, tenho medo da escuridão da morte".

Terminado o cerimonial de citação, voltamos para o espaço-tempo do diálogo, que se completa com o reconhecimento de Corisco, que, de frente para a câmera e menos altivo, diz para nós como para si mesmo: "É verdade".

Nessa passagem, no ponto crucial da argumentação, dá-se o corte tipicamente eisensteiniano e o tempo da representação se dilata para abrigar o enxerto explicativo, mais uma peça na demonstração procurada. Esse procedimento nos traz com toda a evidência a presença da montagem, e da montagem à Eisenstein, não preocupada com a integridade do fato, mas com o desenvolvimento do raciocínio por imagens. O predomínio dos planos-sequência, em sua espessura de presente aberto a interrogações, é, portanto, apenas um lado do estilo de representação manifesto nessa fase do filme. Tanto quanto a disposição em série, elíptica, dos discursos da fase Manuel-beato, aqui também a montagem tem seu lugar, num processo mais radical de ruptura com a decupagem naturalista. Dentro da modulação geral — condensação-rarefação —, os segmentos mais alongados e discursivos mantêm o domínio da descontinuidade, embora o façam de modo distinto no império de Sebastião e no de Corisco.

Duelo verbal entre as quatro personagens,
Corisco recita a reza de Lampião e reconhece: "É verdade".

Nesse contexto, não é casual o fato de os dois exemplos mais evidentes de ruptura da cena, com a inserção de *excursus*, ocorrerem a partir da figura de Corisco. Na verdade, seja através dos planos-sequência, seja através dessas mudanças de registro, define-se nessa fase uma dinâmica peculiar na relação entre o trabalho da narração e *O cangaceiro*, marcando uma nítida diferença de ponto de vista, se compararmos com o tratamento dispensado a Sebastião. Para caracterizar o deslocamento de perspectiva da narração ao passar de um a outro, é preciso introduzir novas variáveis na análise do filme. Por ora, descrevi a modulação de base e a exploração, pela montagem ou planos-sequência, do leque de possibilidades aberto pelo estilo da representação, que prefere a descontinuidade e o desequilíbrio à continuidade e à harmonia. Frente a essa modulação, cabe agora considerar os princípios que a orientam, discutindo sua contribuição no plano das significações que *Deus e o diabo* propõe.

A cunhagem do tempo:
a forma da história na textura do filme

No seu aspecto semântico, a pulsação da narrativa pode ser vista como resultado de uma intenção em se reproduzir o ritmo próprio das personagens, entendidas como representantes típicos do temperamento sertanejo. Nesse caso, as hesitações, a passividade que chega à exasperação, um certo tom ruminante no pensar, vindo do desajeito com as palavras, contrastados com a explosão repentina e a violência, encontrariam semelhança, disposição homóloga, no estilo da narrativa. E o próprio Manuel ofereceria a evidência de tal modulação no seu comportamento. Quantas vezes desafia nossa paciência com sua imobilidade pensativa nos momentos de decisão? E quem poderia negar suas ex-

Deus e o diabo na terra do sol: as figuras da revolução

plosões de rebeldia e sua consistência na condução de um caminho assumido? Essa metáfora, de cunho psicológico, poderia ser estendida a condições naturais próprias ao sertão e seus desafios à sobrevivência: ou é a seca ou é o dilúvio, como se costuma dizer. Combinando essas duas dimensões, a psicológica e a da natureza, poderíamos chegar ao convidativo paralelismo meio-mentalidade, tão a gosto de certas definições de caráter que veem nas condições do ambiente a natural e necessária matriz das disposições psicológicas próprias a um tipo humano particular ou a uma cultura particular. Nessa linha, teríamos um movimento analógico a duas etapas: das características naturais do meio ao comportamento das personagens; deste ao estilo da narração. Esta, nesse aspecto, estaria, como em *Barravento*, imitando o estilo da personagem, em sua pulsação.

É inegável que tal mecanismo se faz presente, na modulação da montagem e em determinados percursos de câmera na mão, de modo a colar a narração o máximo possível à experiência da personagem, havendo cenas onde o espectador é destituído daquela visão privilegiada de quem observa organizadamente, em equilíbrio, a ansiedade alheia, ou sua agitação. A modulação descrita, nesse sentido, reflete em alguns momentos o envolvimento da narração na vivência dos protagonistas. No entanto, como apontei, o jogo de mediações é aqui mais complexo: o cantador, por exemplo, separa a narração dessa experiência imediata das personagens. A modulação onipresente, com papel-chave na organização global do filme, ultrapassa esse sentido de imitar vivências particularizadas. Sua significação não pode ficar reduzida a essa metáfora psicológica, de caracterização de temperamento, embora possa incorporá-la aqui e ali. Há uma lógica no desenvolvimento do filme que confere um estatuto muito específico às disposições pessoais e à vontade das personagens. Eu estaria traindo essa lógica se encerrasse a explicação do estilo aqui, nessa determinação natural e psicológica. É preciso inserir esses comportamentos — das personagens e do narrador — num referencial mais abrangente que permita, inclusive, um entendimento mais claro de como essa modulação se articula com os deslocamentos de perspectiva que ocorrem na relação narrador/narrado ao longo do filme.

Nesse sentido, prefiro salientar, porque mais afinada com outros pontos significativos da representação, a concepção da temporalidade humana, histórica, que a modulação discutida contribui para afirmar. Para isso, não é necessário tomá-la, isoladamente, como metáfora para o movimento da história. As considerações decisivas sobre esse movimento virão de outros elementos do filme. Basta observar aqui o encaixe que existe entre essa modulação e a noção de historicidade elaborada por *Deus e o diabo*, num processo apoiado, inclusive, nessa mesma modulação. Através dela, a narrativa, na sua própria textura, apresenta uma cunhagem do tempo que define um primado da transformação, da interação constante que gera necessariamente o desequilíbrio. Onde imagem e som nos oferecem a evidência de uma imobilidade, esta é, no fundo, acumulação de energia, movimento subterrâneo. Os momentos de contenção mascaram ou expressam uma canalização de forças não aparentes. Os tempos fracos não são neutros, pura extensão, mas participam da geração dos tempos fortes, dos saltos qualitativos. O movimento interno da narrativa, na sua desmedida e nos seus saltos, afirma uma presença descontínua, mas necessária, da transformação.

Reconsiderada a partir do exposto, minha interrogação sobre o salto final, da disponibilidade de Manuel à certeza da revolução, encontra sua primeira resposta. Tal salto, coerente com o princípio interno da obra, é coroamento de um discurso que carrega, no seu próprio estilo, a presença do movimento incontido, a história como pressuposto. Se o tempo acumula energias e cada momento pode instaurar a brecha ou a crise por onde ache caminho e transborde a força transformadora, a corrida de Manuel tem no mar sua consequência lógica dentro das regras desse discurso. Diante da injustiça, da realidade que solicita a violência como condição de humanidade, a insurreição está sempre no horizonte. Não importa se consciente, passivo ou mergulhado na franca alienação, o oprimido traz uma disponibilidade para a revolta, mesmo que subterrânea. A internalização da história é radical e faz o próprio filme se desenvolver pela crise e pelo salto violento. Resta saber se há, na representação, um trabalho capaz de identificar as forças que regem essa dinâmica do mundo.

A mediação do cordel e o cinema: o popular e o erudito

A primeira observação que se pode fazer da representação da história em *Deus e o diabo* decorre das próprias condições que a montagem analisada ajuda a estabelecer: o filme não procura a reprodução naturalista de fatos, transformados em espetáculo. Pelo contrário, procura uma linguagem figurativa que atualiza, na própria textura de imagem e som, uma reflexão sobre tais fatos. Está todo concentrado na discussão de processos e lutas que tiveram efetivamente lugar na história do Nordeste. No entanto, recusa a reconstituição precisa da aparência e abandona a ideia de que é necessário mostrar a evolução de fatos particulares tal como aconteceram no passado — retórica do espetáculo do cinema industrial que exige recursos milionários e procura sua legitimidade nesse ilusório transplante da vida autêntica de uma época para o imaginário da tela. Nessa recusa, afirma os princípios básicos da estética da fome, num movimento onde, de um só golpe, o estilo cinematográfico se afina às condições de sua produção, marca sua oposição estético-ideológica ao cinema dominante, dá ensejo a que a própria textura do filme expresse o subdesenvolvimento que o condiciona e transforma a sua precariedade técnica de obstáculo em fonte da sua riqueza de significações.

Ao realizar essa múltipla operação, o filme privilegia a representação sintética segundo exigências da discussão em andamento, reservando espaço amplo para as intervenções do narrador e para os rituais que constituem o núcleo do seu debate ideológico. Há um movimento de reflexão que se tece na sucessão das diferentes fases, englobando e pondo em perspectiva suas variadas passagens. Tal movimento vem a primeiro plano porque há um estilo de montagem que lhe franqueia a palavra.

O diálogo direto com o espectador, num discurso explícito, deve muito à presença do cantador, uma das instâncias narrativas centrais do filme. Incorporando o poeta da tradição, pertencente ao próprio universo focalizado, o filme se permite uma relação muito específica com o referencial histórico. Seu estilo se ajusta perfeitamente ao fato de que fala de Corisco, Lampião, Antônio Conselheiro, Beato Lourenço, Padre Cícero e outras figuras históricas sem que a representação dos indivíduos, e dos acontecimentos em que se envolveram, procure aparentar uma fidelidade rigorosa à história datada e documentada, a dos livros eruditos e da cultura oficial. A opção pela figuração simbólica mediatizada transforma os fatos do passado em referência recoberta por camadas de um imaginário que só admite no seu corpo a sobrevivência de fragmentos selecionados, de personagens transfiguradas.[9] Tal imaginário se organiza como estória exem-

---

[9] Sebastião condensa elementos de diferentes figuras de beatos, notada-

Deus e o diabo na terra do sol: as figuras da revolução

plar, assumindo o estatuto de lenda narrada oralmente por um contador de estórias cujo objetivo, longe da fidelidade ao ocorrido, é a transmissão de um conselho.[10] Assim retrabalhado, o processo histórico se projeta num campo alegórico, depurando seus elementos para ficar reduzido ao essencial na perspectiva do narrador, numa transformação que evidencia um estilo de relato poético cuja inspiração está na literatura de cordel.

No filme a tradição local tem presença explícita na figura do cantador e estende seus critérios para outros aspectos da representação. Com isso, parece estar na raiz da orientação global da narrativa. Há, no entanto, uma considerável simplificação quando se admite, sem maiores análises, que a totalidade da narração expressa seus critérios e sua palavra. Se o seu domínio é evidente na sequência do duelo entre Corisco e Antônio das Mortes, minhas observações já indicaram que, na sequência final, a apresentação do mar significa uma intervenção de outra ordem, ativadora de uma forma de comentário diferente da que é feita pelo cordel. Não é apenas o mar que substitui a caatinga. É também a peça musical erudita que substitui o cantador. Nessa substituição, a presença de Villa-Lobos coroa um processo que nos remete ao início do filme. Lá, ocorre o movimento inverso: o cordel toma o lugar da música erudita, no fim dos cré-

_____

mente Antônio Conselheiro e Beato Lourenço. Corisco, embora inspirado no cangaceiro de identidade conhecida, assume uma dimensão simbólica no filme, condensando diferentes nomes. Antônio das Mortes é criação genuína de *Deus e o diabo*.

[10] Sobre essa postura do narrador oral, ver Walter Benjamin, "The storyteller", em *Illuminations*, Nova York, Schocken Books, 1969 [ed. bras., "O narrador: considerações sobre a obra de Nikolai Leskov", em Walter Benjamin, *Obras escolhidas: magia e técnica, arte e política*, v. 1, tradução de Sérgio Paulo Rouanet, São Paulo, Brasiliense, 1985].

ditos, para dar início a sua versão da lenda. Antes disto, a sequência de abertura apresentara algo simétrico à combinação de imagem e som do epílogo. A câmera alta, em movimento mais lento e cadenciado, enfrentara outra onipresença: a do sertão e seus amplos espaços. A peça de Villa-Lobos, "Canção do sertão", fornecera a pontuação necessária, duplicando o efeito da imagem na evocação do universo natural-social em que vivem as personagens. Marcados pela diferença de tom, cadência *versus* empolgação, início e fim são passeios de câmera retoricamente distintos em sua função imediata. O primeiro tende ao descritivo, fornecendo um dado presente no universo de Manuel; a câmera caminha ao encontro da personagem, que entra em cena logo em seguida, claramente imerso nesse sertão que acaba de ser descrito. O segundo nada tem de descritivo, sendo a atualização de um imaginário que, se enraizado na coletividade sertaneja de forma mais ou menos difusa e com múltiplas conotações, está, dentro do filme, rigidamente codificado enquanto imagem da negação política do presente, da liberação que não é outra senão a da revolução social. O sertão como dado, o mar como aspiração. Início e fim, na distância, se unem, pela simetria, para reiterar o enunciado. E a metáfora central da transformação se representa, na íntegra, nesse confronto início-fim, de modo a cercar, emoldurar, o trabalho narrativo do cantador.

Não é, portanto, do cordel a primeira nem a última palavra. Veremos que tampouco é seu o controle total da representação no próprio desenvolvimento da lenda. No som, há convivência com o comentário musical erudito. Na imagem, há pluralidade de tons que muitas vezes dá lugar a divergências que evidenciam o quanto estamos diante de uma narrativa que se compõe de múltiplas mediações — a que assume a forma do cordel é uma delas, ao lado de toda a complexidade do trabalho

Deus e o diabo na terra do sol: as figuras da revolução

de câmera e da encenação. A matéria da representação, imagem-
-som industrializados, não é homogênea à matéria da literatura
de cordel e sua fonte produtora não está confinada aos limites
dessa tradição. Fato elementar, *Deus e o diabo* é um filme, com
tudo o que isto pressupõe.

Dentro dele, se a mediação do cordel
é resultado de um movimento deliberado de identificação com
o discurso de raízes rurais, há outros processos em andamento
na sua composição, processos com os quais esse movimento deve interagir. A presença da partitura de Villa-Lobos é citação, transpor-
te em estado bruto de elementos de um projeto cultural inserido no Brasil urbano. O papel da questão nacional na elaboração de suas formas traz nítida sintonia com o próprio intuito do
filme, também envolvido na reelaboração erudita de um reper-
tório popular regional. Dada essa sintonia, a incorporação de
Villa-Lobos ao filme de Glauber Rocha é um gesto que a reafirma, ligando de modo mais explícito projetos de natureza semelhante, pertencentes a uma tradição comum no processo cultural brasileiro.[11]

Em contrapartida, a presença do cordel é já reelaboração
erudita que transforma o produto folclórico em fonte inspiradora, em modelo formal, mas não o toma em estado bruto.
Composição de Sérgio Ricardo e Glauber Rocha, o cordel em
Deus e o diabo é tão encenado quanto a ação de beatos e cangaceiros. É uma voz erudita que encena a popular e depura sua
imitação para, na forma do folclore, cantar versos que tecem

---

[11] A presença da música de Villa-Lobos constitui suporte para que certos
momentos solenes ganhem uma conotação fortemente nacionalista; é o que acontece, por exemplo, em instantes decisivos onde se celebra a todo vapor uma vocação histórica do povo brasileiro — como no fim de *Deus e o diabo*, quando da
invasão do mar (*télos*).

narrativa e comentário, garantindo, com todo o controle, a complexidade do recado. Não é a própria *vox populi* que aí se manifesta. Longe de ser uma instância de simplificação, a presença do cantador complica o discurso. A ideia de que ela, por si só, seria capaz de garantir ou facilitar a comunicação com as grandes massas é altamente questionável. *Deus e o diabo* não é um filme simples, nem sua fatura pode ser assumida como adequação a parâmetros populares, forma de devolução direta de um discurso do povo ao próprio povo.[12] Diante de nós, temos um filme opaco, que dá trabalho ao espectador. Heterogêneo no som — lugar de múltiplas vozes — e na imagem — lugar de múltiplos estilos de decupagem. A recusa incisiva das convenções do filme diegético clássico traz um novo tipo de interação entre o trabalho da narração e o mundo da lenda. Não há um fluxo transparente de fatos que sustente uma moral implícita, como em *O pagador de promessas*. Há a encenação ritualizada e, diante dela, uma voz que avança interpretações — a do cantador — e assu-

---

[12] Minhas observações sobre *Deus e o diabo* estão em desacordo com a hipótese formulada por Carlos Estevam Martins, em 1962, no "Anteprojeto do Manifesto do CPC", texto republicado em *Arte em Revista*, nº 1, jan.-mar. 1979, pp. 68-79. A argumentação de Carlos Estevam Martins é a seguinte: "Tendo optado pelo público na forma de povo, a arte popular revolucionária nada tem a ver, quanto ao seu conteúdo, com a arte do povo e a arte popular, mas delas necessita se aproximar em seus elementos formais, pois é nelas que se encontra desenvolvida a linguagem que se comunica com o povo. Na medida em que nossa arte pretende ser porta-voz dos interesses reais de uma comunidade, necessariamente temos que nos servir dos processos pelos quais o artista popular se faz ouvir e se torna representativo das qualidades e dos defeitos próprios ao falar do povo" (p. 75). Creio que *Deus e o diabo* mostra que a questão da "linguagem que se comunica com o povo" é mais complexa e não se coloca, simplesmente, em termos de um "empréstimo de formas".

Deus e o diabo na terra do sol: as figuras da revolução

me o empenho do narrador tradicional no direcionamento da leitura. Mas há outros movimentos no filme que tornam ambígua a significação da aventura. A travessia de Manuel e Rosa já, em si, traz uma síntese. Transfigura múltiplas experiências de uma coletividade, experiências acumuladas na dispersão de tempos e lugares. Condensada nos limites de um percurso individual e linear, tal experiência se esquematiza, denunciando um horizonte pedagógico no relato, mas sua representação em imagem e som redimensiona tudo, pois se faz com a mediação de elementos que se deslocam e multiplicam. Desse modo, o discurso, enquanto reflexão sobre a história, tem um centro problemático. A memória das revoltas camponesas se revela e se questiona, encontra um canal de manifestação, mas, ao dar o grito, se reelabora segundo diferentes pontos de vista. A narração do cantador, os comentários musicais, o trabalho de câmera, a montagem e a encenação nem sempre estão em sintonia. As personagens, ao se constituírem em peças de um jogo que as ultrapassa, demonstram diferentes graus de consciência frente aos estratagemas de que são agentes ou vítimas. Sua representação é iluminada a partir de focos diversos, num jogo retórico que marca a convivência de diferentes perspectivas.

O duelo das vozes:
Sebastião e Corisco, identidade e diferença

Como se define a narração perante as figuras-chave, Sebastião e Corisco?

É a palavra do cantador que explicitamente procura definir a tônica de suas apresentações, mas a composição das imagens também realiza seu trabalho na definição de suas características, alterando o seu estatuto. Vejamos, em primeiro lugar, a cena do encontro de Manuel com Sebastião, logo no início do filme. Em total sincronismo, aparecem a imagem do céu e o primeiro acorde da música do cantador. Enquanto a câmera faz uma panorâmica vertical descendente, do céu para a terra, de modo a focalizar, em plano geral, o beato e seus seguidores em sua peregrinação pela caatinga, o cantador faz a apresentação das personagens e nos antecipa o caráter especial do encontro:

> *Manuel e Rosa*
> *Vivia no sertão*
> *Trabalhando a terra*
> *Com as própria mão*
> *Até que um dia*
> *Pelo sim, pelo não*
> *Entrou na vida deles*
> *O santo Sebastião*
> *Trazia a bondade nos olho*
> *Jesus Cristo no coração.*

O movimento de câmera inicial parece definir uma identidade de perspectivas entre imagem e som: o deslocamento céu-terra estaria traduzindo, no plano visual, a ligação com a divindade sugerida pela voz do cantador, ambos contribuindo para uma interpretação da figura do beato como enviado de Deus. No entanto, quando Manuel se aproxima, a cavalo, e a voz do cantador se cala, a composição visual, obedecendo a um ritmo de aproximação que acompanha o de Manuel, traz novos dados. Vem exatamente acentuar um aspecto da interação entre o vaqueiro e o santo que não reforça as sugestões iniciais. Longe de marcar aquela identidade com os versos do cantador, própria à introdução da cena, a imagem começa a esboçar o traba-

Deus e o diabo na terra do sol: as figuras da revolução

lho de distanciamento que, à medida que o filme se desenvolve, tende a afastar Sebastião do espectador e preparar o seu desmascaramento. Atento, agitado, Manuel rodeia o grupo de beatos. Olha fixo para Sebastião. Na decupagem, um jogo campo-contracampo. Esse jogo aponta ostensivamente para a indiferença do santo frente a Manuel. O uso da câmera subjetiva (na mão e na posição dos olhos de Sebastião) evidencia claramente que ele não desvia os olhos, não encara Manuel, não revela nenhuma intenção de reconhecer sua presença. Manuel só existe no seu mundo quando passa em frente a seus olhos impassíveis, só interessados em guiar sua caminhada imperturbável para Monte Santo. Soberano, ele não se digna a prestar atenção no vaqueiro. Isto desautoriza, antecipadamente, o relato que Manuel fará a Rosa, dizendo que o santo olhou bem dentro dos seus olhos, dando a entender que houve comunicação intensa, origem de sua fé. Ao mesmo tempo, a decupagem não colabora com as palavras do cantador, principalmente quanto à bondade nos olhos. A imagem do santo não carrega certos traços que traduziriam os versos da canção; a decupagem reforça a distância de critérios justamente através do campo-contracampo, instância privilegiada de construção das cumplicidades ou desencontros, pelo jogo de olhares que sublinha. Nesse nível cristaliza-se um divórcio que se manterá em todo o trajeto de Sebastião. Ele não interage com a câmera. Esta permanece sempre um instrumento que o observa de perto, enquanto ele revela um ar fechado e enigmático. Nesse confronto com a personagem, o olhar da câmera é marcado por uma solidariedade progressiva com o olhar de Rosa — culminada na cena do ritual da capela —, foco da desconfiança, figura apegada ao aqui e agora, ao trabalho cotidiano de que foi arrancada pela fé de Manuel. Sebastião, por seu lado, alimenta essa desconfiança pela sua própria vaidade, pela ponta de sadismo na condução dos sacrifícios, pela indiferença aristocrática que não se reduz à relação com a câmera. Coroa seu comportamento com uma morte inglória, com demonstrações de fraqueza nada condizentes com sua prepotência. Tal morte, humanamente medrosa nas mãos de Rosa, contrasta com a empáfia anterior e o desmascara sem apelação (diante da câmera) — afinal, não havia minutos antes assassinado uma criança, com firmeza e elegância, em nome do comércio com Deus?

Essa postura diante da figura de Sebastião não é o único elemento a compor a imagem do messianismo como fenômeno social. Há desmistificações, mas há também elogios na sua apresentação. Por exemplo, a entrega de Manuel a Sebastião, na primeira sequência de Monte Santo, é composta como uma celebração envolvente que enaltece a força do sentimento religioso, capaz de aglutinar a massa de camponeses. A câmera antecipa-se a Manuel e Rosa, escalando o monte para ir ao encontro do mundo de Sebastião, num dos momentos de maior apoteose do filme. Um desfile de bandeiras e símbolos dispostos contra o céu, agitados pelo vento, encontra ressonância na música de Villa-Lobos.[13] Imagem e som imprimem um tom de solene grandiosidade ao momento, capaz de expressar a força e o valor do êxtase coletivo. Recusando a postura de quem contempla o fenômeno do exterior, os movimentos de câmera — que percorrem a textura das vestes e objetos religiosos — e o comentário musical manifestam uma identidade de perspectiva com a consciência das personagens. E o fundamental é que essa exaltação vem da face erudita da trilha sonora, não de sua face que encena o cordel, descartando a hipótese de que caberia ao cantador, e exclusivamente a ele, o papel de instância solidária com o universo das personagens.

---

[13] *Magnificat Alleluia* para orquestra e coro.

Deus e o diabo na terra do sol: as figuras da revolução

Dentro desse elogio ao fenômeno global, não deixa de haver certa sutileza diante da figura de Sebastião; o movimento de câmera ressalta muito mais a coleção de elementos que o envolve, novamente descartando seus bons olhos.

Se na sequência da adesão definitiva de Manuel, imagem e som, pelo seu caráter envolvente, parecem legitimar o mundo da revolta messiânica, nos momentos seguintes é sua face repressora e tendente à histeria, dos ataques às prostitutas, das flagelações, dos sacrifícios, que vem a primeiro plano. O contato dos beatos com a sociedade é "estenografado", na imagem, e estridente, no som. O silêncio e a inação subsequentes são introduzidos pelas cenas do caminhar lento e da observação crítica de Rosa, e pela sua conversa com Manuel, onde ela denuncia seu afastamento sexual e o confinamento de Monte Santo. A discussão dos limites da prática rebelde do grupo se aprofunda nas sequências alongadas desse retiro e dessa espera contemplativa. Explorando metaforicamente a topografia de Monte Santo, a narração cristaliza essa ideia de confinamento, de ascensão e proximidade com o céu, de retiro para uma antecâmara onde não se está ainda no Paraíso (a ilha de Sebastião, sua fundamental promessa), mas já se desligou do terreno, do baixo mundo, do envolvimento com a sociedade.

Na prática dos beatos, desaparece a intervenção direta no andamento do mundo como um fim. A rebeldia messiânica tira os camponeses do processo de produção e os afasta da Igreja, subtraindo-os à exploração dos donos de terra, mas propõe a passividade da reza, a espera purificadora que define os eleitos no momento do cataclismo, da intervenção de Deus na construção de um novo reino de felicidade. Sublinhando o isolamento dos beatos diante do mundo, o filme não se detém numa caracterização maior do processo de formação da comunidade de Monte Santo. Ela é reduzida a seu aspecto de retiro, como meio

Sertão mar

de purificação religiosa. Não há, em *Deus e o diabo*, considerações sobre o tipo de organização social existente nos domínios de Sebastião, exceto a indicação clara do seu despotismo. Não se delineia nenhuma discussão sobre Monte Santo enquanto comunidade igualitária ou sociedade alternativa.[14] Posta em questão a via messiânica de salvação, o desmascaramento de Sebastião é incisivo; mas o questionamento do grupo em sua prática política não impede que, em momentos de aglutinação coletiva, pelo seu conteúdo de negação e resistência, a força do movimento receba o elogio franco da narração, nem tampouco que a sua eliminação se represente dentro de critérios que incluem a citação de planos da obra de Eisenstein, marcada pelo elogio à revolta malograda como prelúdio da revolução.

Quando a intervenção de Antônio das Mortes e o gesto de Rosa decretam o malogro da experiência, a fidelidade de Manuel a Sebastião permanece, uma vez que o comportamento de Rosa não o afeta e o processo de desmascaramento do santo se dá num trabalho da narração que se desenvolve à revelia dele e de Sebastião. Algo completamente distinto ocorre na fase seguinte. Diante de Corisco, há uma alteração significativa nos critérios da encenação. Tem início um jogo de repetições pelo qual a no-

---

[14] Eis um traço sintomático do filme. No contexto das formulações ideológicas da esquerda, no início dos anos 1960, a questão da comunidade alternativa, à margem e coexistindo com a sociedade capitalista, não tinha a relevância que teria em tempos mais recentes. A crítica à ordem social vigente, associada a uma proposta comunitária (experimentação exemplar de outras formas de convivência, sem a preocupação de atingir o centro de poder), é algo mais característico da década de 1970. Na reflexão sobre Canudos, em particular, a defesa incisiva do caráter socialista ou não, igualitário ou não, da comunidade de Antônio Conselheiro não era o ponto central da questão. Eis talvez por que Monte Santo, figuração simbólica de Canudos, não ganhe maior espessura como forma de organização social dentro da representação do filme.

Deus e o diabo na terra do sol: as figuras da revolução

va fase do filme cita a anterior. Imagem e som compõem um elenco de aproximações que aponta, através da presença do mesmo elemento dentro de condições aparentemente opostas, Sebastião e Corisco como duas faces da mesma metafísica, acentuando, na simetria das suas inversões, sua unidade profunda. Ao mesmo tempo, elementos interiores à própria diegese transformam-se também em foco de reflexão crítica: Corisco, Antônio e Cego Júlio. E os segmentos alongados de ação rarefeita estão marcados pelo maior envolvimento das personagens na discussão de sua própria experiência.

Para marcar a unidade profunda, é a mesma voz, de Othon Bastos, que profere os discursos de Sebastião e de Corisco. É a mesma peça musical de Villa-Lobos que consagra o instante de triunfo da cruz em Monte Santo, quando Manuel adere a Sebastião, e o instante da violência, no ataque do cangaço à fazenda, quando se define a iniciação de Manuel-Satanás, sua passagem da cruz à espada, sua participação traumática no ritual de sangue onde Corisco é o sacerdote. É a mesma metáfora que define o horizonte salvador e justiceiro de suas práticas — o sertão vai virar mar, o mar virar sertão[15] — em nome do Bem ou do Mal.

A unidade que ata direito e avesso se expressa também em construções simétricas, tal como as que marcam suas apresentações. Corisco é igualmente anunciado como um advento — entra na vida de Manuel e Rosa "pelo sim e pelo não", como diz o cantador, num versejar simétrico ao do início do filme. A montagem visual guarda o mesmo estilo de aproximação, acompanhando Manuel, que se atira agora aos pés do cangaceiro, reconhecendo nele os sinais renovados do seu "padim". No entanto,

---

[15] A fórmula de Antônio Conselheiro "[...] então o sertão virará praia e a praia virará sertão" — citada por Euclides da Cunha em *Os sertões* (1902) —, modificada, aparece no filme como cristalização da esperança de transformação.

Sertão mar

como direito e avesso, na sua unidade, não são idênticos, há inversões significativas: a panorâmica vertical céu-terra transforma-se numa panorâmica horizontal, rasteira, na caatinga, da vegetação ao plano aberto que nos leva a Corisco, num movimento que é simultâneo ao verso do cantador que nomeia Corisco, o Diabo de Lampião. Tal inversão de eixo na panorâmica opõe a transação terra a terra, o enraizamento no baixo mundo do Diabo de Lampião, ao referencial elevado do santo. Além disso, a peregrinação em linha reta dos beatos, com olhos fixos em Monte Santo, é substituída pelo vaivém de Corisco ao cumprir seu ritual de violência, matando pobre para não deixar morrer de fome, como proclama. Visto em plano geral, ele fala de sua promessa de vingança, e sua movimentação em círculos sublinha o espaço delimitado de sua ação no raso da caatinga. A visão em plano geral o apresenta como num palco limitado, estaqueado mesmo por seus capangas imóveis (mortos-vivos). Isto projeta sobre sua figura e gesto uma sombra de fechamento, de ausência de horizontes que, em todo o desenvolvimento posterior, será reafirmada.

Quando chegamos perto de Corisco, ele assume o comando da representação; se os vaivéns da câmera contribuem para reafirmar o fechamento, a falta de saída, é ele o mestre de cerimônias, inegavelmente. A câmera na mão o segue, quase sempre, ou outras personagens, permanecendo no nível de sua experiência, como já apontei. Nos monólogos, Corisco define as coordenadas da imagem; dele depende o movimento seguinte, porque sua figura, quase como foco da narração, organiza a cena. Faz de sua reflexão um discurso direto para nós e um discurso dentro da ficção para Manuel. E não faz um discurso isolado, pois Manuel o interpela e parte para o confronto de valores com ele, numa argumentação que interage com a conversa entre Antônio das Mortes e Cego Júlio. Contando com a colaboração consentida

Deus e o diabo na terra do sol: as figuras da revolução

de Corisco, o movimento de interrogações continua, cada vez mais inserido na própria trama dos diálogos entre os protagonistas e contando, inclusive, com o mergulho do próprio cantador para dentro da cena. Cego Júlio é a nova faceta do poeta da tradição oral; sua presença, como personagem, dentro da ficção, embaralha os níveis, possibilitando a conversação entre os protagonistas e a própria figura doadora da lenda.

Na sua teatralidade, o período Manuel-cangaceiro assume o tom de um ritual de mortos-vivos, de sobreviventes de perspectivas condenadas. Se Manuel não entende bem isso e vive a nova experiência como presente efetivo que tem horizontes, Corisco assume a encenação com outro espírito: como cúmplice das forças que o condenam. Mais de uma vez, é ele quem define, pela sua própria voz, tal condição de morto-vivo. E, na metáfora das duas cabeças — uma matando, a outra pensando —, propõe seu destino como repetição de Virgulino, cujo corpo morreu, mas cujo espírito vive nele, Corisco. Sobrevivente tardio de uma prática condenada, decide levá-la até o fim. Antes mesmo que o encontro entre Antônio e Cego Júlio decrete a "cegueira" dessa forma de banditismo social, é o próprio Corisco quem representa seus limites no palco da caatinga. Seus lances mais ativos parecem mera ilustração de doutrina, exposição ritual de solução já sem consequências práticas, mas revividas em sua força simbólica numa representação que se assume como tal. Há um elogio à violência, que Corisco assume sem outro programa senão "desarrumar o arrumado". Move-se no terreno de vinganças e lealdades que, sem outra base que não a da luta pela sobrevivência, a da circunstância e a dos laços pessoais,[16] ga-

---

[16] É notável a aproximação entre o discurso sobre a figura do cangaceiro feito no filme e as observações de Eric J. Hobsbawm em *Bandits* (Nova York, Lau-

nham legitimidade através de um jogo de interpretação onde os conceitos de Bem e Mal são peças fundamentais. Corisco, ao mesmo tempo, se vê como agente do Bem, na figura do justiceiro: é São Jorge, santo do povo, contra o dragão da riqueza; e agente do Mal, na figura do condenado: no limite da indignidade maior a ele imposta, a morte pela fome, cumpre um trajeto de violência, assumindo sua tarefa destruidora em nome da justiça, mas vendo nessa tarefa a condenação de si mesmo, por uma irônica economia do destino. Nas malhas do Bem e do Mal, proclamando o avesso da ordem que combate, seu discurso fica restrito a uma circularidade que não projeta horizontes para a sua prática, instalando-se num curto-circuito de meios e fins, de negação e recuperação da perspectiva do inimigo. Exuberante em tal circularidade, Corisco percorre um trajeto onde a retórica que mobiliza para desmistificar Sebastião, o mito de Manuel, implica a desmistificação de Virgulino, seu próprio mito.

Tal como Rosa diante de Manuel, Dadá opõe-se ao discurso missionário de Corisco. Desse modo, consolida a presença, no filme, daquela visão milenar que opõe o terra a terra, a visão realista das mulheres ao comportamento visionário, aos voos heroicos das figuras masculinas. Questionando a cada oportunidade sua fé em Lampião e sua vocação justiceira, Dadá tenta trazer Corisco para a vida sem prodígios. "Escute, Cristino,

---

rel, 1969) [ed. bras., *Bandidos*, tradução de Donaldson Garschagen, São Paulo, Paz e Terra, 2015, 5ª ed.]. O modelo do "vingador" proposto pelo historiador para dar conta dessa forma de banditismo social, e suas relações com as forças da permanência ou da transformação, tem, na reflexão de *Deus e o diabo*, uma significativa antecipação, em muitos de seus aspectos. Semelhante na análise dos limites e semelhante na homenagem à rebeldia, o filme de Glauber participa do mesmo movimento de recuperação do valor histórico da memória e representações populares, afinado ao projeto de Hobsbawm em sua revisão da historiografia.

Deus e o diabo na terra do sol: as figuras da revolução

quem morre acaba..." é a sua resposta à eloquência de Corisco na evocação do duelo inevitável com Antônio e no elogio ao seu corpo fechado. "Lampião era grande mas também ficava pequeno" é a sua resposta à solicitação muda de Manuel na sequência final da longa discussão sobre "quem era maior", Sebastião ou Virgulino. Nessa discussão, vimos o modo como Corisco aceita a pequenez de Lampião, pressionado pelos outros e pela sua memória. O fundamental é que tal aceitação ocorre dentro de um processo deflagrado pelas falas dele, Corisco, desde a sua primeira intervenção. Falas que a câmera na mão observa de perto, cara a cara, interagindo com ele, tendo reconhecida sua presença. Falas diretas ao espectador, mais de uma vez. Corisco não dissimula sua própria vaidade, expõe-se por inteiro. Sua iniciativa impede que o debate do cangaço se instale à sua revelia.

Exposta a reflexão até o fim, completo o percurso de desmistificação de Sebastião e Virgulino, resta o confronto final com Antônio das Mortes. Mesmo nessa etapa de preparação para o desfecho, pertence ainda a Corisco o comando da representação. Não apenas no ritual de sua reza de corpo fechado, mas também na própria união com Rosa. É ele quem prepara a cena, coroando a atração que sempre exercera. A união Rosa-Corisco constitui uma versão deslocada da violência sexual típica do cangaceiro: Rosa, vestida de noiva, reencontra a figura masculina e, através dessa reiniciação simbólica, Corisco completa sua função de reunir o casal de camponeses: através dele, Manuel tem sua consciência liberada de Sebastião; através dele, Rosa perde o véu, recupera uma face perdida da sua experiência sexual e reencontra Manuel, para ter um filho.

Ao contrário do santo, Corisco recebe a adesão de Rosa. Ao contrário do santo, ele dialoga francamente com a câmera. Assumindo a encenação do questionamento do cangaço até o fim, ele contribui para a impostação heroica de sua morte, que cristaliza a tradição de valentia cantada pela memória popular. Ao contrário do santo, ele tem direito ao duelo franco com Antônio das Mortes, momento de plenitude do cordel.

O curto-circuito de Antônio das Mortes: infalibilidade, alienação, lucidez, melancolia

Na sucessão das fases aqui caracterizadas, acentuei um trajeto de reflexão que, nos seus elogios e desmascaramentos, definiu um movimento dominante de desautorização de messianismo e cangaço como práticas revolucionárias capazes de gerar a ordem humana justa em substituição ao poder de padres e coronéis. Sebastião e Corisco, direito e avesso de uma determinada metafísica do Bem e do Mal, veem discutidos seus méritos e equívocos na condução de sua rebeldia. Como sugere Antônio das Mortes, estão presos à "cegueira de Deus e o Diabo", sofrendo a derrota que lhes impõem o poder dos homens e os limites de sua consciência. Nesse trajeto, ficou clara a diferença entre a alienação radical do santo e a derrota consentida de Corisco, cujo elogio da violência como que o coloca em maior sintonia com as forças que comandam o destino ou a história. A análise do trabalho de câmera e da interação das personagens permitiu apontar critérios bem distintos na composição dos discursos de Sebastião e Corisco. No primeiro caso, vimos um predomínio da separação entre o discurso de Sebastião, na sua perspectiva, e o discurso sobre Sebastião, na do narrador. No segundo caso, vimos um predomínio do embaralhamento entre o discurso de Corisco e o do narrador sobre Corisco, estabelecendo-se um jogo de cumplicidade. Via de regra, Sebastião é posto em perspectiva, não tendo o direito de situar os outros elementos da representação, definindo-lhes um lugar. Ocorre o contrário quando

Deus e o diabo na terra do sol: as figuras da revolução

se trata de Corisco. Para situar melhor a diferença, é necessário incluir Antônio das Mortes nessa análise. Antônio é a figura do enigma e da eficácia. Agente infalível, é foco de um discurso sobre si mesmo que não está longe das palavras de Corisco. Propõe sua própria violência como uma espécie de eutanásia: quando indagado por que matou os beatos, afirma que não queria, mas precisava — "não posso viver descansado com essa miséria". E mais ainda do que o cangaceiro, é categórico na autoimagem como condenado, cumpridor de um destino inevitável, dentro da mesma lógica do "a gente mata e depois se mata". Se Corisco expõe suas contradições no vaivém agitado, Antônio é lacônico, misterioso na presença física e na palavra: "Não quero que ninguém entenda nada de minha pessoa; fui condenado nesse destino e tenho de cumprir sem pena e pensamento".

A forma como é introduzido no filme expressa o estatuto contraditório de sua prática. De início, é celebrado como herói: a música sinfônica conota aventura e a montagem rápida, em descontinuidade, o mostra em plena ação na caatinga, matando cangaceiros, nessa sequência, meros bandidos. Antônio entra como que em resposta aos gritos de Rosa, chamando Manuel, exasperada e dominada pelo santo. Sobre a distância que os separa no espaço diegético, prevalece essa proximidade instituída pela narração, esse atender ao chamado. Terminada essa apresentação emblemática, fora de qualquer cronologia, Antônio se insere no tempo da aventura de Manuel e Rosa: caminha pela pequena cidade, visto num plano geral, rifle na mão, capa e chapéu que escondem o corpo. A câmera o observa de longe, como sempre o fará nas caminhadas de Antônio em campo aberto. A voz do cantador só aqui assume seu papel introdutor. A canção define sua etiqueta — "matador de cangaceiro" — e, na rima com "sem santo padroeiro", sugere a figura do condenado, dentro daquela economia do destino regulada pelas coisas de Deus e do Diabo.

No seu discurso, Antônio assume tal destino, embora o faça de modo a deslocar o princípio regulador de sua própria sina. Na conversa com o coronel e o padre, ele mantém viva a sugestão do cantador: diante do pragmatismo dos contratantes, sua hesitação em aceitar a tarefa e seu ar pensativo sugerem um esforço para compreender tal conversa e suas consequências num outro plano — "é perigoso bulir com as coisas de Deus". Quando aceita e diz "Sebastião acabou", seu tom de voz, misto de potência e resignação, imprime solenidade ao momento, reforçada pela música barroca. Na segunda conversa com Cego Júlio, que ocorre sintomaticamente em Canudos, explicita de vez o sentido que vê nos seus atos dentro de uma ordem maior das coisas, uma ordem que sua consciência intui mas não explicita: "Um dia vai ter uma guerra maior nesse sertão, uma guerra grande sem a cegueira de Deus e do diabo, e pra que essa guerra comece logo, eu que já matei Sebastião vou matar Corisco e depois morrer de vez, que nós somos tudo a mesma coisa".

O diálogo entre Cego Júlio e Antônio se insere em plena discussão sobre a justiça e seus meios, desenvolvida na conversa entre Manuel e Corisco. A canção que nos remete a Antônio entra exatamente quando Corisco repete a fórmula de Sebastião, numa fala que resume sua perspectiva: "Se eu morrer, vá embora com sua mulher e por onde passar pode dizer que Corisco tava mais morto do que vivo. Virgulino morreu de vez e Corisco morreu com ele. Mas por isso mesmo precisava ficar em pé, lutando até o fim, desarrumando o arrumado. Até que o sertão vire mar e o mar vire sertão".

Antônio das Mortes leva adiante a perspectiva esboçada por Corisco e decreta o fim necessário do cangaço para que ocorra a "grande guerra". A disposição para a luta "até que o

Deus e o diabo na terra do sol: as figuras da revolução

sertão vire mar e o mar vire sertão" transforma-se numa pragmática consciência da missão preparatória daqueles que não vão chegar lá porque irremediavelmente comprometidos com a "cegueira de Deus e do Diabo". Antônio, na sua pose de condenado, reafirma a certeza da transformação pela violência e nos traz de novo as interrogações iniciais, pois a sua "grande guerra" não é outra coisa senão a passagem sertão/mar que se postula de diferentes modos no filme. Sua prática infalível atesta uma sintonia com a máquina do mundo que confere certa autoridade a suas palavras. Entretanto, dentro da dinâmica própria da lenda de *Deus e o diabo*, qual a relação entre essa infalibilidade na violência e essa certeza no discurso? Eliminada a "cegueira de Deus e do diabo", o que resta além da disponibilidade de Manuel? Como passar dessa disponibilidade à certeza da "grande guerra"?

Fizemos essas mesmas perguntas a partir da montagem da sequência final. Uma primeira análise do estilo da narração nos evidenciou uma modulação no tempo pautada pelo desequilíbrio, impregnada da ideia de crise, expressão de uma historicidade entendida como inerente à experiência humana. Reiteramos as perguntas quando se mostrou necessária uma determinação mais precisa das forças que trabalham a crise e são responsáveis por esse movimento incessante do real. Tudo no filme sugere que há um princípio de justiça movendo as consciências e impelindo os oprimidos à ação. A análise da interação das vozes e estilos nos revelou que, no processo de negação da pobreza e da fome, a opção pela violência é privilegiada diante da opção pela reza no caminho da realização desse princípio. Se messianismo e cangaço são sugeridos como formas simétricas de falsa consciência, há no representante do cangaço uma integridade e uma sintonia com o andamento do mundo que conferem maior legitimidade à sua figura. A proposta que traz é assumida, não só como aquela que vem depois no trajeto de Manuel, mas como um avanço em relação ao engajamento messiânico de Sebastião. Se tenho assumido que o filme se organiza em fases, vemos aqui o quanto essa noção pode ser tomada em sentido bem estrito. O movimento de uma parte à outra do filme não é apenas cronológico, mas define uma lógica de aproximação à lucidez transformadora: há um processo e suas fases no andamento do filme. Há também um *télos* decretado, um *télos* que orienta o processo e faz de cada movimento um passo necessário na sua direção.

Nesse sentido, o salto final é uma extrapolação que se imagina sustentada nessa curva ascendente, nessa fatia de processo exposta ao nosso olhar direto. Eis a pré-revolução; a revolução vem depois, e necessariamente depois. Isto diz Antônio das Mortes, que pensa prepará-la. Isto confirmam as imagens e cantos finais, que a profetizam. Se o *télos* é decretado, se a revolução é profecia, qual o papel dessa fatia de processo na lição desse filme? Que ordem das coisas aí se demonstra e que espaço de liberdade aí se insinua para que a noção de processo não seja senão outro nome para a ideia de destino?

Vejamos o mecanismo das rupturas, a configuração dos movimentos decisivos na trama de *Deus e o diabo*.

A teleologia de *Deus e o diabo*: duplo movimento

A palavra do cantador, aqui e ali, sugere a ideia de destino. Nos seus versos, a fórmula "pelo sim, pelo não", se repete, a referência a Antônio das Mortes como condenado se reitera e deles vem a certeza do sertão virar mar. No entanto, nem tudo é sua voz na narração e nem sempre ela segue esse mesmo diapa-

Deus e o diabo na terra do sol: as figuras da revolução

são. Na sequência inicial, o cantador sugere o destino, pelo modo como antecipa o caráter especial do encontro entre Manuel e Sebastião: o santo "entra" na vida deles, sem que, na perspectiva do cantador, eles tenham feito algo para isso. No entanto, a evolução dos acontecimentos nos mostra como a revolta do vaqueiro cria as condições para a sua adesão. Para que ela se dê, há na verdade uma convergência precisa de fatores e toda a primeira parte do filme representa sinteticamente essa convergência.

Há uma série de dados que são suficientes para constituir um quadro de referência: as condições sociais e materiais de vida e de trabalho; a consciência visionária de Manuel, reiterada desde sua primeira fala e expressa na disposição para esperar o milagre; a desesperança de Rosa, que não interrompe sua rotina de trabalho frente à nova de Sebastião; a aspiração de Manuel pela posse da terra, o que lhe permitiria ser dono de sua própria colheita. Dentro desse quadro, a revolta do vaqueiro no confronto com o coronel resulta de uma acumulação de motivos perfeitamente explicáveis pela sua experiência dentro da realidade social em que vive. É na interação humana que ele se vê negado pela exploração econômica e pela autoridade política do coronel. A ordem vigente está ao lado deste, que pode arbitrariamente roubar e destruir qualquer possibilidade de Manuel realizar suas aspirações. A acumulação é um direito exclusivo do proprietário de terras.

A reação violenta do vaqueiro ganha, portanto, pleno sentido a partir de sua relação com o poder dos homens. Para entendê-la, precisamos apenas admitir que há em Manuel uma certa noção de direito, uma aspiração de justiça, mesmo que elementar, cristalizada na ideia de cumprimento correto de um acordo. Manuel age movido pelo logro evidente e pela frustração de uma esperança bem definida: a compra de terras. Não demonstra, no entanto, maior lucidez frente aos mecanismos menos evidentes e mais estruturais aos quais sucumbe — não questiona as próprias condições injustas do acordo, exige apenas o seu cumprimento, tal como combinado pessoa a pessoa. Porque não revela tal compreensão estrutural de sua adversidade, apela para a intervenção de entidades metafísicas para explicar as raízes e consequências de sua ação. A presença de Sebastião na vizinhança da revolta permitiria a nós até uma leitura psicológica, que sugeriria uma relação de causalidade entre os fatos, no plano natural, uma vez que ela poderia ser vista como fonte de uma disposição que Manuel não teria se não tivesse visto em Sebastião uma esperança. Do ponto de vista do vaqueiro, a relação entre os fatos é proposta num nível diferente. No seu esquema de interpretação, atribui a tragédia que sobre ele se abate a um plano divino que exige a sua adesão ao santo. Do ponto de vista prático, essa adesão participa de outro sistema de encaixes, na medida em que tem uma função imediata de segurança diante da perseguição, ao mesmo tempo em que aplaca a consciência de culpa de Manuel.

Na palavra do cantador, tal como na consciência do vaqueiro, essa convergência de fatores é assumida como destino. No entanto, a autoridade dessa palavra permanece ambígua, não só porque ela nada avança sobre as forças da fatalidade que estariam aí expressas, mas principalmente porque imagem e som mostram uma situação que, em princípio, dispensaria o recurso a estratagemas invisíveis para ganhar sentido. Resta, como foco maior dessa ambiguidade, a presença providencial de Sebastião, que oferece a Manuel a opção para a qual sua consciência está preparada no momento certo. Inegavelmente, é a disposição do narrador que traz Sebastião a Manuel, mas é necessário que o vaqueiro faça a sua parte, num ato não sem motivo, para que Sebastião se transforme num advento na sua vida e a palavra antecipatória se cumpra. Tudo se põe em movimento em função

Deus e o diabo na terra do sol: as figuras da revolução

dessa coincidência ou cumplicidade, concretizando a primeira grande ruptura do filme.

Na segunda ruptura, a intervenção de Antônio, também invasora frente ao mundo de Monte Santo, coincide com a explosão de Rosa (já apontei como a própria apresentação de Antônio ganhara a conotação de resposta ao chamado de Rosa num momento anterior). Essa explosão, tal como a primeira revolta de Manuel, é resultado de uma interação humana perfeitamente inteligível em seus motivos e claramente explicável pelo desenvolvimento interno da situação que envolve Rosa, Manuel e Sebastião. Ao matar o santo, ela não o faz como quem cumpre um desígnio transcendente, mas age em seu próprio nome e para eliminar alguém que a nega e reprime.

Por sua vez, a intervenção de Antônio, em si, já carrega certa ambiguidade. Aceitou a tarefa sob pagamento, mas já salientei o ar de mistério com que ele próprio cerca a combinação com o padre. O caráter simbólico de sua figura ganha maior evidência exatamente na consumação do massacre: Antônio das Mortes não é um; ele se multiplica na imagem como um símbolo das forças repressoras, dissolvendo-se como personagem-pessoa atada a interesses materiais imediatos.

A interrogação maior, entretanto, vem da carga de sugestões contida nessa coincidência, precisa em todas as passagens, entre a violência de Rosa e a do próprio Antônio, numa cumplicidade que ganha expressão na cruz formada pela sombra do rifle e o punhal nas mãos de Rosa, como que selando um encontro marcado.

Repete-se, nessa convergência, algo já ocorrido na primeira ruptura. Disposições exteriores e a ação das personagens produzem, coordenadamente, a reviravolta que os lança numa nova fase do processo. A transformação, sempre pronta a se insinuar nas brechas do tempo de *Deus e o diabo*, afirma-se como fruto dessa sintonia entre o transbordamento de uma exasperação, que é, humanamente, da personagem, e a disposição global dos eventos. Se quisermos falar em destino, ele está nessa sintonia (que marca uma cumplicidade implícita), onde determinadas forças prefiguram o quadro em que a personagem, inconsciente dos estratagemas montados a seu redor e movida por razões que são suas, atua na hora certa e acaba participando ativamente do processo, em última instância, controlado por esses estratagemas. Tudo parece cumprir uma finalidade que permanece impensável para Manuel e Rosa — entretidos que estão na tarefa de viver e pensar a sua experiência dentro dos seus limites — e opaca, embora sensível, para o espectador. Tal finalidade não se afirma do modo que Manuel supõe ao tomar Sebastião como enviado de Deus. Porém, o jogo de encaixes é suficientemente preciso para que a disposição dos fatos assuma ostensivamente a forma da finalidade, ofereça um arranjo que é conforme aquilo que tem fim, abrindo espaço para que se admita a presença de um comando do destino na composição de cada situação particular em seus detalhes.

Após o massacre, o primeiro diálogo entre Cego Júlio e Antônio, no cruzamento dos caminhos conforme recomenda o esquema trágico, fornece alguns comentários sobre o arranjo engendrado nessa passagem da fábula. Antônio diz que deixou Manuel e Rosa vivos para contar a história. Ao fazê-lo, deixa em aberto o uso de tal comentário como pista falsa, mas o fato de enunciá-lo lança mais decisivamente sobre Antônio a suspeita de que ele intui e aceita colaborar com uma ordem maior das coisas, ordem definidora do papel e do destino particular de cada personagem. É notável que esse comentário seja feito justamente no diálogo com o Cego Júlio (projeção para dentro da diegese da figura do cantador), transformando Manuel e Rosa em instrumentos da continuidade de sua própria lenda, bastiões

Deus e o diabo na terra do sol: as figuras da revolução

de uma tradição oral presente na ficção e na própria organização do filme, como um dos focos da narração. A insinuação de Antônio atinge o próprio nível em que tudo se engendra. Sem retirar sua palavra do imaginário a que pertence, dá a referência de como se constitui esse imaginário, pois a história que há para contar é a que se projeta na tela, e a sua lenda não é outra senão a desse filme se fazendo diante de nós. Se é próprio a certas narrativas organizarem-se dentro de uma rigorosa teleologia, *Deus e o diabo* passa, de forma crescente, a dispor seus elementos de modo a confessar tal condição e comentá-la enquanto a cumpre.

No encontro e na adesão a Corisco, há um novo sistema de encaixe. Enquanto vemos, na imagem, a figura do Cego Júlio conduzindo o casal, a canção anuncia a continuidade da aventura e introduz Corisco. Manuel chega até o cangaceiro por obra do cego, mas essa intervenção direta não impede que a sua entrada para o cangaço se dê também em função de uma decisão sua, pessoal a partir de uma razão muito clara: adere ao cangaço para vingar o seu santo Sebastião. Considera-se preparado para assumir a violência, mas sua relação com Corisco resulta problemática, dada sua fidelidade à consciência de beato. Nas discussões, ele cumpre novo trajeto, onde sua ação segue um desígnio de uma teleologia ainda opaca e sua consciência imagina outro, calcado na metafísica a ser desautorizada. À sua revelia, Manuel completa a curva e emerge de seu mergulho messiânico, voltando para junto de Rosa, para aceitar os termos terra a terra de sua mulher. No final, completa-se um sutil deslocamento, pelo qual Manuel e Rosa sofrem um alheamento maior frente às sequências decisivas da fábula. Se estão presentes até o fim ao lado de Corisco, sua sobrevivência é determinada pela vontade de Antônio: "Não matei de uma vez, não mato de outra", diz ao cego. Definida a disposição do casal para um reinício de vida, tema do último diálogo, o que domina a sequência onde se insere esse diálogo é a preparação de Corisco para o duelo com Antônio. Na sequência final, o fato histórico, ou seja, o fato relevante para a ordem maior, é esse duelo — não há, inclusive, referência a Manuel e Rosa na canção. A sobrevivência do casal traz uma abertura que, na sua consciência, se define como recuperação de laços naturais imediatos, sem missões transcendentes. Esse é o futuro que se abre no nível de sua experiência: a liberação frente a Sebastião e Corisco é o triunfo do terra a terra de Rosa, para viver e ter um filho.

Se o Manuel do início do filme é o agente direto da primeira ruptura e é capaz da revolta, esse Manuel, prestes a correr, está minimizado em sua iniciativa. Enquanto Antônio elimina Corisco, o que resta a Manuel é dispor da boa vontade desse agente da "ordem maior" e sobreviver. Corisco morre e aceita o sacrifício inevitável, ganhando força na medida em que consente na representação do ritual de sua própria derrota. Antônio das Mortes, força maior e infalível, tem a iniciativa absoluta, mas a custo de anular qualquer perspectiva para si próprio, reconhecendo-se como agente condenado do destino.

Na verdade, nos esquemas da narrativa, na ação dos agentes e na consciência das personagens não se representa um homem que faz história, não se configura um mundo centrado no projeto humano capaz de assumir as rédeas do seu próprio caminho. O trajeto da narração, em termos das determinações que propõe, desloca-se para afirmar o oposto: das ambiguidades iniciais, passamos a uma definição explícita do comando de uma teleologia onde a ação humana consuma projetos que não são seus. Num primeiro momento, essa teleologia se representa na forma da sugestão, pela voz do cantador e pela disposição dos fatos, mas fica reservada ainda certa iniciativa a Manuel e Rosa; a determinação é dupla. Num segundo momento, os encontros de Cego Júlio e Antônio das Mortes, duas figuras-chave nos es-

Deus e o diabo na terra do sol: as figuras da revolução

tratagemas, tornam mais explícito o esquema teleológico. Elementos internos à própria ficção se reconhecem enquanto seus cúmplices ou agentes diretos. Mesmo Corisco, na fala e no estilo teatral de representação, já demonstra intuição de seu lugar na ordem maior. Por isso mesmo ele pode organizar a cena. E, inegavelmente, é Antônio das Mortes quem concentra em si o trabalho pesado dessa explicitação: na infalibilidade de sua violência, consuma o esquema; na palavra reveladora, evoca o termo final que define o movimento de tudo: "A grande guerra sem a cegueira de Deus e do diabo". Além disso, promove também, no seu próprio comportamento, a passagem da teleologia implícita à teleologia explícita. Quando mata os beatos, está a mando dos poderosos em acordo sacramentado pelo código deles — o do dinheiro. No entanto, sua atitude enigmática deixa a sugestão da existência de outras determinações mais fundamentais e não nomeadas. No duelo com Corisco, não há mais nenhuma referência a interesses imediatos. Matar cangaceiros é sua sina, e é só. Pela palavra, ele confessa seu compromisso com o futuro, dentro da lógica que leva à "grande guerra", cujo preparo é a única determinação presente na sua ação.

O que se afirma nesse desenvolvimento geral e, em particular, no percurso de Antônio é a especificação cada vez mais nítida de que o andamento das coisas não é determinado pelos homens. Marca-se a presença cada vez mais acentuada de vozes que propõem um rigoroso determinismo cujo foco está radicalmente fora das personagens, consciências totalmente alheias ou apenas capazes de intuir, em maior ou menor grau, sua missão dentro da ordem maior, sem a possibilidade de explicá-la ou identificar suas raízes. Quem melhor do que Antônio das Mortes professa tal desencanto radical em sua melancolia?

Entre o passado e o futuro,
a brecha do presente:
a profecia e sua lógica

Cumpridos vários trajetos de análise, evidencia-se a coexistência de dois movimentos no interior do filme. Questiona-se uma metafísica, seu direito e seu avesso, em nome da liberação do homem-sujeito da história, *télos* afirmado de múltiplas formas. Ao mesmo tempo, esse questionamento está sobreposto à gradativa afirmação de uma ordem maior que comanda o destino dos homens e dá sentido a suas ações; exterior às personagens, o foco das determinações é transcendente.

Tal coexistência é *sui generis*, pois não se desenvolve através de caminhos paralelos, mas através de uma interdependência fundamental: quem consuma o movimento de liberação e afirma os valores do humanismo (do homem desalienado) é o agente da ordem maior, é o ser que se afirma como condenado pelo destino, sem escolha; figura, portanto, da alienação, nos termos do humanismo. E, no final, quem proclama que "a terra é do homem" é a voz do cantador, foco de sugestões inversas ao longo do filme.

Resulta dessa interdependência um percurso libertador engendrado, não pelo homem, mas pelo destino, seja esse o nome da ordem maior; um destino que trabalha para a conclusão de que o homem é o sujeito da história. Antônio das Mortes, encarnando o curto-circuito da alienação-lucidez, constitui o nó desses dois movimentos, onde a história se põe no caminho certo através das figuras da alienação, e assim o faz como expressão de uma necessidade: a história-destino caminha através dessas figuras, e não apesar delas, eis o dado fundamental. Elas são elos

Deus e o diabo na terra do sol: as figuras da revolução

essenciais no processo e, por aí, compõe-se o tecido mesmo da história... e sua astúcia.[17] A ação repressora de Antônio não é, dentro dessa lógica, um *apesar*, mas um *através* no caminho da liberação. Ao lado do anseio de justiça, a violência precisa ser afirmada como mola propulsora decisiva do movimento histórico. Mesmo em nome da reação, ela exerceria papel contraditório: cada ato repressor dá novo impulso à formação de uma consciência genuinamente revolucionária.

Dentro desses princípios, a função dessa fatia de processo na lição dada é justamente recuperar os caminhos de uma reivindicação de justiça e de uma tradição de violência que pertencem ao movimento interno da história do sertão. Pois, pela própria organização do filme, o sertão é o mundo. O mar é instância do imaginário, visão do paraíso. Transformando esse sertão-mundo em palco de uma representação, *Deus e o diabo* refaz de modo mais estruturado os percursos de *Barravento* e cria, a partir dos espaços abertos — Monte Santo e caatinga —, um cenário teatral: configura uma totalidade fechada, lugar imaginário de um ritual que recupera o passado na forma da lenda. Nesse cenário, movem-se as peças do jogo que se assemelha ao esquema clássico da tragédia, combinando *pathos* do herói e co-

---

[17] Uso esse termo para aproximar os estratagemas elaborados em *Deus e o diabo* e as reflexões de Hegel sobre o papel do herói e das determinações particulares dentro do movimento racional da história universal. Movimento, segundo Hegel, muitas vezes opaco e inacessível à consciência dos agentes que, à sua revelia, se põem como instrumento da necessidade, do fim da Razão. Hegel fala na "astúcia da Razão" que faz atuar, em seu lugar, as paixões, exatamente no terreno (do particular) onde é derrotado, sacrificado, aquele elemento mesmo que ela usa para se afirmar. Tomo como base o seu livro *Filosofía de la historia*, Barcelona, Zeus, 1970, pp. 53-62.

mentário, mas se distancia dele pela heterogeneidade de suas mediações, ressaltada a intervenção direta do cantador. Essa intervenção imprime uma impostação ao relato afinada em relação à postura épica do narrador oral que dispõe os fatos e visa ao conselho. Dentro do filme, os estratagemas do mundo e a movimentação dos heróis se ajustam conforme a tradição cavalheiresca enraizada na memória popular. A lenda se compõe como recapitulação exemplar, enquanto *discurso sobre* as revoltas camponesas, de um processo histórico que essa recapitulação entende como propedêutico, contendo dentro de si esse movimento em direção à "grande guerra", movimento essencial, subterrâneo, que é a tarefa da recapitulação tornar sensível.

Nesse "tornar sensível", o sertão se organiza como cosmos: é o seu próprio movimento que deve abrigar as forças essenciais que engendram o futuro. Se há uma convocação para a luta no presente, o filme a propõe como apoiada nessa tradição de violência: a rebeldia não se inaugura, dá apenas continuidade à luta celebrada pela lenda. Se há um conceito de necessidade histórica comandando a eliminação da face alienada dessa tradição, esse conceito se faz presente transfigurado na ideia de destino, forma da necessidade num discurso que procura homogeneidade com a tradição oral. No entanto, como existem limites nessa procura de homogeneidade e como, no filme, o cordel é imitação, ele interage com outras instâncias, de modo a complicar o encaixe de suas perspectivas diante do passado. A representação das revoltas camponesas — recuperação primeira — se efetiva numa forma que é foco de uma recuperação segunda, a do cordel enquanto poesia narrativa. Nesse movimento, tudo se passa como se a eficácia da lição obedecesse ao mesmo imperativo proposto para a própria convocação da luta: o chamado à consciência deve se dar num estilo que dá continuidade à forma popular de resistência cultural consagrada pela tradição.

Deus e o diabo na terra do sol: as figuras da revolução

Mas entre a poesia popular e a perspectiva do filme existe uma brecha. O veículo da representação é outro e há uma vertente progressista dentro do discurso que polemiza com a tradição e parte dos mitos para inseri-los num processo de transformação, denunciando seus limites, sua humanidade. A recapitulação de messianismo e cangaço tem em comum com a memória coletiva esse movimento de recuperar o passado e seus heróis, para impedir seu desgaste e sua morte pelo tempo, para ressaltar sua dignidade. Mas, enquanto o cordel tende a projetar os seus heróis na eternidade como figuras exemplares que escapam à decadência do mundo, *Deus e o diabo* projeta esses mesmos heróis numa temporalidade marcada pelo movimento incontido, pelas necessidades históricas que decretam a morte de uns e outros como essencial para o progresso dos homens e para a realização do princípio de justiça.

O filme possui um tom de ritual, é inegável. No entanto, esse ritual não se faz para evocar o gesto inaugural, a ação exemplar a ser atualizada num presente que é ponto de uma vivência mergulhada no tempo cíclico e dotada de sentido na medida em que o mundo se fecha e, no fim, encontra a origem, numa eterna repetição do mesmo. *Deus e o diabo* ocupa-se do passado para caracterizá-lo como perecível, ao mesmo tempo que o dignifica como aquela travessia que torna possível a corrida em direção ao *télos*. Seus rituais definem uma fatia de processo e cada fase, como passo necessário, recebe uma representação oblíqua para não se repetir porque prevalece no filme a não aceitação do dado a partir do dado.

Nessa perspectiva, há um tempo adequado a cada gesto, e a maior virtude do herói é o reconhecimento do aspecto progressista de sua própria destruição e morte, pois, na sua própria essência, ele traz a marca de seus comprometimentos com o que deve ser destruído. Nesse sentido, louve-se a intuição de Antônio das Mortes, herói infalível e melancólico porque consciente de seu fim. E entenda-se a sobrevivência de Manuel e Rosa, pois, diante de Sebastião e Corisco, não era chegado ainda o momento de seu gesto definitivo. A iniciativa maior dentro da lenda pertencera sempre a Antônio, e o papel do casal nesse contexto foi, mais do que tudo, sofrer a lógica de um processo cujo horizonte maior foi sempre definido por outras instâncias. Em *Deus e o diabo*, Manuel não se libera do mergulho messiânico; é liberado. Não está ainda no centro de sua própria trajetória.[18]

---

[18] No nível da interação entre as personagens e do desenvolvimento geral das ações, Jean-Claude Bernardet já apontou essa condição de Manuel, propondo uma explicação de caráter genético que nos remete à condição de classe do autor do filme. Discutir em profundidade a leitura de Jean-Claude nos levaria a uma sociologia do Cinema Novo, o que não é objetivo deste trabalho. Esclareço apenas uma diferença de princípio existente entre a leitura alegórica de Jean-Claude e a minha, que, afinal, tem a dele como ponto de apoio na definição de algumas questões. O eixo de sua leitura é a homologia estabelecida entre a estrutura de relações de classe própria à sociedade brasileira de 1963-64 e a estrutura de relações entre as personagens. Na correspondência dos termos, Antônio das Mortes, figura da contradição na linha que demarca a oposição opressor-oprimido, é a "classe média" (ou o intelectual que pertence à sua fração mais progressista). As discussões até hoje se concentraram no terreno da própria noção — classe média — e seu uso no livro de Jean-Claude, *Brasil em tempo de cinema*. Minha interrogação se endereça aos próprios termos da homologia no seu conjunto: é difícil construir a relação termo a termo entre as figuras da alegoria de *Deus e o diabo*, onde o sertão é o mundo, e os agentes fundamentais do jogo político cujo cenário é a sociedade brasileira como um todo. A oposição opressor-oprimido é dado forte que marca equivalências, mas é muito genérica para permitir leitura tão definida quanto a quem (dentro do filme) representa o quê (fora do filme). A totalidade fechada do sertão-mundo não representa a história de modo a figurar estratégias de classe do presente; diversamente, representa-a como o desenrolar de uma teleologia que, no salto passado-futuro, se põe a caminho através de agentes que condensam em si traços e poderes não redutíveis à conformação desta ou daquela classe social, no-

Deus e o diabo na terra do sol: as figuras da revolução

O gesto que limpa o terreno não é seu e Manuel vive porque, no final, ainda é disponibilidade. Sua corrida figura um presente que é pura indeterminação e não se caracteriza senão como instante que recebe esse sopro do passado e tende a lhe dar novo impulso, pois o futuro reserva necessariamente o encontro com o mar. A consumação do *télos* é um *pressuposto*, embora permaneça indefinida sua forma particular de realização.

Na ascensão da consciência rumo à lucidez que vê no próprio homem a origem, meio e fim da práxis, o termo final não se concretiza no filme; a liberação das personagens não se mostra até o fim, elo por elo. Porque é exatamente isto, ou seja, a lacuna, o essencial. É dela que se alimenta a força da teleologia: não se trata de encadear na horizontal o andamento do processo em todos os seus passos até o termo final; trata-se de, pelo delineamento de um esquema geral, indicar como messianismo e cangaço, na sua disposição de luta, prefiguram a revolução, *télos* que virá preencher o sentido deles e revelar sua verdadeira significação na ordem maior das coisas.[19] A esperança, na forma da

---

tadamente Antônio das Mortes. Há algo de incomensurável entre esta figura de *Deus e o diabo* e a ideia de que ela representa uma força social definida no seio da sociedade brasileira. Quanto à "classe média", ela não é o agente histórico por excelência, muito menos infalível. Jean-Claude sabe disso e torna sua análise mais complexa por um movimento contrário, que faz de Antônio das Mortes o espelho, não de condições objetivas de classe, mas de uma autoidealização contraditória própria a um grupo intelectual que oscila entre o ufanismo messiânico e a má consciência. Aqui, a psicanálise — talvez a dimensão mais fecunda das intuições de Jean-Claude frente a Antônio das Mortes — se combina à matriz sociológica; o encaixe entre elas, no entanto, é problemático.

[19] Aqui temos uma estrutura que nos remete ao esquema figural-cristão explicado por Auerbach, movimento de interpretação que define o lugar e a significação do fato histórico a partir de relações verticais: dois fatos distantes no tempo

profecia, afirma-se então nesse hiato, entre a corrida na caatinga e o salto da narração para o mar. A descontinuidade situa a certeza revolucionária na escala do universal (o homem), postulando uma vocação humana para a liberdade através, e não apesar, da experiência particular de Manuel, que não chega lá. Tudo em *Deus e o diabo* recusa a possibilidade de se pensar a senda perdida. O poder de redenção de sua teleologia é radical.

Em sua representação da dinâmica do mundo, a narração conjuga no passado ou no futuro, saltando da gênese, não tão remota, para o apocalipse, declarado urgente. Sua visão "epocal"[20] da história deixa uma fenda que separa radicalmente o antes e o depois, o reino da necessidade e o reino da liberdade.

No seu movimento contraditório, o filme configura um processo social que, *de fato*, caminha como realização de um destino, enquanto que, *de direito*, o recado explícito das vozes outorga à humanidade a condição de sujeito. De qualquer modo, o fundamental é a transformação, nele assumida como um pressuposto, não importa o seu foco. Pelo direito e pelo avesso, sopro do destino ou da práxis, são onipresentes os ventos da história. É sensível sua modulação, pela violência, e existe uma certeza quanto à sua direção dominante.

Se quisermos a indagação radical, podemos interpelar: dado que esses ventos são onipresentes, quem ou o quê os impele?

---

são relacionados de modo a fazer de um a prefiguração, o anúncio, e do outro o preenchimento, o cumprimento da profecia, realizando assim o processo teleológico. O peculiar em *Deus e o diabo* é que o elemento suporte de tal teleologia (no caso cristão, o Plano Divino) permanece ambíguo, face ao duplo movimento aqui caracterizado.

[20] O termo "epocal" é aqui assumido na acepção de origem cristã, exposta por Robert G. Collingwood em seu livro *A ideia de história*, Lisboa, Presença, s.d., pp. 81-90.

Deus e o diabo na terra do sol: as figuras da revolução

Isto seria perguntar pelo mecanismo, seria exigir a determinação precisa da causalidade, o que implica solicitar outra lição que não a desse filme. Seu terreno, já defini: é o da teleologia. Sua característica, a interação de enunciados que torna ambíguo o princípio último que move os processos. Seu ponto decisivo de estrutura é o da lacuna do presente como estratégia maior da retórica da ambivalência. E, na sua teleologia, a expressão do desejo prevalece sobre as explicações da ciência social, a fórmula da esperança se reitera como um canto que antecipa a consumação do *télos*.

Representação sintética de um amplo movimento da consciência rebelde, *Deus e o diabo* se afasta da análise da particularidade de um momento histórico específico e, em especial, da particularidade do contexto imediato que cerca a sua produção. Não é da análise de um momento, e de sua dinâmica interna, que deduz a historicidade do real. Pelo contrário, encontra a sua noção de história na transformação do presente em um ponto não representado de uma trajetória que tem direção certa rumo a um fim pressuposto. Recua no tempo para retomar as prefigurações do passado; procura a visão em retrospectiva para afirmar sua certeza. Ao mesmo tempo, não traz uma resposta definida quanto ao saber que sustenta essa certeza porque as mediações presentes na sua narração marcam a convivência de diferentes esquemas de interpretação da experiência humana no tempo. De um lado, assume a fórmula didática do conselho; de outro, descentra o foco de sua lição, afastando-se do filme-receita que fornece "modelos para a ação". Sua estrutura alegórica parece simplificar, mas, no fundo, torna complexa a reflexão sobre o sentido das revoltas camponesas e suas formas de consciência.

Cristalizando um projeto estético-ideológico valorizador da representação folclórica, enquanto foco de resistência cultural e *logos* onde se engendra a identidade nacional, empenhado na transformação da sociedade e valorizando, nesse empenho, uma visão dialética da história, o filme de Glauber se recusa a descartar a representação construída pelas classes dominadas e, ao mesmo tempo, procura questionar, por dentro, a face tradicionalista dessa representação em nome da história.[21]

O Cinema Novo, de modos distintos, enfrentou essa tarefa de trabalhar a tradição popular e, dentro dessa matriz identificadora, examinar criticamente a realidade social de modo a evidenciar a necessidade da prática transformadora. *Deus e o diabo na terra do sol* é, nesse sentido, um filme-chave porque incorpora a sua própria estrutura interna, expondo, francamente, os problemas e contradições dessa proposta. Extrai dessas contradições sua força maior porque, no seu impulso totalizador, tem a lucidez de evitar o puro elogio romântico ao popular como fonte de toda sabedoria, ao mesmo tempo em que desautoriza a redução iluminista, etnocêntrica, que vê nas representações do mundo rural a figura da superstição inconsequente, da disposição irracional, do puro arcaísmo superado pelo racionalismo burguês e sua matriz do progresso.

Caminhando num terreno de impasses, enquanto visão da história, *Deus e o diabo* totaliza, reafirma a certeza da salvação com base numa teleologia que dá sentido a toda a experiência passada como fases de um processo; no entanto, suas contradições não fazem dessa armação teleológica, de tipo figural-cris-

---

[21] Ao falar em "feição tradicionalista", não estou pressupondo imutabilidade do folclore; indico apenas o papel-chave de "elementos consagrados" na sua produção. Na minha formulação final, empresto o comentário de José Miguel Wisnik sobre a polaridade romântico-iluminista, comentário feito em sua intervenção no colóquio sobre "Cultura Popular" realizado no Encontro da Sociedade Brasileira para o Progresso da Ciência (SBPC), São Paulo, julho de 1978.

Deus e o diabo na terra do sol: as figuras da revolução

tão, uma resolução fechada onde a revelação — que, a princípio, se entendeu como marxista — se desenhe em contornos nítidos. No filme de Glauber, a alegoria antiga, didática, totalizadora, se vê invadida pela alegoria no sentido moderno, figura do dilaceramento.

Capítulo 4

Contraponto II:
O cangaceiro,
ou o bandido social como espetáculo

O modelo do western,
o imaginário nacional, a elegia do cangaço

No que talvez seja o mais brilhante ensaio escrito na ocasião das primeiras discussões sobre *Deus e o diabo*, "Dialética da violência", Luís Carlos Maciel faz uma aproximação entre o filme de Glauber Rocha e o *western*. Aponta o traço comum de um tratamento substantivo da violência como parte da natureza humana, atributo essencial e decisivo. Como ele sugere, há no *western* uma metafísica da violência, na base de sua mitologia e no confronto maniqueísta entre vilões e heróis. Em contraposição, *Deus e o diabo* apresenta uma dialética da violência que subverte os princípios da metafísica do *western*. Essa dialética se constrói pela representação da violência como componente de um processo social concreto, "condicionada historicamente e determinada pela perspectiva fundamental da alterabilidade".[1]

Essa última formulação não lhe era exclusiva em 1965, mas recebeu, no seu texto, a expressão mais clara. Dentro do meu percurso, incluí uma retomada dessa interpretação, pois cami-

---

[1] Luís Carlos Maciel, "Dialética da violência", em Glauber Rocha e outros, *Deus e o diabo na terra do sol*, Rio de Janeiro, Civilização Brasileira, 1965, p. 208.

nhei na mesma direção quando analisei o papel da violência na representação da história proposta pelo filme. Retomo, agora, a comparação com o *western*, salientando novos aspectos dessa diferença de postura no interior das semelhanças que nos levam de Glauber a John Ford. Os deslocamentos em amplos espaços, a paisagem rude e quase desértica, a perseguição implacável, a violência grupal e os duelos de feição cavalheiresca constituem matéria comum, o que não surpreende, tendo em vista a semelhança de origem que marca *Deus e o diabo* e a mitologia do *western*: o imaginário das lendas e baladas populares. Este é elaborado, em grande parte, a partir de uma experiência social marcada pela presença do banditismo rural, corolário às disputas de terra e à violência de jagunços e pistoleiros ligados aos grandes criadores de gado. Se existe, a partir dessas matrizes semelhantes, uma enorme distância entre a representação de *Deus e o diabo* e a do gênero de Hollywood, um dos aspectos que me interessa nessa distância é a diferença de postura diante da história.

Via de regra, o *western* clássico apropriou-se do imaginário ligado à experiência histórica das regiões de fronteira no século XIX, de modo a construir uma epopeia do processo civilizador, transfiguração ideológica que recobre o violento processo de acumulação capitalista na América, numa expansão que, econômica e geograficamente, teve sua expressão mais nítida na construção das estradas de ferro.

Na epopeia dos trilhos, na conquista das terras indígenas ou na implantação agrícola que põe fim ao império dos pastos livres dos criadores de gado, o *western* construiu um universo radicalmente polarizado. De um lado, as forças da permanência; de outro, as forças do progresso, responsáveis pela estabilização e pela imposição de uma ordem social que se respeita. Vitoriosas essas últimas, o imaginário do *western* promove, *a posteriori*, um reviver do mundo arcaico, do qual estamos separa-

O cangaceiro, ou o bandido social como espetáculo

dos, mundo que encarnou a idade heroica de preparação de um presente que é o lugar da justiça, da estabilidade e do bem-estar social, em suma, da civilização. Superposta a essa moldagem do tempo, prevalece, no gênero, a impostação dos conflitos como um duelo renovado entre vilões e heróis, onde, de um lado, tudo é mau e gera a desordem, a injustiça, e, de outro, tudo é bom e serve à ordem, à convivência pacífica de cidadãos amparados numa ordem jurídica inconteste. No limite, tal conflito particular, situado num contexto que tem referente histórico, é elaborado como ocasião para o confronto metafísico de princípios eternos — do Bem e do Mal, conforme o tradicional esquema maniqueísta.

Deus e o diabo vira tal esquema ao avesso e representa o conflito e a violência dentro de outra concepção da necessidade histórica. Ao traçar o percurso das formas de consciência correlatas a diferentes formas de rebeldia, supera o tipo de racionalidade própria ao *western* — a do processo civilizador — e expõe os interesses concretos que estão na raiz da práxis humana, propondo uma visão de passado e presente como contextos homogeneamente alienadores, focos estruturais de injustiça, diante dos quais a violência do oprimido ganha legitimidade como forma de resposta à violência institucional, muitas vezes invisível. Não se pauta, portanto, pela dicotomia civilização (universo urbanizado, progresso, ciência) *versus* barbárie (universo rural isolado, imobilidade, superstição), não privilegia os imperativos da ordem e não se entrega à condenação abstrata da violência dos fora da lei como figura do Mal.

Se a comparação com o *western* traz mais elementos para a caracterização do gesto de Glauber, nessa mesma ordem de ideias existe o termo de comparação mais próximo, inserido no processo do cinema brasileiro. Ele não poderia ser outro que não *O cangaceiro,* de Lima Barreto, filme produzido pela Vera

Cruz em 1952-53. Sua afinidade com o *western*, de um lado, e seu envolvimento com a temática nacional, de outro, formam o referencial mais adequado para as considerações que pretendo fazer. Falei em matriz do progresso e num certo tipo de racionalidade, adjetivada de burguesa. Se combinarmos o que isso recobre, no plano do próprio cinema — condições de produção, mentalidade, estilo — e no plano da temática nacional — sertão e cangaço —, *O cangaceiro* nos fornece uma amostra significativa daquilo que pode resultar. Há entre ele e o filme de Glauber um certo percurso do gênero "cangaço" no cinema brasileiro, cristalizado num conjunto de filmes basicamente preocupados em transformar essa forma de banditismo social, e seus traços peculiares, em matéria-prima para a confecção de um imaginário nacional, ajustado a uma noção dominante de filme de aventuras. Deixo de lado esse trajeto de anos e retomo aqui o filme mais célebre, verdadeira matriz do gênero, pela competência.

O cangaceiro é considerado o típico *northeastern*. E por quê?

Na resposta, deixemos de lado aqueles elementos de textura imediata que tornam o filme de Lima Barreto um exemplo daquela inadequação entre modelo e condições locais que fazem da obra algo mais afinado ao subdesenvolvimento nacional do que os responsáveis gostariam, resultando uma representação *sui generis* do universo sertanejo: a filmagem em estúdio, a paisagem paulista e sua luz mais fotogênica dentro dos interesses da produção, a fala caipira das personagens, o tom declamatório dos diálogos e o gesto enfático dos heróis ao longo do filme, as condições de vida e a confortável rusticidade do bando de cangaceiros, o incrível encontro de Teodoro com o índio caraíba e tudo o mais que ainda nos admire. Deixemos de lado as cavalgadas à *Duelo ao sol* (King Vidor, 1947), iguais no tratamento e na fun-

O cangaceiro, ou o bandido social como espetáculo

ção frente ao modelo original, dentro daquela coreografia cadenciada, só repetida no cinema brasileiro em *Coronel Delmiro Gouveia* (1978), de Geraldo Sarno, filme curiosamente marcado pela matriz desenvolvimentista. Notemos apenas, nessa presença das cavalgadas, o seu significativo contraste com *Deus e o diabo*. Neste, o cavalo é propriedade do dono de terras; como em *Vidas secas*, é instrumento de trabalho do vaqueiro, mas não lhe pertence. Se, em *O cangaceiro*, Capitão Galdino e seu bando exibem constantemente suas qualidades equestres, Manuel-beato, Sebastião, Manuel-cangaceiro, Corisco, Rosa e Dadá andam a pé, imersos na carência que domina o ficcional e sua representação, não dando margem a reverberações maiores do imaginário da cavalaria num dos seus aspectos mais atraentes, afeto à sensação de liberdade e ao mito das grandes movimentações coordenadas.

Observemos com maior cuidado o que insere *O cangaceiro* na linha de argumentação seguida até aqui: o discurso implícito sobre a história nele desenvolvido. Tal como num épico de John Ford ou Howard Hawks, o filme de Lima Barreto é marcado por aquela visão etnocêntrica que olha para o Outro — no caso, ao invés do índio, o sertanejo — num impulso de sincera homenagem, mas a partir de uma distância que se denuncia a cada passo pelo próprio tom e pela forma como se organiza o discurso. Enquanto no filme de Glauber o sertão é mundo dentro da história, a experiência camponesa é processo e a violência é momento da práxis que aprimora a sociedade, em *O cangaceiro* o sertão é mundo fora da história, depósito de uma rusticidade quase selvagem que o progresso, vindo exclusivamente de fora, tende a eliminar. Nesse mundo imobilizado, onde terra e homem se fundem num todo regulado segundo leis da natureza, o cangaceiro é um dado, não é revolta. Como dado, é indiscutível, e o que resta é transformar as peculiaridades de seu comportamento em espetáculo. Dele distante, o narrador procura marcar o abismo que os separa, pois faz questão de se instalar do lado de cá, no terreno da história, num presente que é civilização por oposição a esse passado pitoresco mas definitivamente extinto.

"Época imprecisa: quando ainda havia cangaceiros." Eis o texto inicial do filme. Letra branca em tela preta, a legenda situa no passado, e definitivamente no passado, o universo de Teodoro e Galdino, personagens principais da aventura. Antes de tudo, o cangaceiro é definido como personagem arcaico e a estória já se anuncia como evocação de algo distante do qual estamos irremediavelmente separados. Para se introduzir, o filme prefere a fórmula "era uma vez...", mais confessadamente comprometida com a fantasia, à do "quando havia", onde o cuidado de confessar a imprecisão da época sela a preocupação em acentuar que um dado de realidade inspira o filme. Produto da invenção, ele busca autenticar-se através dessa referência, assumindo-se enquanto retrato de um tipo humano real, o cangaceiro, tal como sugere o título.

A presença desse "imprecisa" já sugere que não se pretende reconstituir nenhum episódio definido da história, nenhum fato singular identificado e localizado numa data específica. Parafraseando Aristóteles, o filme instala-se no nível do verossímil e não no da veracidade histórica. Os eventos narrados constituem configurações possíveis, exemplares, dentro de um determinado tipo de universo que, na representação, se trata de caracterizar em essência. Ao contrário de *Deus e o diabo*, ele não se ocupa de eventos marcantes na definição de um trajeto dentro da história; demarca bem os seus limites, não mistura dados documentados com invenções declaradas. Os episódios nele representados não marcam o início nem o encerramento de uma época. Isoladamente, o "imprecisa" não chega a dizê-la, mas é compatível com a ideia de que não é tão relevante a definição do momento no

A imagem elegíaca do cangaço na abertura do filme e no fechamento da moldura no final.

fluxo do tempo. Em termos da história, só interessa essa delimitação entre a época em que havia cangaceiros — passado morto — e o presente do narrador, onde eles não mais existem. De sua origem, não se fala, pois não interessa relacionar sua existência com as condições sociais que a tornam possível ou necessária. Sobre sua morte, permanece solitária essa declaração inicial, instância de pura constatação.

Aparentemente sem importância, essa constatação participa ativamente de um posicionamento que se expressa de outras formas: sacramenta a distância que separa o narrador de seu objeto. E dessa distância alimenta-se o duplo movimento do filme: de naturalização do cangaço, cuja violência e desordem são pura emanação do instinto, e de sua celebração, como lugar da peculiaridade regional, do enraizamento na terra. Declarada a distância, o olhar que se deposita sobre a sua violência é de condenação moral. No entanto, apesar das reservas a ele endereçadas, o filme não deixa de prestar-lhe homenagem. Trabalha o imaginário construído pelas representações populares apenas como matéria-prima, e numa direção muito específica, elaborando uma imagem do cangaceiro que procura eternizá-lo como tipo, projetá-lo fora do tempo, ajustando sua figura de herói a um quadro composto para exaltar valores e sentimentos a preservar, virtudes locais que, a seu modo, ele encarna, mesmo que de forma adulterada. A atenção que merece é, portanto, função direta de sua representatividade, referida menos à dinâmica própria do contexto social particular onde aparece — a rigor, ausente ao longo do filme — e mais a um tecido de ideias sobre o caráter ou o temperamento nacional ou regional.

Declarado arcaico, o cangaceiro recebe um reconhecimento *post-mortem*. Tal como o índio, ele é redimido e homenageado como fator da nacionalidade no momento em que a tarefa do extermínio tornou sua presença menos efetiva e mais simbólica. Diante dele, a atitude do filme é assumir um tom de elegia. As imagens iniciais já nos instalam nesse terreno, trazendo a evocação sentimental de sua vida em campo aberto, de sua constante caminhada pelo sertão. Imagem e som criam o painel caprichado que resume a perspectiva do filme: em plano geral, na linha do horizonte, silhuetas de cangaceiros compõem uma fileira de cavaleiros que atravessam o quadro de forma lenta e ordenada, contra o fundo imponente de um céu recortado de nuvens, massas dispostas em equilíbrio. O céu majestoso sugere um princípio de ordem na natureza infinita; ordem que não exclui essas figuras em silhueta, cujo recorte define a forma geral, nesse momento sem rosto, do vagar cangaceiro. Na trilha sonora, a música-tema: canta-se em coro "Mulé rendeira", buscando-se um toque de fidelidade à cultura sertaneja pelo uso da canção tradicional. A fusão suave introduz um novo plano se-

O cangaceiro, ou o bandido social como espetáculo

melhante ao primeiro. As imagens, feitas sob encomenda, definem uma luz própria ao entardecer, uma luz suave que não agride e possibilita os contrastes das formas que ressaltam a composição. Seu desligamento frente ao espaço-tempo da narração impede uma determinação clara do momento, na base do que vem antes ou depois. O importante é fixar essa luz e esse espetáculo, embalado pelo passo lento dos cavalos, que confere uma conotação crepuscular à marcha. O canto, o passo, a luz, a linha da encosta e a fileira de cangaceiros compõem um todo harmônico, de serena integração homem-natureza, de completa sintonia entre esse grupo humano característico e o meio em que se move, num instante de trégua e distância perante o mundo dos outros homens. Isolado, contra tal pano de fundo, o cangaceiro adere à paisagem.

O quadro depurado composto nessas imagens propõe uma espécie de emblema do cangaço, a ser reiterado pelo conjunto do filme e acionado explicitamente no final. Ele é instância-limite de elaboração, mas sua textura já define certas coordenadas da representação. Quando o imaginário de *O cangaceiro* se põe em movimento, as ações se organizam segundo princípios semelhantes, de equilíbrio e integração, prevalecendo a procura da boa composição nos moldes da decupagem clássica. Na variedade de tons que a narração assume, permanece o estilo do retrato posado, onde tudo é claro e limpo, onde as ações são mostradas na medida de seu rendimento enquanto espetáculo. O encadeamento segue motivações imediatamente reconhecíveis, e há sempre o mesmo jogo de redundâncias já descrito a propósito de *O pagador de promessas.* Confortados pela deferência irrepreensível do narrador, assistimos ao desfile de situações calculado, num painel de imagens apto a pintar em grande estilo o retrato, em corpo e alma, da personagem legendária. Dado que o fluxo imagem-som deve aqui constituir uma sucessão contínua de ações e reações, *O cangaceiro* procura cumprir um programa que garanta unidade, organizando seus ritmos como numa partitura, valendo-se de uma pontuação musical rigorosa na sua métrica e funcional nos seus temas, tudo medido para imprimir a cada cena a tonalidade e a eloquência desejadas.

O primeiro retrato: o corpo do cangaço

Dentro dos princípios de modulação suave, o primeiro movimento do filme estabelece a combinação fluente dos *tableaux* celebradores do cangaço em geral; o segundo movimento acelera o ritmo e nos insere no universo das tensões dramáticas próprias à experiência de um bando particular. A música muda de tom e, com ela, o teor das imagens. Mergulhamos no universo de Galdino; a luz é outra e os cangaceiros adquirem rosto. A câmera se movimenta em panorâmicas para acompanhar o passo mais decidido dos cavalos. Já se anuncia a possibilidade do confronto com outras forças. A estória começa para valer e destaca, no seu corpo, alguns subsídios para que se entendam as razões da morte histórica, já tão anunciada, desse tipo humano. No desenvolvimento do enredo, opera-se a seleção definidora dos traços pertinentes à prática dos cangaceiros dentro da perspectiva do filme.

O imaginário de *O cangaceiro*, logo de início, estabelece uma sucessão de gestos e falas que traz, sem demora, uma caracterização básica do comportamento antissocial das personagens. Na primeira sequência, Galdino se define como inimigo do progresso: a cavalgada do bando o leva de encontro a funcionários civis que trabalham na medição de terras para a futura construção de uma estrada de rodagem; Galdino expulsa os medidores,

O cangaceiro, ou o bandido social como espetáculo

humilha o soldado que os acompanha e deixa claro que, enquanto mandar no sertão, não passa nenhuma rodagem por lá. Seu discurso enfático traz a mensagem da separação entre a ordem jurídica e seu governo despótico: "Diga a seu governo para governar as suas governanças, que no sertão mando eu". O tom jocoso que domina a cena serve de pretexto para que seus companheiros manifestem um senso de humor rude, que se expressa em risos grotescos, que a câmera acentua, como em uma sugestão de que há neles indícios claros de desequilíbrio.

Posto isso, o segundo gesto de Galdino é comandar o ataque, sem motivo, à população indefesa de uma pequena cidade que, surpreendida, vê interrompida sua rotina de trabalho. Uma nova sucessão de cavalgadas compõe o espetáculo, e a ação coordenada dos cangaceiros põe sistematicamente fora de ordem o que encontram pela frente, dentro de um esquema calculado de alternâncias, onde o curioso segue-se ao dramático, a crueldade para chocar cede lugar ao incidente pitoresco, de modo a impressionar e descontrair o espectador. Esse é o único exemplo desse tipo de ação ao longo do filme e constitui o foco gerador das várias situações dramáticas subsequentes.

A representação do típico ataque cangaceiro gera um conflito em ponto maior, instalado a partir da constituição da Terceira Volante, e um conflito em ponto menor, entre os cangaceiros, deflagrado pelo rapto de Olívia, a jovem professora da cidade.

A volante é introduzida com toques de clarim. Um discurso de convocação, afixado em imagem e reiterado na palavra de uma autoridade civil, sublinha a necessidade de combater, em nome da honra e do patriotismo, os bandidos que "tão covardemente feriram os foros de civilização de nossa querida Pátria". O tom eloquente do discurso ganha ressonância no movimento ordenado de cidadãos honestos que acolhem ao chamado. Em trajes impecáveis, pegam as armas e os cavalos, formando fileiras geometricamente enquadradas, tal como em muitos filmes do *western*.

A perseguição dessa força civil ao bando de cangaceiros é, a partir desse ponto, um dos polos da narrativa, marcando, em termos de forças sociais, a polaridade ordem-desordem. Esse confronto com dimensões sociais mais amplas acentua o lado bandido do cangaceiro, cuja violência, aparentemente motivada pela ambição ou pelo puro sadismo, volta-se contra diferentes figuras. O requinte de sadismo manifesta-se frente aos soldados e à mulher, e a ofensa mais amena, mais divertida, atinge um insensato representante da Igreja, cuja pregação evangélica, além de absurda no momento, não exerce efeito nenhum sobre a sensibilidade de Galdino, preocupado em lustrar orgulhosamente os seus anéis, num gesto sublinhado em diferentes situações. O conflito entre os cangaceiros e a volante dá ensejo para a movimentação de grandes massas, de alto rendimento para o espetáculo. No entanto, o dado fundamental a considerar é seu papel na elaboração do ser social do cangaceiro.

A volante aparece como entidade sem rosto, de caracterização sumária, focalizada em rápidos *flashes*. Nada se pode dizer de seus componentes, anônimos, à exceção da figura íntegra do comandante, além da coragem e da condição de agentes da ordem. O lado patriótico da convocação e o valor moral dessa força que combate o cangaço não recebem atenções maiores por parte da narração, que registra o primeiro e deixa implícito o segundo. Todo o detalhamento da representação está do lado cangaceiro, pois é dele que se quer compor o retrato. A presença da volante é uma forma de esquematizar a relação do próprio cangaço com a sociedade, reduzindo o que seria uma rede complexa de interesses à sua expressão mais simples: inimigo do progresso, desvinculado de qualquer aliança, não envolvido no te-

O cangaceiro, ou o bandido social como espetáculo

cido das composições políticas, desnecessário, sem origem e sem lugar na dinâmica social, o cangaceiro é anomalia e permanece marginal à ordem vigente. Bandoleiros em estado puro, comunidade de nômades que não respeita a lei e a propriedade, os cangaceiros ameaçam aqueles que trabalham em ordem. Constituem alvo natural da perseguição de homens de bem, desinteressados, em uma reação óbvia que não precisa de maiores explicações. A volante funciona, desse modo, como um espelho que está lá para inscrever o cangaceiro e refletir sua imagem de fora da lei, sublinhando de modo abstrato sua condição de mal a reprimir.

Esse processo de redução é fundamental, apesar da posição relativamente secundária dessa perseguição no desenvolvimento dramático do filme. Frágil diante da astúcia dos cangaceiros, mas heroica no combate até o fim, a volante testemunha a pureza das forças repressoras alinhadas com a ordem e o progresso. Derrotada na ficção de *O cangaceiro*, representa o lado vitorioso na história. Sua presença vem, portanto, mascarar o vazio deixado pela declaração sumária do início do filme. A morte do cangaço se constata, não se discute, pois, na perspectiva dos civilizados, a domesticação do mundo selvagem é um dado natural. O modelo do processo civilizador deixa sua marca, ainda que de modo oblíquo. Nesse particular, fica assumido inteiramente o esquema usual do *western* até 1950.

Útil ao espetáculo, útil na afirmação indireta de uma certa lógica que comandaria a história, a volante é parte de um conjunto de valorações, cujo foco principal está alojado no conflito central que envolve os protagonistas. A luta entre Teodoro e Galdino, deflagrada pelo rapto de Olívia, marca nitidamente a diferença radical de sensibilidade à virtude que separa os dois cangaceiros. Na dignidade de Olívia e no seu discurso de condenação aos bandidos estão as valorações mais explícitas que selam a perspectiva do filme. Figura mediadora, única personagem que tem história, Teodoro se redime e deixa aflorar sua boa alma de sertanejo. No entanto, seu trajeto ganha estatuto mais particular: é figura de exceção, não a norma. Contra o pano de fundo da crueldade, sem redenções, de Galdino e dos cabras destituídos de história, Teodoro é o herói privilegiado, digno de interesse, como caso especial de que se ocupa o filme na intriga.

Antes da presença da professora, não há também a presença de Teodoro. A imagem do bando se reduz à polaridade entre a figura diferenciada de Galdino, comandante, e o corpo integrado de cangaceiros sem vontade própria. A ameaça aos engenheiros e o ataque à cidade marcam uma sucessão de movimentos e hábitos de violência onde o grupo apresenta-se como um todo orgânico e uniforme em sua relação com o mundo. Consumado o ataque e tranquilos os cangaceiros no domínio da situação, tem início o exame das relações internas ao bando que se mostram mais complexas e abrigando contradições. Com a localidade sob seu domínio, Galdino exibe aquele senso de justiça, despótica mas de inclinação popular, que a tradição atribui ao cangaceiro. Porém, tal como em *Deus e o diabo*, não se realiza aqui a representação do cangaceiro como uma espécie de Robin Hood.[2] Galdino e seus companheiros não discriminam segundo categorias sociais definidas pela propriedade ou riqueza. O ataque à cidade não escolhe suas vítimas. Há apenas no chefe cangaceiro

---

[2] A própria tradição popular está longe de tornar dominante a idealização segundo o "modelo Robin Hood". Se o cangaceiro de *Deus e o diabo* se afina ao tipo de "vingador" (ver Eric J. Hobsbawm, *Bandidos*, São Paulo, Paz e Terra, 2015, 5ª ed.), *O cangaceiro*, de Lima Barreto, seguindo aqui o imaginário popular, tem seus toques de sentimentalismo, manifestando um respeito pela figura materna, ou sua representante, que nos lembra a personagem Aparício, de José Lins do Rego, em *Cangaceiros* (1953).

O cangaceiro, ou o bandido social como espetáculo

um toque sentimental, sublinhado nessa sequência pela cena de sua enfática proteção à figura da velha queixosa, que a ele se dirige para denunciar o roubo praticado por um de seus homens. Essa cena inicia as demonstrações de conflito na administração do saque, reiterando o comando firme de Galdino e sua manipulação astuta de um senso de humor rude que entretém seu exército.

O rapto na escola introduz herói e heroína. A partir daí, nosso olhar se aproxima para tocar em pontos mais essenciais, e o retrato destaca a singularidade de certos rostos.

Nessa aproximação, aperta-se o círculo em torno da figura-objeto do retrato em grande estilo. Da imagem-emblema do cangaço em geral, tivéramos uma primeira particularização ao focalizar os movimentos do grupo de Galdino. Tudo se passa como se o espetáculo das cavalgadas e da violência contra a sociedade nos desse uma imagem do corpo do cangaço, e a profundidade do retrato exigisse agora a definição de sua alma.

Para comentar, dentro da própria ficção, essa passagem, o filme insere justamente aqui, antes da incursão no drama de Teodoro, um episódio aparentemente trivial e sem consequências: os cangaceiros posam para uma fotografia. Ponto de relaxamento dramático que se supõe alongado em função do pitoresco, na verdade, essa cena, mais do que qualquer outra, coloca explicitamente a questão do retrato. Galdino já havia demonstrado interesse em ser fotografado. Quando atacara os medidores de terra, ficara intrigado diante do teodolito e perguntara se não se tratava da máquina para tirar retrato. A sequência seguinte traz o encontro com o fotógrafo ambulante. Galdino e os cabras posam com todo orgulho diante da objetiva, não sem certa impaciência causada pela demora dos preparativos e pela fala estranha do "gringo da peste". O fotógrafo estrangeiro dispõe cuidadosamente o grupo, define as poses e procura manter os homens imobilizados para poder fixar sua imagem na película. Quando o ritual se cumpre, nosso ponto de vista é exatamente o da objetiva da máquina fotográfica, e a imagem que vemos é exatamente aquela que, na ficção, se deposita na chapa utilizada pelo fotógrafo.

Embora seja testemunha direta da ação dos cangaceiros, o fotógrafo trabalha dentro de condições técnicas definidas. Seu registro exige a imobilização dos cangaceiros e carrega consigo uma concepção particular da arte de fotografar. Ele deve ajustar o grupo conforme a noção que possui do gênero retrato. O filme a que assistimos, ao fingir observar um fotógrafo da época focalizando os cangaceiros, não está apenas definindo o contraste entre a paciência, o método, a sisudez do profissional estrangeiro, e a impaciência, a extroversão anárquica, a movimentação incessante dos naturais da terra, acostumados à expansão livre de suas energias. O filme está, no fundo, comentando sua própria postura. Há, evidentemente, uma diferença. O fotógrafo da ficção foi lá e, assumindo o risco, fotografou a "fera" de perto. Produziu uma imagem-documento, testemunho de um encontro marcado no tempo e no espaço. O filme, ao contrário, toma a distância no tempo como premissa, explicita a separação frente ao passado que procura representar. No entanto, apesar da diferença, *O cangaceiro* faz algo semelhante ao fotógrafo: carrega consigo uma noção do que seja produzir uma imagem do cangaço. Insere o objeto representado num ritual cujas convenções são dadas.

Trabalhando dentro de condições técnicas bem definidas, o filme, na mirada distante que endereça a seu antecessor rudimentar, sugere sua condição de aparato sofisticado apto a construir uma imagem mais rica e fiel em detalhes porque retrato em movimento, que dá conta dessas ações e dessa energia imobilizada no quadro do fotógrafo. Lembro, porém, o fundamental: tal co-

Retrato dos cangaceiros posando para o fotógrafo ambulante.

mo o fotógrafo, e sem privilégios sobre ele, a sua própria técnica o obriga a obter uma representação posada dos cangaceiros, uma ordenação de sua energia, reproduzindo, não a realidade da vida do cangaço, mas as características de um tipo definido de filme de aventura. A estória que conta, e seu estilo ao contar, trazem aquela mesma operação que fica, em sua ficção, representada como pitoresca: unifica, arruma, organiza tudo em função de um único olhar, centralizador, que dispõe as figuras com muito cuidado no momento de fazê-las posar diante da objetiva.

Pretendendo ser mais completo do que o registro do fotógrafo, o filme o insere exatamente quando sua intenção é penetrar mais fundo na alma sertaneja. Procura fazer do retrato obtido do conjunto do bando uma espécie de síntese de sua fase inicial, voltada para a imagem do corpo do cangaço. Termina aqui a primeira camada do retrato e emerge o jogo de paixões, matéria efetiva da intriga de fundo romântico que constitui o núcleo de sua narrativa. Nesse novo passo da mimese, nada impede que a mesma operação de enquadramento se manifeste. Na verdade, os movimentos da alma sertaneja ficam novamente submetidos a um arranjo prévio ditado pelas regras da representação, porque há no projeto industrial desse filme a opção de trabalhar conforme o modelo e as normas de competência consagradas. Posto isto, vejamos como o jogo de paixões enseja uma polarização dramática que cristaliza, com rara nitidez, a imagem de cangaço e sertão própria a *O cangaceiro*.

Idealizações:
a alma do cangaceiro

No paralelismo entre o conflito em ponto maior, perseguição do bando pela volante, e o conflito em ponto menor, drama passional que envolve os protagonistas, o segundo prevalece, de longe, sobre o primeiro. Evidentemente, uma vez deflagrada a intriga amorosa, não se abandonam, sem mais, as movimentações de grandes massas e suas reverberações épicas. Há, inclusive, um elaborado desfecho para a grande perseguição: ao som da música tema "Mulé rendeira", em versão sinfônica, a volante reafirma sua coragem, mas é massacrada pelo bando, superior em seu conhecimento do terreno e mais astuto nos movimentos decisivos da luta. Entretanto, a par dessa sequência final de sacrifício, as ações da volante recebem representação sumária, funcionando como lembrete de que há uma batalha à espera dos cangaceiros — e dos olhos dos espectadores. No encaixe dos dois movimentos, o coletivo e o dos corações, a mobilização civil permanece como eficaz moldura para o retrato do temperamento cangaceiro, cumprindo as funções que já comentei. O duelo Teodoro-Galdino, em torno de Olívia, emergindo a primeiro plano, passa a constituir o verdadeiro eixo da narrativa.

Interior ao mundo cangaceiro, esse duelo evidencia a existência de polaridades no próprio seio dessa pequena sociedade. Embora destacado do conjunto, ele traz a constante motivação que parece dominar as disputas entre os membros do bando: a mulher. Na caracterização do conflito, e em sequências paralelas que representam a vida dos cangaceiros, há todo um enunciado

O cangaceiro, ou o bandido social como espetáculo

sobre a presença feminina no universo do sertão. Mais do que a ambição por riqueza, é a mulher o foco principal dos conflitos que acompanhamos. Assimilada anonimamente ao bando, ela se define, em *O cangaceiro*, como prostituta, condição da qual só se liberta enquanto companheira de Galdino, na paz e na guerra. Maria Clódia é a única mulher que pega em armas para lutar ao lado dos homens, escapando ao papel de doméstica. A longa sequência que descreve a vida no acampamento cangaceiro tem, na mulher, o elemento em torno do qual se tece o jogo de intrigas. Na forma do cômico-jocoso, quando centrada na figura da mulher anônima, vítima do rapto que a transforma em companheira de todo o bando; na forma do sério-dramático, quando centrada na figura-protagonista da mulher pura, vítima de um rapto especial, porque pensada como virtual companheira do comandante. No ataque à cidade, nas cenas do acampamento e, em especial, na sequência noturna temperada de cantos e danças folclóricas, o filme desenha o perfil da mulher nesse mundo particular: marcada pela origem comum do rapto, ela se destina à loucura, quando vítima do sadismo extremo, à indignidade, ao ser vítima do desprezo após o uso, ou se tiver sorte e recursos, à única dignidade possível, a de mulher eleita pelo chefe.

Diante desse quadro de alternativas, permanece em suspenso o destino de Olívia. Isolada da vida do grupo, permanece em cela fechada, como prisioneira ainda não assimilada ao bando, corpo estranho que não se contamina com o mundo cangaceiro. Os projetos de Galdino reservam-lhe o destino certo de mulher eleita, mas o ciúme de Maria Clódia impede a ação livre do Capitão, que a mantém sob custódia, a pretexto de um pedido de resgate que, como ele próprio sabe, nunca será pago. O impasse criado pela intervenção de Maria Clódia fornece o tempo para que se amadureça o sentimento de Teodoro e ganhe desdobramento um drama já anunciado na própria cena do rapto, ocasião em que as imagens foram cuidadosamente escolhidas para identificar os protagonistas e diferenciá-los do resto do bando. Desde lá, a decupagem havia trabalhado para marcar o tipo de interesse de cada um frente à figura da professora. O jogo de olhares tornara claros o desejo sexual de Galdino, disfarçado depois em busca de resgate, para evitar conflito com Maria Clódia, o ciúme de sua companheira e a preocupação de bom moço de Teodoro, objeto de um plano próximo que o focaliza separado, pela primeira vez, para sublinhar o seu envolvimento no episódio.

Diferenciados do conjunto, os protagonistas vivem o drama de amor e ódio, numa sequência de passagens que cumpre o programa romanesco usual. Se, em *Deus e o diabo*, a inexistência da dicotomia civilização-barbárie confere às mulheres um papel completamente diferente na economia do drama, em *O cangaceiro*, como no *western* clássico, a função da mulher pura é despertar os bons sentimentos do herói e motivar sua luta contra as figuras do Mal. No filme de Lima Barreto, sua presença é fruto do rapto; no filme norte-americano, ela pode vir do Leste, trazendo um sopro de civilidade e inspirando o herói no combate pela legalidade — ver, por exemplo, *Paixão dos fortes* (1946), de John Ford. Lá como cá, na sua dignidade, a mulher pura é um elemento de estabilização, e se opõe à figura que lhe antecede, já condenada por uma assimilação à incivilidade que não lhe deu maiores opções: mulher do *saloon* ou mulher do acampamento cangaceiro, essa figura condenada funciona como espelho do desregramento desse grupo entregue aos instintos, na condição-limite de uma luta pela sobrevivência que se faz à margem, ou à distância, do progresso.

Olívia, cumprindo o esquema romanesco, sensibiliza Teodoro, que, por amor, assume o risco de promover a fuga, numa

O cangaceiro, ou o bandido social como espetáculo

postura de justiceiro que contrasta com sua convivência anterior de cangaceiro entediado e omisso diante da crueldade dos companheiros. Se a polidez de seus atos já o diferenciara do grupo, sua educação não fora suficiente para a conversão que Olívia vem provocar. Apaixonado, Teodoro sai da casca de ceticismo e procura se redimir aos olhos da donzela. E não é outro seu trabalho em toda a primeira fase da fuga, tempo de provação do herói. Perseverante, pelo gesto de salvação e pela palavra, ele ganha a confiança de Olívia e também a dos espectadores. O seu discurso acentua a diferença radical que o caracteriza como cangaceiro "por acidente", que "não é como os outros". Aceitando totalmente o referencial da professora, Teodoro endossa as acusações que o moralismo da heroína endereça aos fora da lei, seus companheiros de cangaço. Emocionado, explica sua origem de sertanejo honesto e sua queda, fruto da fatalidade. A educação, nas mãos de padres da cidade, o havia preparado para um outro destino, mas o crime acidental o transformou, por segurança, em um cangaceiro.[3] Sob a capa de bandido, esconde-se um homem educado e capaz de sentimentos mais elevados, em contraste com o mundo dos baixos instintos e da ambição cega de Galdino e seus capangas.

Sua longa explicação configura a história de um equívoco. De modo semelhante ao frequente percurso de heróis do *western*, Teodoro cumpre um trajeto de reparação e prova de honestidade. Tudo no filme o transforma em caso especial de essência honesta que tem no amor de Olívia a ocasião para expulsar as impurezas de cangaceiro. Reserva-se total silêncio frente ao passado de todos os seus companheiros e não há como não ver, na

---

[3] Uma forma de adesão ao cangaço, considerada bastante frequente, e até típica, pelos sociólogos, é transformada, no filme, em situação especial de inocência e boa índole exclusiva ao herói.

perspectiva do narrador, um endosso ao discurso da personagem. Resulta que Galdino é mau, por essência, assim como aqueles que o seguem. Não é isto que está expresso em suas faces rudes, bem distintas da expressão mansa de Teodoro? Não é isto que confirma a própria ação de Galdino, que usa da tortura e da violência para descobrir o paradeiro de Teodoro?

Marcando nitidamente a oposição entre o moral e o imoral, entre o universo do amor altruísta e o da posse, entre o educado e o selvagem, entre ordem e desordem, o duelo Teodoro--Galdino cristaliza o embate de forças que o filme trata de assumir como princípio essencial de sua composição.

Nesse embate, há um solo comum que une os adversários: ambos são fruto da terra. Galdino é a figura da violência que traz morte e destruição; mas, enraizado, é fiel à tradição, encarna as forças da permanência. Como um produto natural do sertão, é porta-voz da sua linguagem como ninguém, pois não entende outra. Teodoro é a figura do diálogo. Cangaceiro, não é como os outros, pois fala também a linguagem do civilizado. Galante no amor, assume seu percurso de cavalheiro até onde tal empresa se compatibiliza com sua fidelidade às origens. À paixão por Olívia, sobrepõe-se a paixão pela mãe-terra, seu apego inabalável pelo sertão que já o trouxe de volta uma vez.

No descanso da fuga, que dá ensejo ao longo diálogo romântico, ao pé do fogo e junto à natureza, Olívia descobre seu destino de mulher feita para Teodoro e propõe a união para uma vida feliz na cidade. Ele revela, então, todo seu passado para reafirmar seu "instinto de bugre", o sentimento da terra que não pode abandonar: "Parece até que tenho um bocado dessa terra desmanchada no sangue". Sentimental, eloquente, com a mão no peito e o olhar lançado no vazio, Teodoro proclama: "Nasci aqui, aqui vivo e aqui morro, seja como for". O comentário musical procura intensificar o efeito sentimental de sua convicção

O cangaceiro, ou o bandido social como espetáculo

sertaneja, e o diálogo se completa com Teodoro assumindo o destino trágico de uma felicidade impossível, porque sujeita a condições irreconciliáveis: "Mulher e terra são uma coisa só; a gente precisa das duas para ser feliz; lá [na cidade], mesmo com você, eu morria, pois me faltava a outra".

Polarizados na luta, Galdino e Teodoro desfilam retóricas complementares: do primeiro, é a retórica dos estratagemas do poder, da astúcia e da eficácia no mal; do segundo, é a retórica dos sentimentos, da mensagem de amor altruísta e da fidelidade às origens no bem. Teodoro é a alma pura do sertanejo. Galdino é anomalia, sua face adulterada. Corajosos e unidos pela raiz, é do seu feitio levar o gesto às últimas consequências. Um desfecho duplamente trágico vem coroar a oposição irreconciliável: morre Teodoro, em nome do amor a Olívia e celebrando seu apego à terra; morre Galdino, obcecado pela vingança e vítima do movimento de destruição deflagrado pela sua própria violência. O paralelismo da montagem sublinha a oposição das agonias: em primeiro plano Galdino, com suas mãos fincadas na terra, exibe os dedos cheios de anéis, cujo brilho procura comentar ironicamente esse fim que resulta da vaidade e da ambição desmedidas, sobrepostas à coragem inerente ao espírito sertanejo; caído junto de um filete de água, Teodoro agarra um punhado de terra e uma planta para declamar, pela última vez, seu amor ao sertão. Morto o herói, a música sentimental, tema de Teodoro, substitui o tom dramático da pontuação das agonias. Para intensificar o efeito, o seu corpo funde-se à terra e desaparece numa trucagem que procura reiterar, pela imagem, o discurso da personagem e do comentário musical.

Selado o destino dos protagonistas, o epílogo nos reserva o retorno do *tableau* elegíaco da abertura. O cangaceiro, transformado em arquétipo, desfila diante da câmera para compor a homenagem final. Identificados começo e fim, completa-se a moldura e fecha-se o círculo dessa incursão aventurosa e dramática no mundo das ações violentas e das paixões fortes desses cavaleiros errantes. A imagem-emblema encerra o discurso para se fixar, insistindo num traço essencial do retrato: o cangaceiro é emanação da terra.

Força telúrica, o cangaceiro é objeto de uma representação eloquente que procura aliar a condenação à homenagem. Ambas reconciliadas porque o olhar é distante: o narrador o caracteriza como figura do Mal, porém o redime porque o dissolve na natureza. Como tipo humano, ele emerge como uma espécie de ramo patológico, presa das paixões e desgarrado, da genuína população regional, derradeira reserva de pureza que carrega intactos os traços sentimentais da "alma brasileira".

Na sua busca do retrato peculiar-pitoresco, o olhar que *O cangaceiro* deposita sobre o fenômeno do banditismo social, próprio ao mundo rural pré-capitalista, segundo Eric J. Hobsbawm, é marcado por um modelo burguês do movimento histórico. Olhando para o universo rural como realidade imóvel, mundo selvagem não assimilado ao progresso, faz dele objeto de referência nostálgica que pressupõe a distância. Como a eliminação do cangaceiro já neutralizou o que havia nele de ameaça, é possível a representação que inclui o elogio. Se, em *Deus e o diabo*, o elogio ao cangaço vem do caráter pré-revolucionário de sua violência, aqui importa apenas sublinhar seu vínculo à terra e fazer dele a face adulterada de um sentimentalismo de boa índole próprio ao sertanejo. Da violência, nada frutifica, e o papel do cangaceiro num processo mais amplo é visto apenas como o de obstáculo às forças da ordem e do progresso. Temos, portanto, a elegia de um tipo humano arcaico porque incompatível com o processo civilizador, porque marginal ao movimento da história. Estamos no polo oposto frente ao filme de Glauber. O arcaísmo

As mortes paralelas de Galdino e Teodoro
destacam o contraste entre vaidade e altruísmo.

Sertão mar

não é resultado de uma reflexão sobre a história da consciência sertaneja que vê no cangaço um momento fundamental do seu processo.[4] Em *Deus e o diabo*, o fenômeno regional é ponto inserido no movimento global que define uma vocação universal para a liberdade, vocação que se realiza também através do cangaço, cujo destino trágico é função das condições históricas adversas em que se dá sua rebeldia. No filme de Lima Barreto, o cangaceiro é resíduo de natureza não dominada, onde prevalecem os instintos. Tal natureza, no entanto, é raiz e, como tal, assumida como componente da nacionalidade, desde que domesticada e traduzida em sentimentos civilizados que expressem a incidência da ordem nessa energia.

Digressão sobre o regionalismo a partir da questão do "ponto de vista"

Na homenagem ao cangaço, a preocupação com a peculiaridade nacional parece estabelecer um elo que identifica cangaceiro e pintor do retrato, mas o pressuposto dessa homenagem é, como vimos, a separação. Na relação narrador-personagens, há um esquema sujeito-objeto que me faz retomar as observações feitas a propósito de *O pagador de promessas*. O olhar de *O cangaceiro* exibe aquele mesmo centro fixo identificado de modo particular ao urbano-industrial, e há, em termos da concepção

---

[4] Se pensarmos a realidade do sertão como alterável em função de uma dinâmica que combina forças internas e influxos externos, os dois filmes esquematizam a "unidade do sertão" em direções opostas. *Deus e o diabo* tende a interiorizar tudo, transformando a história local em movimento endógeno, dotado de uma lógica própria, enquanto *O cangaceiro* tende a exteriorizar todo o movimento, tomando o progresso como algo puramente exógeno.

O cangaceiro, ou o bandido social como espetáculo

do espetáculo, princípios comuns de boa fatura. Nesse sentido, não surpreende que *O cangaceiro* siga de forma mais nítida as regras clássicas, uma vez que aplica a receita com ortodoxia, enquanto que *O pagador de promessas*, dez anos depois e dentro de outra conjuntura de produção, apresenta alguma flexibilidade. Esquematizando a experiência e ajustando imagem e som a um padrão de qualidade que vem basicamente das convenções vigentes no mercado internacional de cinema, ambos partem da hipótese de que essas convenções são compatíveis com as necessidades de expressão decorrentes das particularidades do objeto focalizado. Na verdade, é exatamente diante dessas particularidades que o estilo se mostra pré-fabricado. O olhar depositado sobre a cultura local — o folclore sertanejo ou as danças de origem africana da cidade — a transforma em espetáculo que serve de adorno ao eixo das ações que compõem a intriga; e a presença dessa cultura é resultado de encenações que se desenvolvem segundo os princípios coreográficos da boa ordem hollywoodiana. Em ambos, afirma-se de diferentes formas o mesmo jogo de proximidade, na aparência e na distância efetiva frente às personagens e seu universo.

O cangaceiro, em particular, apresenta traços comuns a certa literatura regionalista, na construção que marca a distância narrador-narrado, na insistência do elemento pitoresco e na exaltação do sentimento nativista.[5] Tentando produzir um re-

---

[5] Tomo aqui como referência os estudos de Antonio Candido, *Formação da literatura brasileira* [1959] (Rio de Janeiro, Ouro sobre Azul, 2017, 16ª ed.), *Literatura e sociedade* [1965] (Rio de Janeiro, Ouro sobre Azul, 2014, 13ª ed.) e *Vários escritos* [1970] (Rio de Janeiro, Ouro sobre Azul, 2017, 6ª ed.); Walnice Nogueira Galvão, *As formas do falso* [1972] (São Paulo, Perspectiva, 1986, 2ª ed.) e *Saco de gatos* (São Paulo, Duas Cidades, 1976); Lúcia Miguel Pereira, *Prosa de ficção (1870-1920)* [1957] (São Paulo/Belo Horizonte, Edusp/Itatiaia, 1988);

trato eloquente de um tipo de vida e de mentalidade, empenhado em tematizar os costumes locais, *O cangaceiro* denuncia, a
cada passo, sua distância frente às personagens, havendo certa
correspondência entre seu paisagismo de nuanças fotográficas e
o estilo verbal dos escritores citados por Walnice Nogueira Galvão quando aponta esse mecanismo na literatura. Nesse particular, o recuo até *O cangaceiro*, nessa análise, traz a vantagem de
permitir a caracterização desse mecanismo no cinema, em uma
de suas manifestações mais típicas. E marcar mais explicitamente a particularidade de método própria a *Deus e o diabo*, cujo
trabalho de narração define, pela multiplicidade de mediações
presentes, um movimento mais complexo de incorporação ao
discurso fílmico das significações elaboradas pela própria experiência sertaneja.

Em *Grande sertão: veredas*, Guimarães Rosa apresenta uma
solução, em termos de foco narrativo, que constitui uma forma
possível de superação desse esquema regionalista: a totalidade
do texto se produz como monólogo-conversa do narrador-personagem, jagunço, sertanejo. O que acontece em *Deus e o diabo*
não é exatamente isto; há um embaralhamento de mediações,
mas é possível estabelecer a aproximação. O paralelismo entre
Glauber Rocha e Guimarães Rosa já foi apontado em outras
ocasiões, notadamente por Norma Bahia Pontes.[6] No seu artigo,
ela aponta a tendência em ambos autores a subjetivar a narrativa, encontrar correspondências entre o estilo do contar e as emoções. Evitando a mera descrição do fato, à distância, ambos estariam preocupados em representar a sensação, a experiência do

---

Alfredo Bosi, *História concisa da literatura brasileira* [1970] (São Paulo, Cultrix,
2017, 51ª ed.).

[6] Norma Bahia Pontes, "Aproximações literárias e criação crítica", em Glauber Rocha e outros, *op. cit.*, pp. 183-88.

O cangaceiro, ou o bandido social como espetáculo

fato tal como vivida pelas personagens. Essa observação particular aplica-se a um leque bem variado de estilos, incluídas as soluções de Glauber Rocha e Guimarães Rosa. Creio que a aproximação se define melhor se a ela acrescentarmos o paralelismo existente a partir da questão do foco narrativo.

A invenção de Riobaldo, narrador único no livro de Guimarães Rosa, permite um trabalho, na linguagem, que superpõe as perspectivas de jagunço e escritor, num embaralhamento impossível de desatar, fazendo do texto o ponto de acumulação, de convergência, da transfiguração erudita — que trabalha na escala do universal — e do discurso enraizado — que trabalha na escala da experiência regional do sertão. A crítica literária já apontou as implicações contidas nesse estratagema e a fórmula que encontrou para, sinteticamente, expressar a dialética do particular-universal inscrita no texto de Guimarães Rosa e que foi, sintomaticamente, emprestada por mim na caracterização do filme de Glauber: nele, o sertão é o mundo. No livro, a condição jagunça não se representa apenas de fora, como um objeto a descrever, mas se representa de dentro, como forma de ser a exprimir.

Em *Deus e o diabo,* caminha-se na mesma direção na abordagem da experiência sertaneja, mas a mediação do cordel e seu diálogo com o espectador não têm o mesmo estatuto que a fala de Riobaldo. Na obra literária, a descontinuidade entre a comunicação escrita e a oral pode trazer a clara indicação de que a "fala" é invenção da escrita de Guimarães Rosa, mas a afinidade de suas matérias (em ambas, é a língua que se trabalha e se recria) não traz os mesmos problemas enfrentados pelo filme. Neste, imagem e som tentam se compatibilizar com o tom do cordel, e o resultado, se marca uma nítida superação da ficção regionalista, não chega, porém, a permitir o mesmo grau de identificação narrador-personagem alcançado no livro. *Deus e o diabo* compõe um todo heterogêneo onde a convivência de perspectivas aflora de modo mais evidente. A interação dos mediadores, a sua textura descontínua, a modulação do tempo e as variações de tom aproximam o estilo da narração às características das personagens de modo bastante distinto. Há, no entanto, semelhante superação da distância sujeito-objeto, uma vez que está ausente aquele olhar de regras reconhecíveis que projeta toda a estranheza do lado do focalizado. A estranheza, se existe, transfere-se para o nível da própria organização do discurso, como o jogo de ambiguidades em *Grande sertão: veredas*.

Ao acentuar o aspecto "foco narrativo" em minhas observações, corro o risco de simplificar a discussão. Sabemos que esse nível da invenção, isoladamente, não diz tudo sobre as alternativas encontradas por escritores e cineastas na superação do descritivismo. Evidentemente, não basta a adoção do monólogo do jagunço para que se obtenha o resultado conseguido por Guimarães Rosa. Assim como não basta a introdução do cantador de cordel para que se obtenha os resultados próprios a *Deus e o diabo*. No cinema, o caso de *A grande feira* é significativo.[7] Esse filme emoldura a sua narrativa com uma cena onde vemos a figura de um poeta popular que lê, para uma audiência de rua, a própria estória que acompanhamos no seu desenvolvimento. Entretanto, essa sugestão de que a estória se tece nos moldes da voz do poeta não incide sobre a organização das imagens. A estória se representa sem levar em conta tal mediação, em tese presente, mas na prática descartada no corpo da narração, que constrói os diferentes episódios dentro do estilo convencional do filme clássico. O cordel ilustra, não informa a narrativa.

---

[7] *A grande feira*, dirigido por Roberto Pires, produção baiana de 1962. Glauber Rocha foi diretor de produção desse filme.

O cangaceiro, ou o bandido social como espetáculo

A técnica do monólogo e as técnicas de narração sonora de *Deus e o diabo* permitem, cristalizam, propostas complexas de descentramento do discurso, de transfiguração mútua do erudito e do popular, mas o fazem porque articuladas a outros elementos. Estes podem vir da sintaxe, das expressões vocabulares, dos neologismos, das citações, como no caso de Guimarães Rosa; ou da particular decupagem, da encenação e do arranjo geral que marcam o filme de Glauber. No fundo, é dessa dificuldade em localizar a fronteira entre as perspectivas que convergem no texto ou no filme que resulta sua riqueza de significações e o espaço de ambiguidade que desafia leitor ou espectador.

A breve referência à obra de Guimarães Rosa e a longa análise dos filmes de Glauber Rocha nos fornecem exemplos específicos de um tipo de superação do esquema regionalista. Essas soluções, no entanto, não constituem formas exclusivas de encaminhar essa superação. Seria um equívoco estabelecer um referencial dicotômico onde só haveria lugar para a redução regionalista e, no outro polo, para o tipo de superação aqui estudado. Há um leque mais amplo de alternativas e, em termos de cinema, o contraponto entre *Deus e o diabo* e *O cangaceiro* não pode ser tomado como expressão de uma oposição binária de alcance geral.

Um parêntese para comentar um filme contemporâneo a *Deus e o diabo* nos fornece a evidência disso. Trata-se de *Vidas secas*, de Nelson Pereira dos Santos, adaptação do romance de Graciliano Ramos, obra literária que nos permite também apontar relações sugestivas dentro das considerações acima.

No filme *Vidas secas*, temos o típico exemplo da obra que, apesar de inscrita nos moldes da decupagem marcada pelo princípio de continuidade, traz uma representação da vida sertaneja que está bem distante de algo como *O cangaceiro*. Essa distância deve muito à afinidade de perspectivas entre o filme de Nelson

Pereira e o livro de Graciliano Ramos, embora as técnicas narrativas utilizadas pelo filme não sejam a tradução exata do que encontramos no romance. Neste é notável a presença do estilo indireto livre, elemento em grande parte responsável pela superação do descritivismo e pela representação mais complexa da experiência de Fabiano e sua família. No entanto, esse estilo particular ganha seu efeito específico a partir de sua convivência com outros fatores construtivos da obra: a linguagem não adjetiva, a concisão que recusa a eloquência, a unidade de ritmo que "solda no mesmo fluxo o mundo interior e o mundo exterior".[8] Frente ao filme, não é apenas pela consideração de sua decupagem, mas pela referência ao conjunto de procedimentos, que podemos determinar o seu efeito. Se constatamos que, tal como no romance, o arranjo geral define um painel de pontos de vista que apresentam o mundo na perspectiva, ora de uma, ora de outras das personagens, é preciso ver o resultado disso no contexto dos procedimentos da obra.

Esse uso sistemático dos pontos de vista permite a elaboração de uma estratégia de representação frente à natureza e a certas práticas peculiares de trabalho, que marcam uma superação, seja do paisagismo, seja da descrição do pitoresco. A decupagem caracteriza claramente a presença decisiva da natureza no drama de Fabiano, Sinhá Vitória, Baleia e meninos, evitando, ao mesmo tempo, que essa presença se dê na forma da contemplação desinteressada e estetizante. A utilização recorrente do olhar das personagens como elemento mediador para introduzir as imagens da natureza, ou da própria vida dos homens, garante o efeito desejado. Por exemplo, logo no início do filme, para caracterizar a experiência dos retirantes e a situação limite de calor e seca, os

---

[8] Antonio Candido, *Ficção e confissão: ensaios sobre Graciliano Ramos* [1956], Rio de Janeiro, Ouro sobre Azul, 2012, 4ª ed., p. 66.

O cangaceiro, ou o bandido social como espetáculo

planos do sol são enxertados a partir do gesto do menino maior: é o seu olhar que deflagra o nosso, numa montagem que nos faz partilhar do seu ponto de vista. Quando vem a chuva, na sequência seguinte, é o olhar de Fabiano e Sinhá Vitória que nos orienta. No retorno da seca, ao final do filme, é novamente o olhar do menino maior, aliado ao seu matutar em torno da palavra inferno, que orienta nossas observações. No momento mais dramático da espera de chuva, ocorre uma montagem exemplar que inverte a ordem dos planos: temos um plano geral do céu onde a câmera olha de frente para o sol, numa imagem que bem poderia ser parte de um outro filme com outros objetivos, até de um cartão-postal; mas, sem demora, o filme nos fornece o contracampo no plano seguinte que revela toda a família, estática, a olhar o horizonte e o sol do plano anterior, na esperança de que uma nuvem venha trazer algum indício de chuva. Esse contracampo evidencia a regra de *Vidas secas*: a natureza se faz objeto de atenção na medida em que seu movimento deixa de ser mero espetáculo, para se afirmar como fator de produção, instância limite do desafio à sobrevivência. Apesar de quase sempre observá-las de fora, a narração segue a experiência das personagens, não se antecipando a elas na introdução de novos dados nem fornecendo explicações contextuais que escapem à visão da família de Fabiano. Ou seja, a narração não sabe mais do que eles e é somente no final que, a partir da presença direta do texto de Graciliano Ramos, sua experiência é posta em perspectiva.

Se quisermos usar a oposição lukacsiana entre o narrar e o descrever, o filme de Nelson Pereira, representando os fenômenos na medida de sua significação para os homens dentro de condições determinadas, fica nitidamente ao lado do narrar. Por oposição ao paisagismo de um filme como *O cangaceiro*, *Vidas secas* se caracteriza como obra realista, tal como a define Lukács. O próprio trabalho de Fabiano não se mostra simplesmente a nós pelos seus detalhes curiosos e pelas novidades que traz ao olhar urbano.

Na sequência em que o vaqueiro doma a égua, utilizando a roupa especial que notabiliza o cavaleiro da caatinga, o filme evita o tom exótico pela presença sistemática do olhar mediador do filho mais novo, que observa o pai com admiração — neste ponto, o filme segue o romance. O fato assim representado não é simplesmente o de Fabiano domando a égua, para nosso olhar admirado; é o do menino observando o pai para, em seguida, procurar imitá-lo, numa atitude universal com a qual nos identificamos. Nessa atitude do menino, há implícito um discurso sobre a reprodução, que faz do menino um futuro Fabiano e, desse ato universal de imitação, a forma pela qual ele se educa para substituir o pai naquelas condições sociais particulares, desempenhando o mesmo papel. Nesse discurso implícito, está a superação do descritivismo, do olhar distante, da observação do sertanejo como Outro radicalmente separado de mim.

Diante de certos costumes locais, não é outro o estratagema do filme. Na sequência da cidade, a cerimônia da igreja interessa enquanto experiência de Fabiano ou de Sinhá Vitória. E a dança folclórica da cena noturna revela-se também índice de uma estratificação social: tal como os bens culturais mais urbanizados, também a manifestação local é negada a Fabiano, que está preso e se faz para o olhar do poder, o coronel. Estamos longe do folclore ilustrativo para o olhar exclusivo do espectador, presente em *O cangaceiro*.

Esse domínio do olhar das personagens não é, entretanto, suficiente para produzir o efeito conseguido pelo filme. Ele é capaz de produzir a momentânea representação da experiência da personagem, tal como observei quando da análise de *O pagador de promessas*. Para o efeito global, é necessária sua articulação com outros traços de estilo manifestos nas operações do narra-

O cangaceiro, ou o bandido social como espetáculo

dor: o tratamento do som, o ritmo e o tom despojado de tudo, que marcam a adesão às personagens em diferentes níveis. Assim como, no romance, o estilo indireto livre ganha significação particular em função do tipo de frase de Graciliano Ramos, mesmo quando é do narrador a responsabilidade exclusiva pelo enunciado (que não é pensamento da personagem), no filme, o olhar da câmera, mesmo quando não mediado, carrega a mesma lentidão e paciência, traz o mesmo laconismo das personagens. Há uma decisiva ausência de qualquer reforço emocional pelo som *off*. Não se utiliza música, de qualquer espécie, e o som fica reduzido àquilo que emana da ficção que desfila na imagem. Há uma única exceção: a presença de som *off* no primeiro e no último plano do filme, onde o ruído do carro de boi, pela estridência, tem função dramática fundamental.

Na mesma direção, define-se a questão da intriga em *Vidas secas*. O romance se organiza pela justaposição de episódios que guardam certa descontinuidade. Se é possível estabelecer uma cronologia, esta se impõe pela própria lógica das relações com o meio — na sucessão dos ciclos de inverno e seca — e na relação com a sociedade — na sucessão de etapas do trabalho —, não havendo, no entanto, uma definição clara de que se deve passar de um certo detalhe da vida de Fabiano a outro, segundo uma tessitura bem concatenada de eventos cotidianos. O filme, ao tornar a sucessão de episódios mais linear, minimiza o caráter de justaposição ressaltado no livro. Neusa Pinsard Caccese apontou muito bem essa diferença, mas creio que radicalizou no julgamento, atribuindo a essa linearidade um peso muito grande, como se ela comprometesse o projeto.[9] Ela parte da hipótese de que

---

[9] Neusa Pinsard Caccese, "*Vidas secas*: romance e fita", em Sônia Brayer (org.), *Graciliano Ramos*, Rio de Janeiro, Civilização Brasileira, 1977, pp. 158-64. Na dissertação *Tradução fílmica de um texto literário: Vidas secas* (Universidade de

o romance, na sua totalidade, se constrói a partir do ponto de vista das personagens. Creio não ser o caso. Há uma organização transcendente, um trabalho de enunciação que define um nível próprio de coerência e domina o painel de perspectivas.[10] *Vidas secas*, o romance, não abole a cronologia; é possível discernir um antes e um depois no arranjo geral. *Vidas secas*, o filme, ao tornar essa cronologia mais palpável, acentua, na concatenação, a presença de um centro organizador, diluindo as visões das personagens no fluxo contínuo das ações. Evidentemente, há uma alteração de sentido e de efeito (e alterações há muitas na passagem do romance ao filme), mas o lado convencional do filme, sua linearidade e obediência a padrões clássicos de decupagem, não chega a marcar uma drástica naturalização do romance. A linearidade operada no filme não significa um ajustamento ao padrão convencional pela eliminação do que há de complexo no livro, pois está acompanhada de uma série de operações de estilo que afinam sua perspectiva com a do romance e o distanciam do modelo clássico de construção ficcional no cinema.

Se a construção espacial respeita o jogo da decupagem clássica, a presença da câmera na mão (embora reduzida a casos de

---

São Paulo, 1979), Anna Maria Balogh Ortiz argumenta em direção contrária à de Neusa Caccese, ao caracterizar as formas pelas quais o filme traduz as funções essenciais, a posição dos "sujeitos enunciantes" e as qualificações próprias ao romance de Graciliano Ramos.

[10] Eduardo Peñuela Cañizal aponta as ambiguidades decorrentes da "indefinição posicional" do narrador em *Vidas secas*, o romance. Ao discutir as implicações disto em diferentes níveis de leitura, toma como base a oposição, interna ao processo de enunciação, entre o dito pelo narrador e o visto pelas personagens. Caracteriza, desse modo, a não coincidência entre o visto e o dito, evidenciando a relação disjuntiva entre narrador e personagens. Ver *Duas leituras semióticas*, São Paulo, Perspectiva/Secretaria de Cultura de São Paulo, 1977, pp. 31-52.

O cangaceiro, ou o bandido social como espetáculo

câmera subjetiva) e, de modo mais decisivo, o ritmo da sucessão de planos afastam *Vidas secas* do filme convencional da indústria. Nele, a configuração das ações está mais afinada ao ritmo do filme neorrealista, à rarefação que elimina o conceito particular de intriga dominante no cinema produzido em Hollywood. No detalhe, predomina a valorização do olhar paciente que vem de Zavattini; no conjunto, o modelo do narrar lukacsiano. Na retórica de envolvimento, predomina a confiança na dramaticidade própria do fato encenado, que aconselha um despojamento dos gestos e falas e uma fotografia que recusa as nuanças da paisagem e dos rostos para acentuar o sol, foco de luz que a câmera enfrenta em vez de mascarar.

Para tornar mais clara a significação do silêncio de *Vidas secas*, em sua recusa da eloquência sinfônica, basta comparar sua trilha sonora com a de *O pagador de promessas*, *O cangaceiro* e, de modo especial, com a de *O canto do mar* (1953), filme de Alberto Cavalcanti, praticamente contemporâneo ao de Lima Barreto. Ao contrário do que acontece em *O cangaceiro*, as imagens do sertão no filme de Cavalcanti foram tomadas *in loco*. A apresentação emblemática da terra estorricada pela seca tem grande impacto: em primeiro plano, o chão domina toda a tela e se recorta como a linha do mapa do Nordeste que lhe antecede na tela. O drama da seca se prenuncia na sucessão de imagens de uma família de retirantes que abandona casa e plantação para fugir para o litoral. O tom das imagens não é exatamente igual ao de *Vidas secas*, mas há uma aproximação significativa. A maior diferença vem da trilha sonora. Na fuga da família de Fabiano, o som local, os passos e os olhares definem a proximidade porque, basicamente, não avançam uma significação explícita para o que vemos. Em *O canto do mar*, a partir de certo momento, a música sinfônica, dramática, e a narração *off*, emocionada e ostentando uma eloquência parnasiana no comentário ao drama da seca, acabam produzindo um efeito contrário à mobilização procurada. Não contribuem para a nossa aproximação do fenômeno, desviando a atenção para as filigranas literárias do texto. Prevalece a postura de distância do narrador que procura se adiantar na definição do significado das imagens. Sua compaixão extremada, expressa em linguagem que busca o refinado mas encontra o clichê, cria um abismo entre a atenção desse olhar industrial e a experiência dos focalizados, figuras da tragédia regional, objeto do observador distante.

Vidas secas, ao contrário, procura o movimento inverso, deixando mais aberta a leitura das imagens. Evidentemente, sua decupagem é elaborada dentro daquele esquema que Iuri Lotman aponta: o complexo que se constrói para dar efeito de simplicidade. E não podemos aí simplesmente ver a expressão espontânea do real. Em seu laconismo, o filme é abstrato e depura a matéria-prima com que trabalha, como a linguagem não adjetiva de Graciliano Ramos. É essa concisão, articuladamente à organização do foco narrativo, que permite a superação da eloquência regionalista. *Vidas secas* traz a presença do narrador transcendente que se comporta como centro fixo, dentro de princípios recusados, por exemplo, nos filmes de Glauber Rocha; no entanto, apresenta uma diferença radical frente a *O cangaceiro* e *O pagador de promessas*: esse centro opera de modo muito específico e busca um estilo de representação de modo a estabelecer uma aproximação efetiva com a experiência das personagens. Cada um a seu modo, e em função das diferenças entre os recursos de escritor e cineasta, filme e romance compõem um discurso aberto que evita aquela ostentação de um significado claro avançado pelo narrador. Menos capaz de representar o movimento interno da consciência dos protagonistas, o filme não é a tradução exata do romance, mas encontra, pela sua parcimônia, algumas equivalências na tarefa de representar a particularidade da experiência de Fabiano, Sinhá Vitória, os meninos e Baleia.

A argumentação desenvolvida até aqui procurou acentuar o quanto é necessário articular a análise de procedimentos específicos — estilo indireto livre, decupagem baseada no ponto de vista das personagens, monólogo do narrador-personagem, mediação do cordel — com a consideração do conjunto da obra para que se possa caracterizar seu sentido e seu efeito na representação de determinado universo. O procedimento específico oferece certa possibilidade, mas sua função é determinada pela estrutura da obra, pelo contexto de representação onde ele se insere. A mediação do cordel teria outro efeito se o estilo de *Deus e o diabo* não fosse o que é, e outro sentido teria a narração de Riobaldo se diferente fosse o estilo de Guimarães Rosa. O narrador transcendente, centro fixo de *Vidas secas*, definiria outra proposta se as suas operações não estivessem marcadas pelas suas cautelas aqui comentadas.

Em termos da questão particular que me ocupa, não são os procedimentos específicos que, isoladamente, garantem a superação de um tipo de discurso ou de olhar sobre o sertão. A discussão acima nos apontou a variedade de alternativas na recusa de uma representação que só consegue marcar a distância narrador/narrado ou, na busca de fidelidade ao real, só atinge o pitoresco e sua descrição, às vezes aliada a uma explicitação de significados cuja elaboração vem exclusivamente desse centro distante da experiência focalizada.

Ao procurar romper essa distância, *Vidas secas* caminha em uma direção marcada pela cautela de quem não se permite avançar conclusões. *Deus e o diabo* caminha em direção oposta, marcada pelo impulso de interpretação abrangente das formas de vida e de consciência presentes no Nordeste rural. Tal impulso exige um enfrentamento direto com o problema da compreensão: como penetrar a consciência e as representações desse Outro, o sertanejo, que é, em última instância, objeto do olhar? *Deus e o diabo* não formula, porém faz explodir essa questão. Na tentativa de identificação, de reconciliação radical, faz da separação entre sua origem urbano-industrial e o universo sertanejo um de seus temas, na medida em que exibe, na sua própria estrutura, as contradições do empreendimento. Seu gesto característico é pôr o dedo na ferida através do movimento inverso de quem avança uma resposta antes mesmo de formular o problema, de quem busca uma totalização, uma síntese, antes mesmo de explicitar os termos da contradição a superar.

Num certo sentido, quem explicita os termos da contradição é *Os fuzis* (1964), de Ruy Guerra, como nos deixa claro a análise de Roberto Schwarz.[11] Nesse filme, a experiência sertaneja se configura como universo opaco; e a descontinuidade que separa o mundo de narrador e espectador do mundo da fome é um pressuposto que informa a própria estrutura da obra. Ao contrário de mascarar a distância que faz problemática a identificação, *Os fuzis* a torna incomodamente visível, tendendo a descartar um movimento de compreensão da consciência sertaneja.[12] O retirante marca sua presença como ameaça efetiva ao "civilizado", mas seu rosto impenetrável é sinal de uma alteridade radical.

Se *Os fuzis* tende a expor a fratura, *Deus e o diabo* monta estratagemas para dar o salto arriscado. Não cabe discutir qual

---

[11] Roberto Schwarz, "O cinema e *Os fuzis*", em *O pai de família e outros estudos*, São Paulo, Paz e Terra, 1978, pp. 27-34.

[12] O filme de Leon Hirszman, *São Bernardo* (1972), retoma tal estruturação e procura uma decupagem mais afinada com o distanciamento crítico procurado por esse descentramento, trabalhando mais decisivamente a trilha sonora, no contraponto documentário-ficção.

dos gestos está além ou aquém, se o equacionamento de um ou a totalização problemática do outro. Meu objetivo é, pela acumulação de referências, caracterizar bem este salto porque, na transposição do abismo, não é próprio a *Deus e o diabo* simplificar ou operar a redução de um dos termos ao outro, de modo a costurar as fissuras do real ou da representação. Descontínuo, heterogêneo, assume as ambiguidades, não as dissolve. Creio que minha análise destacou o fundamental: se a representação, sem reduções, da consciência dominada é um gesto impossível, ou quase, *Deus e o diabo*, ao tentá-la, não reflete o mascaramento da linguagem unificada e universal do cinema dominante, nem se põe ao abrigo da racionalidade que a informa. Pelo contrário, recusa o princípio de ordem dessa linguagem, privilegiando a riqueza das contradições face à clareza, à explicação didática. Na convergência de câmera e cordel, leva ao limite a convivência de perspectivas e constitui um universo tipicamente dialógico, no sentido cunhado por Mikhail Bakhtin.[13]

No filme de Glauber, o dialógico assume sentido pleno, pois na sua textura, sintomaticamente qualificada de barroca, não traz apenas a diversidade de vozes que sublinha um espaço de ambiguidades: o debate é circunscrito em torno de uma questão determinada, de tal modo que uma das instâncias nega justamente o que a outra afirma.

---

[13] Mikhail Bakhtin, *La Poétique de Dostoïevski*, Paris, Seuil, 1970 [ed. bras., *Problemas da poética de Dostoiévski*, trad. Paulo Bezerra, Rio de Janeiro, Forense Universitária, 2015, 5ª ed.].

Capítulo 5

Considerações sobre a estética da violência

"Existe, portanto, em toda escritura presente, uma dupla postulação: há o movimento de uma ruptura e o de um advento, há o próprio desenho de toda situação revolucionária, cuja ambiguidade fundamental é que a Revolução deve tirar daquilo que quer destruir a própria imagem do que quer possuir. Como a arte moderna na sua totalidade, a escritura literária traz consigo, ao mesmo tempo, a alienação da História e o sonho da História: como Necessidade, ela atesta o dilaceramento das linguagens, inseparável do dilaceramento das classes; como Liberdade, ela é a consciência desse dilaceramento e o próprio esforço para ultrapassá-lo."

Roland Barthes,
Novos ensaios críticos: o grau zero da escritura

Do Cinema Novo: uma estética da violência, antes de ser primitiva, é revolucionária, eis aí o ponto inicial para que o colonizador compreenda a existência do colonizado; somente conscientizando sua possibilidade única, a violência, o colonizador pode compreender, pelo horror, a força da cultura que ele explora. Enquanto não ergue as armas, o colonizado

Sertão mar

é um escravo; foi preciso um primeiro policial morto para que o francês percebesse um argelino.[1]

Lutar pela cultura nacional significa, antes de tudo, lutar pela liberação nacional, por aquela base material, essencial, que torne possível a construção de uma cultura. Não existe outra forma de luta pela cultura que não a da guerra popular. Tomemos um exemplo: os homens e mulheres que estão no momento lutando, com suas próprias mãos, contra o colonialismo francês na Argélia não são, de forma alguma, estranhos à cultura nacional da Argélia. A cultura nacional argelina está tomando forma e conteúdo na medida em que as batalhas estão sendo travadas, em prisões, sob a guilhotina, e em todo posto militar francês capturado ou destruído.[2]

Há uma semelhança e uma diferença entre a formulação de Glauber Rocha, em termos da estética da violência, e a de Frantz Fanon, em termos da luta concreta de libertação nacional nos países colonizados.

A semelhança está na defesa comum da legitimidade da violência como possibilidade única do colonizado frente à dominação a ele imposta, num tipo de argumentação que toma como base a dialética do senhor/escravo, de origem hegeliana. Na "situação colonial", estamos no terreno da contradição, e não

---

[1] Glauber Rocha, "Uma estética da fome", *Revista Civilização Brasileira*, nº 3, jul. 1963, p. 165.

[2] Frantz Fanon, *The Wretched of the Earth*, Nova York, Grove Press, 1968, p. 233 [ed. bras., *Os condenados da terra*, trad. José Laurênio de Melo, Rio de Janeiro, Civilização Brasileira, 1968].

no da pura diferença: a afirmação do eu se dá pela negação do outro que me nega.

Entretanto, ao fazer uma transposição de nível, o manifesto de Glauber Rocha refere-se à produção cultural, enquanto o texto de Fanon se refere a um processo de luta armada real, em curso na África no momento de sua escrita, processo a que Glauber nos remete na exemplificação que sela a sua metáfora.

Onde Fanon diria "a violência, antes de ser primitiva, é revolucionária", na linha de argumentação de *Os condenados da terra*, Glauber Rocha acrescenta "a estética da violência, antes de ser primitiva, é revolucionária".

Texto escrito para uma mesa-redonda realizada na Itália,[3] "Uma estética da fome", tal como o livro de Fanon, tem essa dimensão de discurso para o Outro, ou seja, para a consciência do colonizador ou do colonizado que ainda se vê com os olhos do colonizador. Faz parte, portanto, de um processo de legitimação do Cinema Novo, enquanto "barbarismo", enquanto cinema não afinado às convenções do Outro — a indústria internacional. Nessa lógica, é uma proclamação de que o Cinema Novo quer se afirmar pela sua violência aos padrões dessa indústria, pela negação de um conceito vigente, pela liberação frente aos seus cânones. Enfim, pelas operações que implicam o repúdio veemente à imitação da arte "civilizada".

Essa convocação à violência no plano simbólico não apenas se faz nos moldes da convocação a uma violência real mas também opera a partir do mesmo pressuposto: a "situação colonial" vivida pela cultura dos autores. No caso de Fanon, situação que assumia os contornos nítidos da realidade colonial

---

[3] Na Resenha do Cinema Latino-Americano, realizada em Gênova, em janeiro de 1965.

africana e das guerras de liberação. No caso de Glauber Rocha, situação que, se válida como expressão metafórica das condições de trabalho dos próprios cineastas, não tinha o mesmo solo histórico, pois a realidade brasileira não era exatamente a mesma. O estatuto político da sociedade brasileira e sua relação com a dominação externa eram outros e, diante disso, o projeto de libertação nacional dominante nas áreas que discutiam a questão da cultura nacional pautava-se pela adoção do modelo clássico da revolução democrático-burguesa anti-imperialista. Atribuía-se à burguesia nacional um papel progressista, num diagnóstico bem diferente do encontrado, por exemplo, em Fanon, que rechaçava qualquer ilusão quanto ao pendor nacionalista dessa classe (para ele, pobre caricatura da Metrópole) nos países do Terceiro Mundo. De qualquer modo, se a luta pelas reformas de base não era tão idêntica à luta anticolonial a que se referia Fanon, uma configuração geral das relações de força internacionais, notadamente a oposição desenvolvido/subdesenvolvido, servia de apoio para uma identificação de perspectivas, para a definição de um destino e de uma luta comuns, sancionados pela identidade do inimigo principal.

Meu interesse é concentrar essas considerações na presença desse modelo colonial na consciência dos cineastas, independentemente da justeza ou precisão do seu diagnóstico, e na perspectiva de trabalho que se elabora a partir daí: a procura de afirmação de uma cultura nacional como instrumento de luta. Na medida em que cineasta, músico, teatrólogo e escritor pensam e trabalham no interior desse modelo, permito-me usar, na minha breve discussão, o próprio esquema de Fanon na caracterização da atitude do intelectual face à colonização. Afinal, esse esquema é parte do nosso referencial dos anos 1960.

Fanon estabelece três posturas básicas, por ele mesmo assumidas como fases de um processo:

Considerações sobre a estética da violência

1. A atitude imitativa, quando o intelectual quer assimilar a cultura da Metrópole e demonstrar sua capacidade de produzir segundo o seu padrão, tomado como Universal;

2. A atitude de rejeição da cultura da Metrópole, quando o intelectual faz um esforço de preservação de identidade e mergulha nas tradições de sua própria cultura ou sai em busca delas, para recuperá-las; aqui, Fanon aponta o aspecto positivo de tal gesto, polo fundamental de uma afirmação de dignidade das raízes, de uma reabilitação da nação perante si mesma que, na valorização do passado pré-colonial, nega o projeto básico do colonizador no plano ideológico, que se assume como quem veio para trazer a luz e livrar a nação da barbárie; porém, ele comenta as ambiguidades que estão inscritas nesse gesto, pois, conforme o mergulho, tal recuperação pode-se perder no mascaramento da realidade presente, na adesão conformista a costumes esvaziados de conteúdo, sobrevivências de práticas não mais condizentes com as exigências do presente; enfim, esse mergulho pode ser um beco sem saída, ou ser manifestação de um gesto populista essencialmente paternal;

3. Fase de compreensão de que existem relações recíprocas entre a luta pela liberdade e a formação da cultura nacional; o intelectual percebe, com profundidade, que "as verdades na nação estão, antes de tudo, na sua realidade (atual)" e vê na luta pela libertação, pela soberania nacional, o processo fundamental que cria as condições para uma cultura nacional viva, para um renascimento da imaginação e uma renovação das formas de expressão. Esta terceira fase está expressa na própria consciência de Fanon, tal como deixa claro o texto citado na abertura.

Nessa definição teórica, como em um modelo, as alternativas se apresentam em estado puro. Na verdade, as atitudes possíveis se fazem presentes de modo mais complexo no processo histórico, de uma forma mais embaralhada e, muitas vezes, se confundindo. Olhando para o caso brasileiro a partir desse referencial, podemos, por exemplo, ver manifesta em filmes como *O cangaceiro* uma atitude que funde o imitativo frente à Metrópole e uma valorização do nacional de tom conservador (face já de um projeto burguês-populista?). Por outro lado, no início dos anos 1960, encontramos amálgamas curiosos. Torna-se nítida uma vertente crítica que, no cinema e nas artes em geral, procura a superação de um nacionalismo conservador e formal, ataca as alternativas anteriores e debruça-se sobre a realidade presente e suas verdades, proclamando uma urgente participação na história nos moldes da terceira atitude apontada por Fanon. Esse olhar para o futuro, no entanto, não dispensa a necessidade de, no plano da produção cultural, definir uma perspectiva diante das representações herdadas.

O inventário de Fanon, admitindo que o fundamental é a transformação política, uma vez que o processo de libertação supostamente cria as condições para uma cultura nacional viva, caracteriza a terceira fase sem se deter na consideração sobre os possíveis posicionamentos, do intelectual e da burocracia, diante da herança nacional, diante daquela tradição na qual, segundo ele, o intelectual mergulha mais radicalmente na segunda fase. Fala, de modo genérico, na necessidade de estabelecer a ponte entre o passado e o futuro, mas não desenvolve a discussão sobre o caráter problemático dessa tarefa. A questão da cultura nacional no Brasil pré-1964 permite evidenciar alguns problemas.

Naquele momento, o nacional-popular estava (como ainda hoje está, para muitos intelectuais) na ordem do dia. A fórmula cultura nacional-popular afirma uma identidade que, de direito, funde as categorias de povo e nação, quase sempre sem uma determinação clara dos termos. E toda a discussão sobre a cultura nacional cristaliza-se como uma discussão sobre a cultura popular. A indeterminação de origem acarreta, no entanto, uma série de esquematizações que, de fato, geram o divórcio frente ao popular, onde a consciência quer ver a sintonia. Se as propostas dos Centros Populares de Cultura (CPCs), as formulações de Ferreira Gullar[4] e as discussões dos cineastas definem o engajamento que Fanon privilegia, o seu nacionalismo cultural se vê muitas vezes enredado em contradições que a crítica pós-1964 apontou.[5] A proposta de cultura popular de Carlos Estevam Martins (ver "Anteprojeto do Manifesto do CPC") é um exemplo-limite dessas contradições, gerando paradoxos já apontados por Sebastião Uchoa Leite, em 1965, e por Renato Ortiz, mais recentemente.[6]

Nela, o popular sofre um esvaziamento de conteúdo, sendo reduzido à mera forma (depósito de protocolos de comunicação) que o intelectual utiliza para conferir comunicabilidade ao conteúdo revolucionário de sua mensagem. Esse esvaziamento se dá por outra via, mas, no fundo, resulta equivalente ao operado na segunda alternativa de Fanon (populismo conservador). Pelo paternalismo, pela distância frente ao popular que lhes é comum, os extremos se encontram: num caso, o objetivo é conservar; no outro, é guiar a transformação e controlá-la. Na perspectiva conservadora, o intelectual se aliena no popular, pela assimilação fetichizada da tradição; numa certa perspectiva progressista, ele se aliena do popular, pela leitura esquemática que dele faz como

---

[4] Ferreira Gullar, *Cultura posta em questão: vanguarda e subdesenvolvimento* [1965], Rio de Janeiro, José Olympio, 2002.

[5] *Terra em transe* (1966-67), do próprio Glauber Rocha, é uma das instâncias dessa crítica.

[6] Ver Sebastião Uchoa Leite, "Cultura popular: esboço de uma resenha crítica", *Revista Civilização Brasileira*, n° 4, 1965, pp. 269-90; Renato Ortiz, "Cultura popular: organização e ideologia", *Cadernos de Opinião*, n° 12, 1979, pp. 65-9.

falsa consciência (por definição). Denuncia a alienação que vê como inerente à produção cultural do povo, sem questionar se esta não é senão a sua forma de entendê-la, de reduzi-la à pura estética.

Obstáculo à formação da consciência transformadora, o popular empiricamente dado é substituído pelo popular construído pelo discurso. O instrumentalismo do CPC, por exemplo, tende a anular qualquer função às representações que não seja a estritamente política. Isto obriga à rejeição do que é dado e à definição arbitrária de um popular reinventado (como em outras esferas se inventou o povo já pronto para assumir sua vocação revolucionária). Desse modo, transforma-se a função do adjetivo: de qualificação que indica o sujeito do discurso, o popular passa a qualificar o seu destinatário, o elemento a conscientizar. O exemplo mais nítido dessa operação é o texto de Carlos Estevam, mas ela não lhe é exclusiva. No debate publicado no livro *Deus e o diabo na terra do sol* (1965), as formulações de Luís Carlos Maciel e Leon Hirszman sustentam a defesa do filme de Glauber como popular na ideia de que ele se põe na "perspectiva popular", define-se como produto alinhado aos interesses do povo-nação. Cito essas expressões para caracterizar o quanto, naquele momento, a condição de popular se definia no circuito fechado da conversa do grupo intelectual produtor da arte engajada. São elas que, aliadas às características de certos filmes, constituem o alvo da crítica, por exemplo, de Jean-Claude Bernardet, que centra fogo nos compromissos do Cinema Novo com o populismo, com a noção de "ida ao povo" como gesto paternal, não dialógico.

No debate, no manifesto, Glauber Rocha muitas vezes parece esquecer o caráter metafórico de sua própria menção à violência do colonizado. A metáfora é produtiva enquanto caracterização e palavra de ordem que informa uma opção de estilo cinematográfico, mas é ilusória se entendida como definição de um gesto que expressa a total sintonia entre o intelectual e a luta do povo-nação, como se essa luta, tal como nos exemplos de Fanon, estivesse em pleno curso, num movimento orgânico e integrado nas vésperas da libertação. Hoje, tornou-se já lugar-comum denunciar essa ilusão, mas, em 1959-64, ela era proclamada em diferentes focos de reflexão, notadamente no Instituto Superior de Estudos Brasileiros (ISEB), onde encontramos a ideia de que era urgente formular a teoria do desenvolvimento, da libertação nacional, porque o momento histórico o exigia e porque tal perspectiva, amadurecida, estava no inconsciente do povo, como uma espécie de ideologia balbuciante e não formulada, sendo tarefa do intelectual explicitá-la.[7] Na perspectiva do ISEB, predominava, na concepção mesma do trabalho teórico, aquela noção humanista da história como projeto, onde a nação-sujeito (substituta da consciência individual-sujeito de Jean-Paul Sartre) definiria suas opções, se autodeterminando e moldando seu futuro.

Diante de formulações como essa, o fundamental aqui não é reiterar a denúncia das ilusões do passado, mas buscar uma definição mais precisa de sua incidência num projeto particular, que tem significação particular, não apenas refletindo as tendências da época, mas afirmando algo original não redutível aos diagnósticos gerais. Nesse aspecto, a minha análise dos filmes de Glauber Rocha procura constituir uma evidência de que há algo neles que ultrapassa as proclamações, ensaios e manifestos. Ou seja, enquanto estruturas específicas, esses filmes não se pautam por aquela coerência que expressa univocamente as racio-

---

[7] Caio Navarro de Toledo, *ISEB: fábrica de ideologias*, São Paulo, Ática, 1977.

nalizações da ideologia, mas o que há de problemático nessas racionalizações.

Já apontei como, na batalha do cinema de autor e na recusa da postura didático-instrumentalista do CPC, Glauber produz uma incorporação peculiar das representações populares ao seu discurso cinematográfico. Nos termos dessas considerações, Glauber, como intelectual, combina, à sua maneira, a segunda e a terceira alternativas de Fanon. Afastando-se do esvaziamento do popular, próprio à sua incorporação como mero adorno ou ao seu uso pelo aspecto comunicativo, seu trabalho enfrenta problemas diferentes, mais vinculados às ambiguidades de seu mergulho, para valer, nos valores da tradição. Não é casual o fato de Glauber lidar com grupos explorados que já sedimentaram um universo de representações próprio, trabalhado e retrabalhado no nível do imaginário — o universo da cultura africana, no caso dos pescadores de *Barravento*, e o universo do sertão, da "civilização do couro", no caso de *Deus e o diabo*. Esses são segmentos da sociedade cuja identidade cultural, ganhando contornos mais nítidos, permite uma aproximação maior com o modelo colonial e tornam aparentemente mais decisiva a tarefa de, juntamente com a análise da exploração do trabalho, recuperar, dignificar o passado nacional. A situação seria outra se o discurso sobre a exploração focalizasse o proletariado urbano, camada pertencente ao Brasil moderno.

Os pescadores e o vaqueiro não trazem em si, dadas, as dimensões da totalidade da nação; mas a operação de isolamento, do sertão ou da aldeia da praia, de construção de um microcosmo, que domina os dois filmes, pode colocar seus contextos como representantes dessa categoria mais ampla do nacional. Independentemente da legitimidade dessa representação, a escolha de segmentos que se ajustam à ideia de que existe um universo de representações suporte de uma identidade verificável

Considerações sobre a estética da violência

tem seu rendimento. Contorna exatamente a questão da identidade, complexa se assumida em termos da totalidade do país.[8] Não há propriamente um puro contornar, pois os segmentos escolhidos já sugerem um tipo de resposta. A visão dualista do Brasil — que opõe o país moderno ao país arcaico — mostra aqui sua vigência: a cultura autêntica da nação está fora da esfera urbano-industrial.[9]

Essa visão dualista, ao valorizar as representações emanadas do país arcaico, condena o urbano-industrial como espaço de contaminação pelo estrangeiro, de produção mercantil sob tutela do imperialismo. O modelo colonial de interpretação reflete-se claramente nessa dicotomia, poderíamos dizer maniqueísmo. E apresenta curiosa inversão de sinais frente à valorização econômica e política, onde o progressismo e as reformas de base são entendidos como reivindicação do país moderno, incluída a burguesia nacional.

O impasse mais evidente, porém, ocorre dentro da própria esfera cultural. A definição de cultura popular, conforme comentado aqui, se vê na condição de afirmar o valor nacional, frente ao estrangeiro, e o não valor, enquanto alienação diante da dominação de classe. Enredada em duas esquematizações — a maniqueísta, no tocante à oposição nacional/estrangeiro, e a imobilizadora, no que se refere à cultura do povo, reduzida a reflexo mecânico da dominação —, a teoria da cultura popular não consegue estabelecer as mediações entre a sua afirmação no eixo da "situação colonial" e o seu estatuto ambíguo no eixo das

---

[8] Paulo Emílio Sales Gomes equaciona especificamente essa complexidade. Ver seu livro *Cinema: trajetória no subdesenvolvimento* [1980], São Paulo, Paz e Terra, 2001, 4ª ed.

[9] É significativo que, em 1960-63, a chanchada não caiba no conceito do popular privilegiado pela esquerda, avessa às formas urbanas de diversão.

contradições internas entre as classes da sociedade brasileira. Não se elabora o aspecto contraditório da representação das classes dominadas. Esta é expressão da dominação e, ao mesmo tempo, resistência a ela, uma forma específica de reelaboração dos valores e não apenas a reprodução e aceitação absoluta deles. Além do mais, em contrapartida, não se elabora também o aspecto contraditório da empresa do intelectual, ou seja, o autoritarismo presente na sua proclamação democrática.[10]

Barravento e *Deus e o diabo* estão, inegavelmente, inseridos nesse contexto de problemas, impasses, paradoxos. Porém, dentro dele, sua condição é peculiar. Marcados pela postura de conscientização própria aos projetos da época, os dois filmes manifestam algo além do autoritarismo populista, pois a boa arte não se reduz a um mero duplo da ideologia. Longe de, simplesmente, refleti-la e mascará-la, evidenciam as suas contradições porque internalizam o duplo movimento de valorização-desvalorização do popular. Seguindo a tendência geral, elaboram a crítica das representações das classes dominadas na base do conceito de alienação. Mas, contendo em si um movimento de afirmação dessas representações como resistência, lugares de uma identidade a ser tomada como ponto de partida, esses filmes se marcam também pela adesão e pelo elogio. Assumem, para valer, as significações por elas elaboradas e buscam nelas alguma lição sobre a experiência, não apenas a forma comunicativa.

A teleologia de *Deus e o diabo* pressupõe um plano da história já desenhado. Nesse particular, traz dentro de si as premissas que orientavam também determinadas propostas políticas baseadas num modelo da transformação social como cumpri-

---

[10] Marilena Chaui, "Cultura do povo e autoritarismo das elites", em *Conformismo e resistência: aspectos da cultura popular no Brasil* [1986], São Paulo, Brasiliense, 1989, pp. 47-85.

Considerações sobre a estética da violência

mento de etapas sucessivas já prefiguradas no plano da história, modelo que justificava a aliança dos revolucionários com a burguesia nacional e projetava uma vocação histórica de cunho progressista nos líderes populistas. Na convergência das teleologias, enquanto o discurso político fazia uso de uma terminologia científica, o filme realiza esses pressupostos a partir da mediação da linguagem popular cristalizada na tradição oral. Nesse sentido, o próprio movimento da obra revela, ao invés de mascarar, o quanto a história que estava na cabeça dos não alienados, dos lúcidos livres de superstições, era afinada com a noção de destino própria à consciência alienada; fica exposta a matriz comum — a lógica da profecia — que orientava a lida de ambas com as aberturas do tempo, a constituição do novo, o futuro. *Deus e o diabo*, contendo em si o duplo movimento aqui caracterizado, procura fazer a ponte passado-futuro proposta por Fanon, impostando a revolução como retomada da experiência rebelde presente na memória que reelabora as tradições do sertão. Se resulta contraditório e mergulha na ambivalência, é porque essa ponte passado-futuro e a reconciliação dos universos separados, na realidade e na ideologia, é altamente problemática. Enfrentando esse desafio maior, o filme paga o preço de seu projeto de totalização.

Quando digo "paga o preço", não penso apenas nos dilaceramentos internos aqui analisados. Penso também nos problemas enfrentados por esse tipo de discurso no debate com as condições imediatas de circulação e consumo que ultrapassam a vontade do cineasta. A estética da violência recusa as fórmulas do espetáculo convencional, pois estas não podem ser usadas impunemente; via de regra, levam à realização da lógica do mercado e tendem a neutralizar o tom revolucionário da proposta. Ao concretizar a sua recusa, a estética da violência cristaliza-se em filmes talvez por demais complexos para quem exige e acredita numa militância política de efeitos imediatos em grandes plateias. Se a violência permanece metáfora e, num primeiro momento, tende a se confinar na esfera do estético, a raiz do problema não está nos filmes; está nas condições sociais e políticas que determinaram e têm determinado o espaço de intervenção para trabalhos dessa natureza. Estes enfrentam os desafios e limites próprios a uma produção cinematográfica que, empenhada na crítica, se recusa a assumir uma concepção instrumentalista da cultura popular ou não.

O processo cultural tem suas mediações e a significação — inclusive política — de filmes particulares depende de muitos fatores e evolui no tempo, marcando incidências e provocando transformações, a longo prazo, que se manifestam na própria produção de cinema e nas representações encontradas em diferentes setores da sociedade. Há trabalhos que permanecem na história apenas como sintomas de certas linhas de força vigentes em determinado momento, documentos de época sem maior expressão. Outros são seminais e decisivos para encaminhamentos futuros, tendo seu papel nas reformulações — obrigatórias pelo viés da experiência — das concepções que se tem das relações entre arte, ideologia e política. Creio que os filmes de Glauber aqui estudados se encontram entre os últimos e, por isso mesmo, continuam a nos desafiar e a estimular o debate. Realizada em filmes como *Barravento* e *Deus e o diabo na terra do sol*, a metáfora de Glauber mostrou a sua fecundidade. A estética da fome — no eixo colonizador/colonizado traduzida como estética da violência — expressa, efetivamente, o questionamento à universalidade absoluta de um conceito de cinema engendrado nos centros de decisão internacional. Na verdade, manifesta, na sua particularidade, uma problemática bem mais ampla, não exclusivamente brasileira, marcando a participação ativa, a intervenção que se torna via inspiradora, do Cinema Novo no debate internacional no nível da produção e da própria linguagem.

Considerações sobre a estética da violência

No plano interno, pela sintonia com os debates mais amplos que lhe foram contemporâneos, o Cinema Novo se definiu como instância de atualização do cinema brasileiro — abertura da brecha pela qual fluíram as experiências e pesquisas mais diversificadas dos cineastas independentes, alinhados ou em oposição, a partir de 1968, ao grupo liderado por Glauber. Daí a analogia frequente com o modernismo de 1922, usada para selar essa tarefa comum de atualizar a produção cultural.

Na sua resposta às condições de subdesenvolvimento da produção, às exigências do engajamento político e às questões da cultura popular, os primeiros filmes de Glauber compõem estruturas complexas e soluções originais que aprofundam interrogações próprias a um contexto nacional específico sem reduzir seu alcance a essa esfera particular. Seu impacto e sua significação internacionais não se reduzem a momentos de entusiasmo de certa crítica com sede de Terceiro Mundo, nem a golpes de teatro de uma política de festivais. Há um solo consistente que dá força a esses filmes como fator de criação e referência crítica para os novos cinemas que emergiram decisivamente a partir dos anos 1960 fora dos grandes centros industriais. Esse solo está na textura dos filmes, fortes porque expressão tensa e desafiadora de um projeto de transformação e seus problemas, limites, utopias e contradições.

Depois de 1964, o cinema de Glauber responderá à crise do projeto com *Terra em transe*, filme que constitui a manifestação mais exacerbada do impulso glauberiano de totalização, impulso sempre peculiar porque traça um esquema do mundo e, ao mesmo tempo, inclui no traçado o excesso de dados, as múltiplas determinações, as abstrações e dúvidas que, via de regra, nos condenam a uma visão fragmentada da experiência e da sociedade. O espaço da cena se amplia: se em *Barravento* a aldeia é o todo ordenado e se em *Deus e o diabo* "o sertão é mundo", em *Terra em transe* mergulhamos em Eldorado — alegoria do trópico enquanto palco da empresa colonial e de seus prolongamentos históricos. Como em *Deus e o diabo*, há uma recapitulação de história, também esquemática (a alegoria do golpe de Estado se desenha a partir de meia dúzia de agentes que condensam as forças em luta). E os movimentos cruzados aí reaparecem: em tudo na estória do golpe se fala a linguagem do interesse de classe e do jogo do poder arbitrado pelo capital e, simultaneamente, em tudo na confluência dos gestos das figuras grotescas que encenam a história de Eldorado trabalha uma ordem simbólica reveladora de forças que se explicam com os parâmetros do ritual, da causalidade mágica, do carisma, do sacrifício de sangue. São tais elementos que vão contribuir para que se corporifique a representação do evento político como convulsão geral, cósmica, cuja expressão maior é a metáfora do transe — essa metáfora, como matriz para se pensar a realidade de Eldorado, sela um irônico deslocamento pelo qual a lógica que rege a superstição dos dominados é, em última análise, a melhor explicação para o comportamento das classes dominantes e da esquerda (em *Deus e o diabo*, num processo semelhante, a lógica da profecia fizera a mediação entre o mito popular e o mito iluminista da salvação).

Com *Terra em transe*, o eixo da reflexão se desloca e os movimentos cruzados do cinema de Glauber se tornam mais dramáticos e mais incômodos; provocação de amplos efeitos. A mesma sobreposição de lógicas em princípio incompatíveis vai ocorrer em meio a uma avalanche de gestos e de falas, o ritmo deixando o espectador sem fôlego, trazendo a muitos a impressão de caos, pois o filme não ressalta os esquemas que, dentro dele, organizam a representação; prevalece a sucessão de choques. E o desconforto se acentua porque o característico embaralhamento de focos — a constituição de um discurso de centro instável,

Considerações sobre a estética da violência

onde a própria enunciação traz a marca de um dilaceramento — tem como elemento catalisador a figura do intelectual-poeta--jornalista Paulo Martins. Ou seja, o eixo das oscilações entre adesão e crítica, identificação e afastamento, é uma personagem com que os interlocutores primeiros de *Terra em transe* têm tudo a ver, o que não ocorre exatamente no caso dos dois primeiros filmes. A modulação do ponto de vista vai permitir que, na aparência de uma recapitulação a partir da agonia do poeta, se desenvolva de forma ordenada o esquema do mundo e, simultaneamente, se dê conta do jogo de paixões, ressentimentos, delírios e obsessões da consciência agonizante, pondo em questão os pressupostos estéticos e políticos de toda uma época. Se não faltam sequências didáticas próprias à pedagogia presente desde *Barravento*, a tonalidade maior do relato é a de uma alegoria do desencanto; o *télos* salvacional, presente e problemático em *Deus e o diabo*, é substituído por uma consciência abismal de fracasso. Enquanto Paulo Martins condensa na sua agonia a experiência limite de um período, o filme repõe o debate sobre o nacional--popular — quem é o povo no Brasil? qual é o seu lugar na cena política? —, desmontando o teatro populista.

Em 1966-67, na reflexão sobre a derrota, a articulação dos dados será, portanto, diferente. A violência inscrita na própria forma dos filmes de Glauber se apresenta menos como metáfora articulada à experiência social da fome e mais como uma experiência de choque que se apoia na tensão entre a vontade de ordem, equacionamento, e a acumulação incontida dos dados da crise. O desconcerto é função de excessos, não de carências. E, pelo excesso, vêm a primeiro plano uma iconografia, uma acumulação de fragmentos da experiência e da paisagem de país periférico, um desfile de objetos, símbolos e clichês de comportamento que passam a estabelecer, cada elemento a seu modo, uma relação peculiar com o espectador em desconforto diante da impressão primeira de desordem. O horizonte é ainda o de uma visão totalizadora que tudo encaixa numa ordem geral das coisas; no entanto, é clara a ameaça da força própria, desgarrada, de elementos particulares cujo poder de significação se torna independente de tal ordem geral. O conflito entre um princípio de unidade e a vontade de tudo incluir chega ao limite. O principal vetor ainda aponta para uma afirmação da totalidade e há, na montagem do filme, um sentido de amarração, de encaixes, que procura canalizar a avalanche. Mas define que, entre o esquema do mundo e o dilaceramento, é impossível a escolha (intensifica-se a contradição já presente em *Deus e o diabo*).

Isto posto, ressalta-se o papel-chave do cinema de Glauber nos anos 1960. Pois, exposta a crise de uma teleologia da história até então assumida como certeza, em questão a totalidade, as amarras vão se soltar mais nitidamente no momento cultural seguinte: a eclosão do tropicalismo. Quando artistas de diferentes campos responderem ao impacto e às interrogações deixadas pelos transbordamentos de *Terra em transe*, a descontinuidade e a acumulação de fragmentos serão trabalhadas dentro de outra ótica; o corpo a corpo com os dados imediatos da experiência de país periférico não será mais mediado pela armadura teleológica que garantia a salvação e fornecia um critério determinado para separar o relevante do descartável. Uma suspensão de hierarquias colocará em foco alguns pontos cegos do presente que a racionalização anterior recalcava.

Dialogar com as contradições do cinema de Glauber Rocha é fundamentalmente isso: evidenciar pontos cegos. Principalmente os nossos.

Bibliografia geral

AMENGUAL, Barthélémy. "Glauber Rocha e os caminhos da liberdade", em Raquel Gerber (org.). *Glauber Rocha*, trad. Júlio Cesar Montenegro. Rio de Janeiro: Paz e Terra, 1977, 2ª ed.

AUERBACH, Erich. *Mimesis*. Princeton: Princeton University Press, 1953 [ed. bras., *Mímesis: a representação da realidade na literatura ocidental*, trad. George Sperber. São Paulo: Perspectiva, 2015, 6ª ed.].

AUGUSTO, Sérgio. "Uma visão de *Deus e o diabo*", em Glauber Rocha e outros. *Deus e o diabo na terra do sol*. Rio de Janeiro: Civilização Brasileira, 1965.

BAKHTIN, Mikhail. *La Poétique de Dostoïevski*. Paris, Seuil, 1970 [ed. bras., *Problemas da poética de Dostoiévski*, trad. Paulo Bezerra. Rio de Janeiro: Forense Universitária, 2015, 5ª ed.].

BARTHES, Roland. *Novos ensaios críticos: o grau zero da escritura*, trad. Heloysa de Lima Dantas e outros. São Paulo: Cultrix, 1974.

BAZIN, André. *Qu'est-ce que le cinéma?* Paris: Cerf, 1975.

BENJAMIN, Walter. "The Storyteller", em *Illuminations*. Nova York: Schocken Books, 1969 [ed. bras.: "O narrador: considerações sobre a obra de Nikolai Leskov", em *Obras escolhidas: magia e técnica, arte e política*, vol. 1, trad. Sergio Paulo Rouanet. São Paulo: Brasiliense, 1985].

_____. *The Origin of the German Tragic Drama*. Londres: New Left Books, 1977 [ed. bras., *Origem do drama barroco alemão*, trad. Sergio Paulo Rouanet. São Paulo: Brasiliense, 1984].

BERNARDET, Jean-Claude. *Brasil em tempo de cinema: ensaio sobre o cinema brasileiro de 1958 a 1966*. São Paulo: Companhia das Letras, 2007.

Sertão mar

_____. *Trajetória crítica*. São Paulo: Polis, 1978.

_____. *Cinema brasileiro: propostas para uma história*. Rio de Janeiro: Paz e Terra, 1979.

BOOTH, Wayne C. *The Rhetoric of Fiction*. Chicago: The University of Chicago Press, 1961.

BOSI, Alfredo. *História concisa da literatura brasileira*. São Paulo: Cultrix, 2017, 51ª ed.

BRAYER, Sônia (org.). *Graciliano Ramos*. Rio de Janeiro: Civilização Brasileira, col. Fortuna Crítica, 1977.

BRECHT, Bertolt. *Brecht on Theatre*. Nova York: Hill and Wang, 1976.

BROWNE, Nick. "The Spectator-in-the-Text: The Rethoric of *Stagecoach*". *Film Quarterly*, Berkeley, University of California Press, inverno 1975-76 [ed. bras., "O espectador-no-texto: a retórica de *No tempo das diligências*", em Fernão Ramos (org.). *Teoria contemporânea do cinema*, vol. 2. São Paulo: Senac São Paulo, 2005].

BURCH, Nöel. *Práxis du cinéma*. Paris: Gallimard, 1969 [ed. bras., *Práxis do cinema*, trad. Marcelle Pithon e Regina Machado. São Paulo: Perspectiva, 1992].

CACCESE, Neusa Pinsard. "*Vidas secas*: romance e fita", em Sônia Brayer (org.). *Graciliano Ramos*. Rio de Janeiro: Civilização Brasileira, 1977.

CANDIDO, Antonio. *Formação da literatura brasileira*. Rio de Janeiro: Ouro sobre Azul, 2017, 16ª ed.

_____. *Ficção e confissão: ensaios sobre Graciliano Ramos*. Rio de Janeiro: Ouro sobre Azul, 2012, 4ª ed.

_____. *Vários escritos*. Rio de Janeiro: Ouro sobre Azul, 2017, 6ª ed.

_____. *Tese e antítese*. Rio de Janeiro: Ouro sobre Azul, 2017, 6ª ed.

_____. *Literatura e sociedade*. Rio de Janeiro: Ouro sobre Azul, 2014, 13ª ed.

CAÑIZAL, Eduardo Peñuela. *Duas leituras semióticas*. São Paulo: Perspectiva/Secretaria de Cultura de São Paulo, 1977.

CASCUDO, Luís da Câmara. *Literatura oral no Brasil*. Rio de Janeiro: José Olympio, 1978.

Bibliografia geral

CHAUI, Marilena. "Cultura do povo e autoritarismo das elites", em *Conformismo e resistência: aspectos da cultura popular no Brasil*. São Paulo: Brasiliense, 1989.

COLLINGWOOD, Robert G. *A ideia de história*. Lisboa: Presença, s.d.

CORBISIER, Roland. *Formação e problema da cultura brasileira*. Rio de Janeiro: MEC/ISEB, 1958.

CORTEZ, Marcius Frederico. "Relações de classe na literatura de cordel". *Revista Civilização Brasileira*, nº 5-6, Rio de Janeiro, Civilização Brasileira, mar. 1966.

CUNHA, Euclides da. *Os sertões*. Rio de Janeiro: Francisco Alves, 1957, 25ª ed.

EIKHENBAUM, Boris M., e outros. *Teoria da literatura: formalistas russos*, trad. Ana Mariza R. Filipouski e outros. Porto Alegre: Globo, 1971.

EISENSTEIN, Serguei. *Film Form*. Nova York: Harcourt, Brace & World, Inc., 1949 [ed. bras., *A forma do filme*, trad. Tereza Ottoni. Rio de Janeiro: Zahar, 1990].

ELIADE, Mircea. *Mito e realidade*, trad. Pola Civelli. São Paulo: Perspectiva, 1972.

_____. *El mito del eterno retorno*. Madri: Alianza/Emece, 1972.

FACÓ, Ruy. *Cangaceiros e fanáticos*. Rio de Janeiro: Civilização Brasileira, 1963.

FANON, Frantz. *The Wretched of the Earth*. Nova York: Grove Press, 1968 [ed. bras., *Os condenados da terra*, trad. José Laurênio de Melo. Rio de Janeiro: Civilização Brasileira, 1968].

FAUSTO NETO, Antônio. *Cordel e a ideologia da punição*. Rio de Janeiro: Vozes, 1978.

FERREIRA, Jerusa Pires. *Cavalaria em cordel*. São Paulo: Hucitec, 1979.

GALVÃO, Maria Rita Eliezer. "Cartão-postal: apontamentos sobre *Caiçara*". *Almanaque*, nº 6, São Paulo, Brasiliense, 1978.

GALVÃO, Walnice Nogueira. *As formas do falso*. São Paulo: Perspectiva, 1986, 2ª ed.

_____. *No calor da hora*. São Paulo: Ática, 1977.

_____. *Saco de gatos*. São Paulo: Duas Cidades, 1976.

GARDIES, René. *Glauber Rocha*. Paris: Seghers, 1974 [ed. bras., "Glauber Rocha: política, mito e linguagem", em Raquel Gerber (org.). *Glauber Rocha*, trad. Júlio Cesar Montenegro. Rio de Janeiro: Paz e Terra, 1977.

GENETTE, Gerard. *Figuras*, trad. Ivonne Floripes Mantonelli. São Paulo: Perspectiva, 1972.

GERBER, Raquel. *O mito da civilização atlântica: Glauber Rocha, cinema, política e a estética do inconsciente*. Petrópolis/São Paulo: Vozes/Secretaria de Cultura de São Paulo, 1982.

_____ (org.). *Glauber Rocha*. Rio de Janeiro: Paz e Terra, 1977.

GOMES, Paulo Emílio Sales. "Uma situação colonial", *Crítica de cinema no Suplemento Literário*, vol. II. Rio de Janeiro: Paz e Terra/Embrafilme, 1982.

_____. *Cinema: trajetória no subdesenvolvimento*. São Paulo: Paz e Terra, 2001, 4ª ed.

GRAMSCI, Antonio. *Os intelectuais e a organização da cultura*, trad. Carlos Nelson Coutinho. Rio de Janeiro: Civilização Brasileira, 1968.

_____. *Literatura e vida nacional*, trad. Carlos Nelson Coutinho. Rio de Janeiro: Civilização Brasileira, 1968.

GULLAR, Ferreira. *Cultura posta em questão: vanguarda e subdesenvolvimento*. Rio de Janeiro: José Olympio, 2002.

HEGEL, Georg W. Friedrich. *Filosofía de la historia*. Barcelona: Zeus, 1970.

HOBSBAWM, Eric J.. *Bandits*. Nova York: Laurel, 1969 [ed. bras., *Bandidos*, tradução de Donaldson Garschagen, São Paulo: Paz e Terra, 2015, 5ª ed.].

_____. *Primitive Rebels*. Nova York: W. W. Norton & Company, 1959.

HYPPOLITE, Jean. *Introdução à filosofia da história de Hegel*, trad. José Marcos Lima. Rio de Janeiro: Civilização Brasileira, 1971.

JAMESON, Fredric. "Third World Literature in the Era of Multinational Capitalism". *Social Text*, nº 15, out. 1986.

KRACAUER, Siegfried. *Theory of Film*. Nova York: Oxford University Press, 1960.

LEITE, Sebastião Uchoa. "Cultura popular: esboço de uma resenha crítica". *Revista Civilização Brasileira*, nº 4, set. 1965.

Bibliografia geral

LESKY, Albin. *A tragédia grega*, trad. Jacó Guinsburg e outros. São Paulo: Perspectiva, 1971.

LOTMAN, Iuri. *La Structure du texte artistique*. Paris: Gallimard, 1973.

LUBBOCK, Percy. *The Craft of Fiction*. Nova York: The Viking Press, 1976 [ed. bras., *A técnica da ficção*, trad. Octavio M. Cajado. São Paulo: Cultrix/Edusp, 1976].

LUKÁCS, Georg. *El joven Hegel*. Barcelona: Grijalbo, 1970.

_____. *Writer and Critic and Other Essays*. Nova York: Grosset & Dunlap, 1974.

MACIEL, Luís Carlos. "Dialética da violência", em Glauber Rocha e outros. *Deus e o diabo na terra do sol*. Rio de Janeiro: Civilização Brasileira, 1965.

MARTINS, Carlos Estevam. "Anteprojeto do Manifesto do CPC". *Arte em Revista*, São Paulo, Kairós, nº 1, jan.-mar. 1979.

MARTINS, José de Souza. *Capitalismo e tradicionalismo*. São Paulo: Pioneira, 1975.

METZ, Christian. *Langage et cinéma*. Paris: Larousse, 1971 [ed. bras., *A significação no cinema*, trad. Jean-Claude Bernardet. São Paulo: Perspectiva, 1972].

MONTEIRO, Duglas Teixeira. *Os errantes do novo século*. São Paulo: Duas Cidades, 1974.

MONZANI, Josette. *Gênese de Deus e o diabo na terra do sol*. São Paulo: Annablume/UFBa/Fundação Gregório de Mattos/Fapesp, 2006.

MUNIZ, Edmundo. *A guerra social de Canudos*. Rio de Janeiro: Civilização Brasileira, 1978.

NAVES, Rodrigo. *A forma difícil: ensaios sobre a arte brasileira*. São Paulo: Ática, 1997.

ORTIZ, Anna Maria Balogh. *Tradução fílmica de um texto literário: Vidas secas*. Dissertação de mestrado, São Paulo, Escola de Comunicação e Artes da Universidade de São Paulo, 1979.

ORTIZ, Renato. "Cultura popular: organização e ideologia". *Cadernos de Opinião*, nº 12, Rio de Janeiro, Paz e Terra, jul. 1979.

PARANAGUÁ, Paulo (org.). *Le Cinéma brésilien*. Paris: Centre Georges Pompidou, 1987.

PERDIGÃO, Paulo. "Ficha filmográfica", em Glauber Rocha e outros. *Deus e o diabo na terra do sol*. Rio de Janeiro: Civilização Brasileira, 1965.

PEREIRA, Lúcia Miguel. *Prosa de ficção (1870-1920)*. Belo Horizonte: Itatiaia, 1988.

PONTES, Norma Bahia. "Aproximações literárias e criação crítica", em Glauber Rocha e outros. *Deus e o diabo na terra do sol*. Rio de Janeiro: Civilização Brasileira, 1965.

POUILLON, Jean. *O tempo no romance*, trad. Heloysa de Lima Dantas. São Paulo: Cultrix/Edusp, 1974.

QUEIROZ, Maria Isaura Pereira de. *Os cangaceiros*. São Paulo: Duas Cidades, 1977.

_____. *O messianismo no Brasil e no mundo*. São Paulo: Dominus, 1965.

RAMOS, Fernão (org.). *Teoria contemporânea do cinema*, vol. 2. São Paulo: Senac São Paulo, 2005.

RAMOS, Graciliano. *Vidas secas*. Rio de Janeiro: Record, 1978.

REGO, José Lins do. *Cangaceiros*. Rio de Janeiro: José Olympio, 1964.

REISZ, Karel; MILLAR, Gavin. *A técnica da montagem cinematográfica*, trad. Marcos Margulies. Rio de Janeiro: Civilização Brasileira/Embrafilme, 1978.

ROCHA, Glauber. "Uma estética da fome". *Revista Civilização Brasileira*, nº 3, jul. 1963.

_____. *Revisão crítica do cinema brasileiro*. São Paulo: Cosac Naify, 2003.

ROCHA, Glauber, e outros. *Deus e o diabo na terra do sol*. Rio de Janeiro: Civilização Brasileira, 1965.

ROSENFELD, Anatol. "O misticismo popular na obra de Dias Gomes". *Revista Civilização Brasileira*, nº 14, jul. 1967.

SCHWARZ, Roberto. *O pai de família e outros estudos*. Rio de Janeiro: Paz e Terra, 1978.

_____. *Um mestre na periferia do capitalismo: Machado de Assis*. São Paulo: Duas Cidades/Editora 34, 2012, 5ª ed.

Bibliografia geral

SODRÉ, Nelson Werneck. *Introdução à revolução brasileira*. São Paulo: Ciências Humanas, 1978.

SPITZER, Leo. *Linguistics and Literary History: Essays in Stylistics*. Princeton: Princeton University Press, 1974.

TAVARES, Zulmira Ribeiro. "A desmedida com e sem aspas". *Suplemento Literário* de *O Estado de S. Paulo*, 24 de junho de 1967.

TODOROV, Tzvetan. *As estruturas narrativas*, trad. Leyla Perrone-Moisés. São Paulo: Perspectiva, 1969.

TOLEDO, Caio Navarro de. *ISEB: fábrica de ideologias*. São Paulo: Ática, 1977.

VIANY, Alex. "Debate conduzido por Alex Viany", em Glauber Rocha e outros. *Deus e o diabo na terra do sol*. Rio de Janeiro: Civilização Brasileira, 1965.

WIMSATT JR., William K.; BEARDSLEY, Monroe C. "The Intentional Fallacy". *Sewanee Review*, vol. 54, 1946. Republicado em *The Verbal Icon: Studies in the Meaning of Poetry*. Lexington: University of Kentucky Press, 1954.

XAVIER, Ismail. *O discurso cinematográfico: a opacidade e a transparência*. São Paulo: Paz e Terra, 2008, 4ª ed.

_____. *Alegorias do subdesenvolvimento: Cinema Novo, tropicalismo, cinema marginal*. São Paulo: Cosac Naify, 2012, 2ª ed.

_____. "Glauber Rocha: le désir de l'histoire", em Paulo Paranaguá (org.). *Le Cinéma brésilien*. Paris: Centre Georges Pompidou, 1987 [ed. bras., "Glauber Rocha: o desejo da história", em Ismail Xavier. *O cinema brasileiro moderno*. São Paulo: Paz e Terra, 2001].

Periódicos

Arte em Revista, nº 1 e 2, São Paulo, Kairós, 1979.

Cadernos de Debate, nº 5, São Paulo, Brasiliense, 1978.

Poétique, nº 4, Paris, Seuil, 1970.

Revista Civilização Brasileira, nº 1 a 5-6, Rio de Janeiro, Civilização Brasileira, 1965-67.

Revista Escrita, nº 1, São Paulo, Vertente, 1977.

Posfácio à 2ª edição*

Leandro Saraiva

Mais de vinte anos depois de sua publicação original, em 1983, *Sertão mar: Glauber Rocha e a estética da fome* é finalmente reeditado, agora com estatuto de clássico da crítica cinematográfica.

Como ocorre nestes casos, a força da interpretação obtida é indissociável da exemplaridade e da originalidade de sua construção, de seu método. *Sertão mar* nos apresenta a estética da fome como um estilo cinematográfico que se compõe pela transfiguração de contradições sociais numa forma estética também contraditória, cindida entre vozes narrativas sobrepostas, de origem popular e erudita. Mas, no mesmo movimento, nos ensina como ler um filme, em sua fatura especificamente artística feita de variados e complexos procedimentos audiovisuais, numa iluminação recíproca entre obra de arte e questões gerais, políticas e culturais.

A análise dos quatro filmes estudados em detalhe — dois pares temáticos, em contraponto: *Barravento* x *O pagador de promessas*, *Deus e o diabo na terra do sol* x *O cangaceiro* — é um modelo de rigor e acuidade. Tornou-se uma referência nestes anos de constituição do campo acadêmico dos estudos cinematográ-

---

* Texto publicado originalmente em 2007, como posfácio à 2ª edição do livro pela Cosac Naify. (N. da E.)

ficos, um equivalente para a análise fílmica do que *O discurso cinematográfico*, livro anterior de Ismail Xavier, representou para a teoria do cinema no país.[1] Com *Sertão mar* aprendemos, pela evidência de uma realização prática, que "é necessário articular a análise de procedimentos específicos — estilo indireto livre, decupagem baseada no ponto de vista das personagens, monólogo do narrador-personagem, mediação pelo cordel — com a consideração do conjunto da obra para que se possa caracterizar seu sentido e seu efeito na representação de determinado universo" (p. 205). Mesmo nos contrapontos de apoio à argumentação principal, como na discussão da narrativa clássica em *O pagador de promessas*, há uma primorosa demonstração de como analisar um filme, amplamente útil para todos os que se interessam por crítica cinematográfica.

Para um campo em constituição foi, e ainda é, extremamente importante que esta obra, além de pioneira, se mostrasse tão madura na sua relação com a bibliografia internacional. Não há adesismo a modas nem sombra de ecletismo inconsistente. A apropriação da bibliografia teórica é feita em estilo sóbrio e sempre funcional à argumentação. No campo mais "técnico" dos procedimentos construtivos da narrativa, a semiologia do cinema de Christian Metz, os estudos narratológicos de Iuri Lotman e Percy Lubbock, vindos da crítica literária, e a análise fílmica de Nick Browne não são parafraseados, nem mesmo resenhados em alguma introdução (dita) teórica: são, simplesmente, referidos, sinalizando de modo democrático para com os leitores os diálogos subjacentes ao texto.[2] De modo ainda mais notável, a

---

[1] Ismail Xavier, *O discurso cinematográfico: a opacidade e a transparência* [1977], São Paulo, Paz e Terra, 2008, 4ª ed.

[2] Christian Metz, *A significação no cinema*, trad. Jean-Claude Bernardet, São Paulo, Perspectiva, 1972; Iuri Lotman, *La Structure du texte artistique*, Paris,

Posfácio à 2ª edição

mesma sobriedade preside a relação com gigantes do pensamento crítico, como Mikhail Bakhtin e Erich Auerbach.[3]

A absorção do pensamento de Bakhtin em *Sertão mar* nada tem a ver com a popularização do autor russo em muitos dos estudos contemporâneos. Seria estranho ao trabalho de Ismail a citação do dialogismo bakhtiniano como marca enobrecedora, externa à análise dos materiais em questão, que às vezes é utilizada como álibi para a identificação das mais variadas "vozes" nos textos, ou mesmo de inusitadas influências estéticas. *Sertão mar*, com seu característico rigor, mantém-se no plano da análise imanente, inspirando-se nos estudos do referido autor sobre Dostoiévski para identificar a copresença, em *Barravento* e *Deus e o diabo*, de princípios formais que constroem um sistema duplo e contraditório de perspectivas, com um foco na cultura popular (marcadamente, a literatura de cordel) e outro na filosofia da história da esquerda intelectual contemporânea aos filmes. É essa justaposição que Ismail aponta como fundamento da feição barroca de Glauber, na obra de quem, como diz o crítico, "o dialógico assume sentido pleno, pois na sua textura [...] uma das instâncias nega justamente o que a outra afirma" (p. 207).

Gallimard, 1973; Percy Lubbock, *The Craft of Fiction*, Nova York, The Viking Press, 1976 [ed. bras., *A técnica da ficção*, trad. Octavio M. Cajado, São Paulo, Cultrix/Edusp, 1976]; Nick Browne, "O espectador-no-texto: a retórica de *No tempo das diligências*", em Fernão Ramos (org.), *Teoria contemporânea do cinema*, v. 2, São Paulo, Senac São Paulo, 2005.

[3] Mikhail Bakhtin, *Problemas da poética de Dostoiévski*, trad. Paulo Bezerra, Rio de Janeiro, Forense Universitária, 2015, 5ª ed.; Erich Auerbach, *Mimesis*, Princeton, Princeton University Press, 1953 [ed. bras., *Mímesis: a representação da realidade na literatura ocidental*, trad. George Sperber, São Paulo, Perspectiva, 2015, 6ª ed.].

Longe de ser tomada como "explicação" da obra, esta siste-matização de suas linhas de força serve para balizar a percepção das muitas incorporações estéticas realizadas por Glauber (o *western*, Brecht, Eisenstein, os planos-sequência do cinema direto) e da tremenda potência criativa do seu trabalho de direção.

Em suma, os conceitos estão sempre a serviço, nunca sub-jugando a insubstituível sensibilidade crítica. O esquema, por mais inteligente que seja, nunca "mata" a obra. Ao contrário, ilumina a fruição da permanente pulsação de sentido dos filmes.

Auerbach está também incorporado de modo desassom-brado. Primeiro, no modo de estruturação da análise. A cada passo, ela avança em um estilo que lembra o de *Mimesis*: um tre-cho do filme é selecionado e estudado em minúcia, a fim de fla-grar um aspecto estilístico da obra, como no "movimento em L" da câmera em *Barravento* que liga terra e céu, sugerindo uma explicação metafísica para a tempestade que muda o destino da comunidade; ou como na "dialética da rarefação-condensação" do tempo, que estabelece o "pulsar como estilo", em *Deus e o diabo*. Estas caracterizações formais atuam como pedras de to-que para interpretações mais aprofundadas que o livro vai en-saiando (como, por exemplo, a discussão das concepções de his-tória produzidas em *Deus e o diabo*, feita a partir da pulsação rítmica do filme).

Quando passamos para o plano interpretativo mais geral de *Sertão mar*, Auerbach se faz presente pela utilização do con-ceito de "figura". Para a organização da análise dos filmes de Glauber, a interpretação alegórica de um evento passado como uma figuração — ou pré-figuração — de um evento futuro, es-tabelecendo uma teleologia histórica baseada em uma progres-siva revelação de um sentido último, é deslocada de sua matriz cristã para uma versão revolucionária. Se o barroquismo do au-tor de *Deus e o diabo* é apresentado através do conceito de dia-

Posfácio à 2ª edição

logismo de Bakhtin, seu profetismo aparece nos termos do "figural" auerbachiano.

Messianismo e cangaço, condensados nas figuras do beato Sebastião e de Corisco, são postos em cena sob uma perspectiva que relê a história das expressões populares como um devir revolucionário. Fica assim caracterizada a síntese artística glauberiana: a revisão das manifestações populares de rebeldia na perspectiva de uma erudita filosofia da História, encenada pela transfiguração de elementos iconográficos, musicais, performáticos, advindos da cultura popular.

A interpretação da estética da fome que emerge do elaborado percurso é esclarecedora: os epítetos de "profético" e "barroco", tantas vezes aplicados a Glauber, tornam-se mais precisos através da caracterização da forma de seus filmes do período pré--1964. A versão glauberiana da violência anticolonial — transfiguração estética da proposta revolucionária de Frantz Fanon em *Os condenados da terra* — ganha formulação mais nítida. Não se trata de pura metáfora vanguardista, nem de uma versão "caprichada" da agitação dos Centros Populares de Cultura (CPCs). *Deus e o diabo* e *Barravento* "evidenciam as suas contradições porque internalizam o duplo movimento de valorização-desvalorização do popular" (p. 220), própria à discussão da vanguarda política da época.

Armado dessa interpretação, Ismail chega, na parte final de seu livro, a uma brilhante "digressão sobre o regionalismo a partir da questão do 'ponto de vista'" (p. 192), na qual amplia o quadro comparativo, situando a estética glauberiana em relação aos arranjos narrativos e estilísticos de Guimarães Rosa e Graciliano Ramos, e em relação às outras duas obras-primas da primeira fase do Cinema Novo: *Vidas secas* e *Os fuzis*.

Coroando o círculo hermenêutico de análise e interpretação que conduz *Sertão mar*, Ismail conclui que "o próprio movimento da obra revela, ao invés de mascarar, o quanto a história que estava na cabeça dos não alienados, dos lúcidos livres de superstições, era afinada com a noção de destino própria à consciência alienada; fica exposta a matriz comum — a lógica da profecia — que orientava a lida de ambas com as aberturas do tempo, a constituição do novo, o futuro" (p. 221).

Assim, Ismail leva a termo o projeto, sempre almejado mas de difícil realização, de uma crítica que mostre a forma estética como decantação da experiência histórica.

Essa bem-sucedida aposta nas virtudes da análise imanente das obras alcançou uma precisão que superou — no sentido de incorporar uma interpretação mais complexa e profunda — os mais importantes estudos sobre Glauber até então produzidos: a análise, de viés sociológico, de Antônio das Mortes como expressão das contradições da classe média, empreendida por Jean--Claude Bernardet em *Brasil em tempo de cinema*; a interpretação da autoria glauberiana em termos psicanalíticos, de Raquel Gerber, em *O mito da civilização atlântica*; a esquematização estrutural dos traços do estilo glauberiano feita por René Gardies, no seu livro *Glauber Rocha*; o sucinto, mas estilisticamente acurado, "Dialética da violência", artigo de Luís Carlos Maciel, que analisa os dois primeiros filmes de Glauber em termos de uma progressiva autenticidade existencial-anticolonial.[4] Em *Sertão mar*, autoria e equacionamento de posições de classe no

---

[4] Jean-Claude Bernardet, *O Brasil em tempo de cinema: ensaio sobre o cinema brasileiro de 1958 a 1966* [1967], São Paulo, Companhia das Letras, 2007; Raquel Gerber, *O mito da civilização atlântica: Glauber Rocha, cinema, política e a estética do inconsciente*, Petrópolis/São Paulo, Vozes/Secretaria de Cultura de São Paulo, 1982; René Gardies, *Glauber Rocha*, Paris, Seghers, 1974 [ed. bras., "Glauber Rocha: política, mito e linguagem", em Raquel Gerber (org.), *Glauber Rocha*, São Paulo, Paz e Terra, 1977]; Luís Carlos Maciel, "Dialética da violência", em

Posfácio à 2ª edição

campo cinematográfico — os temas cruciais dessas abordagens anteriores — estão amalgamados em uma análise que toma o texto, a composição interna dos filmes, como campo e limite da reflexão: todas as interpretações estão rigorosamente ancoradas na leitura dos arranjos internos aos filmes, de Glauber e dos autores com ele cotejados.

Visto desde a perspectiva privilegiada de um distanciamento já de quase um quarto de século, o caráter canônico de *Sertão mar* ultrapassa as fronteiras do campo cinematográfico. É um livro capital para a interpretação da cultura brasileira, situando-se ao lado de obras como *Um mestre na periferia do capitalismo*, de Roberto Schwarz,[5] ou *A forma difícil*, de Rodrigo Naves[6] — para citar dois autores que também dialogam com a tradição ensaística da geração da revista *Clima*.[7]

Talvez essa importância cultural mais ampla seja hoje mais perceptível, até como resultado do trabalho subsequente do próprio autor. Depois de completar, em *Alegorias do subdesenvolvimento*,[8] um ciclo de reflexão sobre o auge de nosso modernismo cinematográfico, Ismail vem se dedicando a ampliar as co-

---

Glauber Rocha e outros, *Deus e o diabo na terra do sol*, Rio de Janeiro, Civilização Brasileira, 1965.

[5] Roberto Schwarz, *Um mestre na periferia do capitalismo: Machado de Assis* [1990], São Paulo, Duas Cidades/34, 2012, 5ª ed..

[6] Rodrigo Naves, *A forma difícil: ensaios sobre a arte brasileira* [1996], São Paulo, Companhia das Letras, 2017, 4ª ed.

[7] *Clima* (1941-44), revista editada pelos estudantes da Faculdade de Filosofia da Universidade de São Paulo, da qual faziam parte: Antonio Candido de Mello e Souza, Décio de Almeida Prado, Gilda de Mello e Souza, Ruy Coelho e Lourival Gomes Machado, entre outros.

[8] Ismail Xavier, *Alegorias do subdesenvolvimento: Cinema Novo, tropicalismo, cinema marginal* [1993], São Paulo Cosac Naify, 2012, 2ª ed.

nexões do pensamento sobre cinema com a reflexão sobre outras artes, ao lado de sua atenção à produção cinematográfica contemporânea. Trata-se de uma inflexão que busca responder às transformações ocorridas a partir da Nova República. O enorme aprofundamento da mercantilização da cultura obscureceu o foro privilegiado da grande obra ao estilo modernista. Frente a isso, o crítico ampliou o leque de materiais focalizados por seu método de análise feito da iluminação recíproca das obras, a partir de cotejos que permitem uma interpretação cultural abrangente baseada nesta atenção "molecular" à fatura dos filmes.

O resultado dessa ampliação do seu raio de ação — que não implicou uma diminuição da contundência crítica — foi uma benéfica influência no campo dos estudos cinematográficos, hoje já bem mais diversificado e consolidado, e no terreno dessas relações com outras áreas como a literatura e o teatro. Isso pode propiciar, agora na reedição de *Sertão mar*, a recepção mais aprofundada que a obra merece, o que tem um horizonte de provocação no panorama cultural contemporâneo.

Reler *Sertão mar* nos faz entender a estética da fome não como uma posição entre outras no grande estoque das formas estéticas, mas como uma forma de politizar a estética. Mais do que repor a posição glauberiana, que respondia a uma conjuntura hoje superada, a argumentação de Ismail pode nos ajudar a esclarecer os termos da nova "situação colonial", para citar Paulo Emílio Sales Gomes,[9] esse desafio que agora se repõe em novas bases, obscurecido pela mercantilização geral.

---

[9] Paulo Emílio Sales Gomes, "Uma situação colonial?", *Crítica de cinema no Suplemento Literário*, vol. II, Rio de Janeiro, Paz e Terra/Embrafilme, 1982, pp. 286-91 (atualmente em Paulo Emílio Sales Gomes, *Uma situação colonial?*, Carlos Augusto Calil [org.], São Paulo, Companhia das Letras, 2016, pp. 47-54).

Prefácio à edição francesa

Aviso aos navegantes
de um *Sertão mar**

Mateus Araújo

Creio não ser injusto com ninguém ao afirmar que Ismail Xavier é hoje, aos 60 anos, o mais importante pensador do cinema em atividade no Brasil. Corro um risco ainda menor de injustiça ao apresentá-lo como o mais eminente intérprete de Glauber Rocha no mundo. Os leitores e o próprio interessado me perdoarão o abuso dos superlativos nestes enunciados iniciais algo bruscos, que tem no entanto a vantagem de ir direto ao essencial, chamando as coisas pelo nome, sem acomodações nem desvios diplomáticos. Possam as páginas que seguem justificá-los, apresentando ao leitor francês o itinerário de pensamento de nosso autor e os contornos de sua obra publicada, antes de comentar seu ciclo de estudos sobre Glauber Rocha, do qual este *Sertão mar*, lançado originalmente em 1983, constitui o primeiro volume.

Nascido em 1947, Ismail pertence à primeira geração de estudiosos brasileiros de cinema com formação universitária específica, otimizada em seu caso por um itinerário acadêmico

---

* Texto publicado originalmente em 2008 como prefácio a *Glauber Rocha et l'esthétique de la faim*, edição francesa de *Sertão mar* pela Éditions l'Harmattan, de Paris. O texto foi revisto para esta edição. (N. da E.)

exemplar. Aluno de Paulo Emílio Sales Gomes e Jean-Claude Bernardet na recém-criada Escola de Comunicações e Artes da Universidade de São Paulo no fim dos anos 1960, ele se torna muito cedo, em 1971, professor de cinema desta escola, logo depois de concluir sua graduação, durante a qual teve em 1968-69 uma breve experiência de crítica semanal no *Diário de S. Paulo*, por indicação de Paulo Emílio. Desde então, seu paciente esforço de reflexão se estende por quatro décadas de ensino e pesquisa, que resultaram na formação de dezenas de colegas destacados de várias gerações, dentre os quais Lúcia Nagib e Fernão Ramos; que resultaram também em experiências docentes em universidades americanas (Nova York, Iowa, Chicago), francesas (Paris III — Sorbonne Nouvelle) e inglesas (Leeds). Que resultaram, enfim, e sobretudo, numa imponente obra escrita.

Esta inclui quase duzentos artigos publicados em livros, revistas e jornais no Brasil e no exterior — Estados Unidos, França, Inglaterra, Itália, Espanha, Argentina, México, Alemanha —, e se sedimenta em uma dezena de livros quase sempre muito influentes, quatro dos quais nascidos de teses universitárias de peso, defendidas entre 1975 e 1989 na USP e na New York University (NYU),[1] sob a orientação de intelectuais de grande envergadura, como Paulo Emílio, Antonio Candido e Annette Mi-

---

[1] *À procura da essência do cinema: o caminho da "avant garde" e as iniciações brasileiras*, Universidade São Paulo, 1975 (dissertação de mestrado orientada por Paulo Emílio Sales Gomes); *A narração contraditória: uma análise do estilo de Glauber Rocha, 1962-64*, Universidade de São Paulo, 1979 (tese de doutorado orientada por Paulo Emílio Sales Gomes até sua morte e depois por Antonio Candido); *Allegories of Underdevelopment: From the Aesthetics of Hunger to the Aesthetics of Garbage*, New York University, 1982 (outra tese de doutorado orientada por Annette Michelson); *Alegorias do desengano: a resposta do Cinema Novo à modernização conservadora*, Universidade de São Paulo, 1989 (tese de livre-docência).

Prefácio à edição francesa

chelson. Esquematizando bastante, podemos distinguir, neste vasto conjunto de publicações, duas vertentes principais, a primeira concernente à teoria do cinema e sua história, a segunda ao cinema brasileiro moderno e contemporâneo.

Sobre a teoria do cinema, Ismail publicou dois livros, alguns artigos e duas antologias das quais assumiu, como organizador, a seleção e a apresentação dos textos. Seu primeiro livro, *O discurso cinematográfico: a opacidade e a transparência* (Paz e Terra, 1977; 3ª edição aumentada, 2005) é ainda hoje no Brasil uma referência fundamental para os estudos de teoria. Escrito em 1975-76 na biblioteca do Anthology Film Archives em Nova York, nos inícios do seu doutorado então dividido entre, de um lado, uma pesquisa de ponta sobre Griffith num grupo de trabalho coordenado por Jay Leyda — outro intelectual cujo convívio o marcou — e, de outro, os cursos na NYU em um departamento de *film studies* então impregnado de cinema experimental, o livro reorganiza em dois polos principais o campo das diversas estéticas do cinema surgidas no século XX a partir da maneira de articular cinema e realidade. Num polo, as estéticas da transparência (o naturalismo hollywoodiano e os diversos realismos), englobando a decupagem clássica e suas variantes, e tendendo a minimizar ou mesmo a eludir a dimensão de discurso fabricado sobre o real, constitutiva do fenômeno cinematográfico, como se esta arte pudesse nos dar um acesso imediato à realidade, imitada ou revelada; no outro polo, pelo qual o autor não esconde sua simpatia, as estéticas da opacidade (o ciclo das vanguardas, o cinema intelectual de Eisenstein e os projetos desconstrutivistas), tendendo a explicitar, ou mesmo a reivindicar, esta dimensão discursiva, de construção retórica de certa realidade. Aparentemente simples nesta oposição de base que ele adota como operatória, mas cuida de nuançar ao longo de suas páginas, o livro aborda, de maneira concisa mas penetrante, um amplo leque de textos e autores,[2] integrando numa discussão ao mesmo tempo histórica e metateórica tradições estéticas muito diversas, até então raramente discutidas juntas em qualquer país. Em 1977, havia naturalmente várias obras discutindo ora as principais teorias do cinema, de Eisenstein a Metz — como as de Guido Aristarco, Henri Agel, Peter Wollen ou Dudley Andrew —, ora o pensamento e os filmes dos cineastas experimentais — como as de Sheldon Renan, David Curtis, Jean Mitry ou Paul Adam Sitney, cujo *Visionary Film* (1974) foi escrito a pedido da mesma Annette Michelson para a mesma coleção do Anthology Film Archives. Mas qual teórico, à época, na França, na Itália ou no mundo anglófono, discutia numa mesma obra, Eisenstein, Epstein, Balázs, Aristarco, Mitry, Bazin, Kracauer e Metz ao lado de Kubelka, Maya Deren, Markopoulos ou Brakhage, assim como da polêmica pós-1968 entre *Cahiers du Cinéma* e *Cinétique*?

Esta discussão rigorosa das estéticas do cinema no primeiro livro é completada pela rica antologia *A experiência do cinema* (Graal, 1983), organizada e apresentada pelo autor. Ali, Ismail Xavier recolhe e comenta textos fundamentais dos autores discutidos no livro anterior organizados desta vez em três eixos: em torno das codificações do cinema clássico (Munsterberg, Pudóvkin, Balázs, Merleau-Ponty, Bazin, Morin); das poéticas que o ampliam (Eisenstein, Viértov, Epstein, Desnos, Buñuel, Brakhage); e das novas abordagens do cinema clássico balizadas pela psicanálise (Baudry, Metz, Laura Mulvey, Mary Ann Doane). Conjugando os aportes franceses e anglo-saxões sem esquecer de

---

[2] Ampliado ainda no capítulo final ("As aventuras do dispositivo, 1978-2004"), escrito para a 3ª edição e passando em revista os principais debates teóricos do cinema surgidos nos domínios anglófono e francófono nos últimos trinta anos.

Prefácio à edição francesa

outras tradições teóricas como a soviética e a alemã, considerando o cinema ao mesmo tempo como um discurso (ideológico) e uma experiência (histórica), este díptico estabelece um quadro geral para o debate teórico, do qual o autor é ao mesmo tempo observador e participante desde os anos 1970. Ele permite também entrever um ângulo específico para a sua própria abordagem e nos ajuda, assim, a situar seus outros trabalhos teóricos ou históricos.

Em *Sétima arte: um culto moderno* (Perspectiva, 1978), versão da dissertação de mestrado escrita antes de *O discurso cinematográfico* e publicada depois, o autor se concentra em certos aspectos do pensamento cinematográfico dos estetas da vanguarda francesa dos anos 1920, que examina em contraponto ao de seus contemporâneos brasileiros. Ali, Ismail Xavier discute, de um lado, os esforços de Canudo, Delluc, Dulac, Epstein, Moussinac, Élie Faure, para legitimar culturalmente o cinema como arte nova e específica emergindo no seio do sistema já consolidado das artes; de outro, os debates sobre o cinema surgidos à época no Brasil — nos círculos de nosso modernismo literário, na revista *Cinearte*, nas discussões do Chaplin Club e de sua revista *O Fan* —, calcados de um modo ou de outro no modelo do cinema industrial americano que se consolidava.

Se o autor aprofunda, em seu estudo sobre as vanguardas francesas, um momento importante da história das estéticas da "opacidade", à qual retorna em trabalhos posteriores sobre tradições de oposição ao cinema clássico hollywoodiano, também aprofunda em paralelo o estudo das estéticas da "transparência", especialmente de seu modelo hollywoodiano hegemônico. Dos anos 1980 em diante, Ismail Xavier examina a sistematização inicial deste modelo em Griffith, discute sua versão ao mesmo tempo madura e irônica em Hitchcock e interroga suas raízes na tradição mais larga do melodrama. O ciclo de estudos em torno de Griffith culmina em um livrinho denso e excelente, *D. W. Griffith: o nascimento de um cinema* (Brasiliense, 1984), e se prolonga em um ensaio notável de 1995, "O lugar do crime: a noção clássica de representação e a teoria do espetáculo, de Griffith a Hitchcock", incluído posteriormente em *O olhar e a cena: melodrama, Hollywood, Cinema Novo, Nelson Rodrigues* (Cosac Naify, 2003).[3] Este ensaio completa um díptico em torno do diretor, a propósito de *Um corpo que cai* (Alfred Hitchcock, 1954), finamente analisado em um ensaio anterior, "Cinema: revelação e engano" (1988), antes de ser objeto de um belo prefácio de 2004 a uma reedição brasileira do clássico *Hitchcock--Truffaut: entrevistas*.

Estes trabalhos de história das ideias e das formas cinematográficas nunca perderam de vista a relação que estas entretém com a História *tout court*, a sociedade e o pensamento. A atenção a este nexo os atravessa a todos e aparece claramente na segunda antologia organizada por Ismail Xavier, *O cinema no século* (1996), resultante de um ciclo internacional de conferências proferidas em São Paulo por ocasião do centenário do cinema. Ali, os textos dos diversos conferencistas brasileiros e estrangeiros, dentre os quais Annette Michelson, Tom Gunning e Peter Wollen, não cessam de discutir, de vários ângulos, as relações do cinema com nossa experiência do século XX em suas múltiplas manifestações históricas e culturais, que a sétima arte ajudou a redefinir.

As pesquisas teóricas do autor se articulam também com seus trabalhos de crítica ou análise de filmes particulares, forne-

---

[3] Salvo engano, Ismail Xavier é ainda, com João Luiz Vieira, a maior autoridade no Brasil sobre o cineasta americano. Vieira publicou entre 1980 e 2003 quase uma dezena de textos sobre Griffith — frequentemente comparando seus filmes aos de outros cineastas.

Prefácio à edição francesa

cendo-lhes importantes instrumentos conceituais. O caso mais evidente, mas não o único, é o de suas pesquisas sobre a noção de alegoria, objeto de alguns ensaios teóricos e de cursos universitários, mas também operador conceitual mobilizado em vários de seus estudos sobre o cinema brasileiro ou mesmo mundial.

* * *

Um pouco mais acessíveis ao leitor francês do que os de caráter mais claramente teórico, os trabalhos de Ismail Xavier sobre o cinema brasileiro moderno e contemporâneo, cujas primeiras traduções francesas remontam a 1987, se tornaram rapidamente uma referência incontornável na matéria. Sobre o assunto, o autor possui seis obras, das quais três resultantes de teses universitárias, e de numerosos ensaios publicados em livros, jornais e revistas. O primeiro livro, *Sertão mar: Glauber Rocha e a estética da fome* (Brasiliense, 1983) ganhou reedição brasileira em 2007 (Cosac Naify) e ganha agora em 2008 sua tradução francesa. O segundo, *Alegorias do subdesenvolvimento: Cinema Novo, tropicalismo, cinema marginal* (Brasiliense, 1993), que refunde duas teses universitárias (*Allegories of Underdevelopment*, de 1982, e *Alegorias do desengano*, de 1989), tornou-se uma referência fundamental sobre o cinema brasileiro moderno. Sua versão americana *Allegories of Underdevelopment: Aesthetics and Politics in Modern Brazilian Cinema* (University of Minnesota Press, 1997), ligeiramente diferente, tornou-se igualmente uma referência em língua inglesa.[4]

---

[4] Antes da publicação deste volume, os pesquisadores anglófonos já consultavam e citavam, com frequência, a versão fac-similar da PhD Dissertation do autor, *Allegories of Underdevelopment* (Ann Arbor, Michigan, University Microfilms International, 1987), além de uma dúzia de ensaios que ele havia publicado em inglês desde 1980, individualmente ou com seu amigo Robert Stam.

Estes três livros se organizam como séries de análises aprofundadas de filmes, a partir de problemáticas ao mesmo tempo históricas e estéticas. Em *Sertão mar*, trata-se de medir a diferença e a novidade do cinema do jovem Glauber Rocha (o de *Barravento* e *Deus e o diabo na terra do sol*) em relação aos modelos estéticos e ideológicos que o cinema brasileiro anterior forjara para tratar os mesmos temas, notadamente o cangaço (em *O cangaceiro*, de Lima Barreto) e a religiosidade popular (em *O pagador de promessas*, de Anselmo Duarte). As quatro análises de filme visavam assim a uma confrontação estética direta, por contraste, cujos resultados poderiam ainda dizer muito sobre o salto estético e ideológico operado pelo Cinema Novo em relação ao cinema brasileiro precedente. Em *Alegorias do subdesenvolvimento*, tratava-se de mostrar em alguns dos filmes mais fortes e emblemáticos do cinema brasileiro de 1967-1970 as reações do cinema de autor à crise das aspirações de esquerda varridas pelo golpe civil-militar de 1964, e ao desencanto que se seguiu. A versão inglesa expande o período concernido recuando até *Deus e o diabo* no capítulo 1 e avançando até os filmes dos anos 1970 no capítulo 10. Nas duas versões, os filmes escolhidos representam o melhor no trabalho de alguns dos maiores cineastas brasileiros do período (além de Glauber Rocha, Júlio Bressane, Rogério Sganzerla, Joaquim Pedro de Andrade e Andrea Tonacci). As análises às quais eles foram submetidos se concentram em seu estilo, articulando com finura as dimensões estética e ideológica, mostrando para cada caso o modo pelo qual questões histórico-políticas, exteriores aos filmes, se integram e se traduzem em sua estrutura mesma para ganhar neles expressão propriamente artística.

Esta estratégia de abordagem fundada em uma análise detalhada, o *close reading* de filmes particulares, opera ainda em certos capítulos de *O olhar e a cena: melodrama, Hollywood, Ci-*

Prefácio à edição francesa

nema Novo, Nelson Rodrigues, a propósito de filmes de outros cineastas brasileiros de envergadura, tais como *Boca de Ouro* (Nelson Pereira dos Santos, 1962), *A falecida* (Leon Hirszman, 1965), *Toda nudez será castigada, O casamento* e *Tudo bem* (Arnaldo Jabor, 1974, 1976 e 1978). A mesma estratégia encontra o seu lugar também em outras publicações do autor sobre, por exemplo, *Os deuses e os mortos* (Ruy Guerra, 1970), *São Bernardo* (Leon Hirszman, 1972), *Triste trópico* (Arthur Omar, 1972) ou *Iracema, uma transa amazônica* (Jorge Bodansky e Orlando Senna, 1974), bem como em suas intervenções críticas mais circunstanciadas a propósito deste ou daquele filme.[5]

Ao lado destas análises detalhadas, contudo, Ismail Xavier adotou também outras estratégias para discutir o cinema brasileiro moderno e contemporâneo, multiplicando os ângulos de abordagem para melhor circunscrever suas diversas facetas. Deste cinema, ele traçou panoramas reveladores; arriscou balanços circunstanciados sobre a produção de períodos precisos, aí incluído o contemporâneo, sobre o qual publicou vários artigos e entrevistas importantes; propôs visões de conjunto mais ou menos sintéticas sobre alguns dos seus cineastas mais inventivos (Glauber, Bressane, Sganzerla, Arthur Omar) ou sobre movimentos específicos (o tropicalismo, o cinema marginal); aproximou filmes que não se costumava até então pensar conjuntamente, discutindo-os a partir de temas ou problemas específicos que perseguia em suas pesquisas, tais como a alegoria, o melodrama, o carnaval, o meta-cinema, a decadência, as migrações, a música, a crise da família, o ressentimento social etc. Esta va-

---

[5] Como *Memórias do cárcere* (Nelson Pereira dos Santos, 1984), *Das tripas coração* (Ana Carolina, 1983), *Cronicamente inviável* (Sérgio Bianchi, 1999), *Lavoura arcaica* (Luiz Fernando Carvalho, 2001), *Filme de amor* (Júlio Bressane, 2002), *Cidade de Deus* (Fernando Meirelles, 2002), entre outros.

Mateus Araújo

riedade de abordagens aparece nos dois últimos livros do autor, que vêm enriquecer seu trabalho sobre o cinema brasileiro; um pequeno volume com três ensaios magistrais, *O cinema brasileiro moderno* (Paz e Terra, 2001), e outro bem maior, o já citado *O olhar e a cena* (2003), cuja segunda metade trata do cinema brasileiro. Esses volumes incluem alguns dos melhores ensaios já escritos sobre o cinema brasileiro moderno, entre os quais "Do golpe militar à abertura: a resposta do cinema de autor" (1985), a melhor "história concisa" do cinema brasileiro do período 1964-1984; "Nelson Rodrigues no cinema, 1952-99: anotações de um percurso", a discussão de conjunto mais fina e aprofundada sobre a apropriação do universo do dramaturgo pelo cinema brasileiro; e "Glauber Rocha: o desejo da história", ao qual voltarei mais adiante.

Nesses ensaios, como nos outros, encontramos as mesmas qualidades presentes nos livros "inteiros" publicados anteriormente pelo autor: a coerência das posições e das preocupações críticas, a escolha estratégica dos objetos mais complexos e desafiadores, o fôlego teórico conjugado ao gosto pela análise detalhada, a solidez do método entranhado sem alarde na argumentação densa e rigorosa, a preocupação de interrogar sempre a relação do cinema com a dinâmica mais geral da sociedade, da história, do pensamento. Encontramos também um notável esforço de reflexão daquele que, sendo um verdadeiro pensador do cinema, buscou sempre uma visada interdisciplinar, tão fácil de invocar a torto e a direito, mas tão difícil de praticar para valer.[6]

---

[6] Assim como Jacques Aumont na França, Ismail Xavier conclui sua graduação na Escola Politécnica (USP) depois de ter estudado matemática na juventude e antes de migrar definitivamente para o cinema. Graduado também em cinema, ele passa pelos estudos literários e pela filosofia em sua pós-graduação, frequentando cursos de Antonio Candido e de Marilena Chaui, entre outros, e se

Prefácio à edição francesa

Lendo seus textos, vemo-lo recolher em outras disciplinas — filosofia, estudos literários, história, ciências sociais — elementos que ele soube integrar em sua atividade crítica e que se tornaram fundamentais em seu pensamento e em sua interpretação do fenômeno cinematográfico. Esse esforço se traduziu, de resto, no próprio ritmo de sua prosa exigente e alusiva, em que cada frase, em sua precisão, parece recolher anos de meditação, experiência e leitura, estabelecendo um verdadeiro diálogo com a melhor tradição da crítica literária e das artes surgida no Brasil, da qual ele aparece como um novo representante de envergadura.[7] Por sua coerência interna, sua solidariedade recíproca e sua "vontade de sistema", as teses, os livros e os artigos de Ismail Xavier constituem uma obra de pensamento com um alto nível de exigência. Ela traz, a meu ver, a mais sólida contribuição recente aos estudos cinematográficos brasileiros.

* * *

Apresentadas as duas vertentes principais dos trabalhos do autor, resta salientar, antes de lhe ceder enfim a palavra, a posi-

---

exercitando na prática metódica da análise de textos. Mais tarde, integra as fileiras de um centro de pesquisas em ciências humanas com vocação eminentemente interdisciplinar, o Centro Brasileiro de Análise e Planejamento (Cebrap) em São Paulo, onde trava interlocução constante com filósofos, críticos literários, cientistas sociais, historiadores, críticos de arte etc. Mais recentemente, participa de outro centro de estudos igualmente interdisciplinar, o Centro de Estudos da Metrópole (CEM), e assume a direção da coleção Cinema, Teatro e Modernidade da editora Cosac Naify, onde articula os estudos cinematográficos aos teatrais.

[7] Na linhagem dos críticos reunidos nos anos 1940 em torno da revista *Clima*, que se tornaram mais tarde figuras tutelares do debate cultural no Brasil (Antonio Candido na literatura, Paulo Emílio Sales Gomes no cinema, Décio de Almeida Prado no teatro, Gilda de Mello e Souza na estética em geral), e dos quais sentimos ecos diretos ou indiretos nos trabalhos do autor.

ção estratégica que seus estudos sobre o cinema brasileiro reservam a Glauber Rocha. Marcado desde os anos 1960 pelos filmes do cineasta, tendo já escrito sobre eles na época de sua atividade crítica regular (1968-69), Ismail lhe consagrou desde 1978 uma parte considerável de suas energias intelectuais. Sobre a obra de Glauber (filmes e escritos), ele deu três cursos universitários com alguns anos de intervalo (em 1978, 1981 e 1987), defendeu uma tese de doutorado em 1979, orientou algumas outras e publicou uma quinzena de ensaios em vários momentos e lugares,[8] dentre os quais alguns estudos detalhados sobre cinco de seus filmes (*Barravento, Deus e o diabo na terra do sol, Terra em transe, O dragão da maldade contra o santo guerreiro* e *A idade da terra*, analisados em capítulos de seus livros resultantes de teses e já comentados acima[9] ou em dois artigos de revista[10]) e sobre seus três livros principais (*Revisão crítica do cinema brasileiro, Revolu-*

---

[8] Ignoro aqui deliberadamente as discussões pontuais sobre Glauber Rocha em textos de Ismail Xavier sobre outros objetos.

[9] Para *Barravento* e *Deus e o diabo*, ver os capítulos 1 e 3 de *Sertão mar*; para *Terra em transe* e *O dragão da maldade contra o santo guerreiro*, ver os capítulos "*Terra em transe*: alegoria e ironia" e "*O dragão da maldade contra o santo guerreiro*: mito e simulacro na crise do messianismo", em *Alegorias do subdesenvolvimento* (São Paulo, Cosac Naify, 2012, pp. 65-125 e pp. 273-321) ou, em inglês, capítulos 2 e 6 de *Allegories of Underdevelopment* (*op. cit.*, pp. 57-93 e 155-80). Prodigiosamente densos e compactos, tais capítulos não são os textos mais longos nem os mais exaustivos já consagrados a estes filmes. No Brasil como alhures, eles foram objetos de ótimos estudos até mais extensos (ensaios, livros e mesmo teses universitárias, algumas das quais orientadas por Ismail Xavier), mas raros atingiram o mesmo nível de excelência crítica e hermenêutica.

[10] Publicados com dezessete anos de intervalo, os dois propunham leituras penetrantes de *A idade da terra*: "Evangelho, terceiro mundo e as irradiações do planalto" (*Filme Cultura*, nº 38/39, ago./nov. 1981, pp. 69-73) e "*A idade da terra* e sua visão mítica da decadência" (*Cinemais*, nº 13, set./out. 1998, pp. 153-84).

Prefácio à edição francesa

ção do Cinema Novo e *O século do cinema*, discutidos em prefácios notáveis de Ismail Xavier às suas reedições recentes, revistas e aumentadas, que ele coordenou para a editora Cosac Naify).[11] Ao lado destas análises aprofundadas,[12] ele nos deu também aquele que é provavelmente o melhor esforço de síntese já publicado sobre o cinema de Glauber: o ensaio "Glauber Rocha: o desejo da história", publicado primeiro em francês, no precioso volume coletivo *Le Cinéma brésilien* (Centre Pompidou, 1987) organizado por Paulo Paranaguá, e republicado aqui mesmo em apêndice nesta edição francesa.

Este conjunto de textos constitui hoje, sem dúvida, a contribuição mais importante à compreensão da obra de Glauber Rocha. Curiosamente, o autor nunca se empenhou em reuni-los ou refundi-los num volume único e definitivo sobre o diretor, ao alcance de um círculo mais vasto de leitores, brasileiros ou estrangeiros. Antes que um tal livro venha coroar seus esforços, cabe aos leitores montá-lo por conta própria, indo buscar aqueles que deveriam ser seus capítulos lá onde eles apareceram de modo um pouco espalhado.

Com este *Sertão mar*, traduzido aqui tal e qual foi publicado em 1983, o leitor francês pode começar seu percurso pelo

---

[11] Ver tais prefácios em Glauber Rocha, *Revisão crítica do cinema brasileiro* (São Paulo, Cosac Naify, 2003, pp. 7-31); *Revolução do Cinema Novo* (São Paulo, Cosac Naify, 2004, pp. 13-27), *O século do cinema* (São Paulo, Cosac Naify, 2006, pp. 9-31), os dois últimos traduzidos em francês por mim em, respectivamente, Dominique Bax, Cyril Béghin e Mateus Araújo Silva (orgs.), *Glauber Rocha/Nelson Rodrigues*, Bobigny, Magic Cinéma, 2005, pp. 24-8, e Glauber Rocha, *Le Siècle du cinéma*, Magic Cinéma/Yellow Now/Cosac Naify, 2006, pp. 17-37.

[12] Às quais devemos acrescentar ainda um novo comentário global sobre *Deus e o diabo*, incluído como faixa sonora suplementar no ótimo relançamento do filme em DVD (Versátil/Riofilmes/Cinemateca Brasileira, 2003).

início, início ao mesmo tempo da obra do cineasta e dos trabalhos do intérprete, cuja ordem de publicação basicamente retoma a de lançamento dos filmes do cineasta. A novidade da abordagem de Ismail Xavier, confirmada em seus estudos seguintes, já está clara neste primeiro volume. Ela repousa inicialmente numa decisão metodológica simples, mas rica de consequências: tomar os dois primeiros filmes do cineasta (assim como os dois outros aos quais eles são confrontados) como ponto de partida e objeto privilegiado de uma análise interna atenta, fundada no exame minucioso, em moviola, de suas imagens e seus sons.[13] Um tal exame permite ao crítico caracterizar com a maior precisão a estrutura da narrativa e os traços de estilo destes dois filmes de Glauber, que ganham ainda um suplemento de clareza quando confrontados, respectivamente, a *O cangaceiro* e *O pagador de promessas*, tomados como "contraponto". Ora, à luz destes filmes de Lima Barreto e Anselmo Duarte cujo estilo tende ao *mainstream*, a originalidade do cinema do jovem Glauber salta ainda mais aos olhos. Mas a abordagem de Ismail Xavier não se limita a salientá-la. Este momento escrupuloso de análise da narrativa e caracterização do estilo lhe permite propor interpretações de fundo dos filmes, que mobilizam, de um lado, sua

---

[13] Assim formulada, essa decisão parece óbvia, mas não custa lembrar que boa parte dos melhores estudos sobre Glauber Rocha e até mesmo sobre seus dois primeiros filmes tende (antes e depois de *Sertão mar*) a contornar tal exame, seja pelas exigências da brevidade (como na maior parte das críticas de jornal ou revista), seja pelo privilégio concedido, em detrimento dos filmes particulares, ao conjunto da obra, tratada como bloco unitário ou "sistema textual", como no livro de René Gardies (*Glauber Rocha*, Paris, Seghers, 1974), seja pelo acento posto na vida e na personalidade do criador Glauber, como no de Sylvie Pierre (*Glauber Rocha*, Paris, Cahiers du Cinéma, 1987; ed. bras., Campinas, Papirus, 1996), que consagra, ao todo, duas ou três de suas mais de duzentas páginas às discussões específicas sobre *Barravento* ou *Deus e o diabo*.

Prefácio à edição francesa

atenção aos intérpretes anteriores e, de outro, um considerável leque de leituras estratégicas não só na área do cinema como também nas de crítica literária, história das ideias, história social, sociologia da religião, filosofia da história. Este rico universo bibliográfico fornece balizas seguras que, articuladas às análises minuciosas, permitem ao autor arriscar suas hipóteses interpretativas mais originais.

Assim, num círculo virtuoso, as análises de *Barravento*, *Deus e o diabo* e da dupla às qual são comparados têm como baliza uma visão aprofundada do contexto político e cultural de onde emergem, sem porém que este mesmo contexto se imponha de fora e de antemão à operação interpretativa. Esta mantém, por assim dizer, todas as suas prerrogativas, informada pelos debates das ciências humanas (brasileiras, mas não só) em torno das questões presentes nos filmes: religião popular, messianismo, filosofia da história... Os instrumentos lexicais, conceituais e metodológicos da abordagem podem vir dos estudos literários (foco narrativo), da filosofia, da sociologia da religião, mas se submetem sempre às exigências da análise e da interpretação que lhe é solidária, e que lhes integra todos, apesar da sobriedade do jargão e da parcimônia das notas. Estas nunca procuram alardear a massa de leituras de que o autor soube judiciosamente se valer.

Tudo isto ajuda o autor a renovar a visão corrente sobre os dois filmes. Em *Barravento*, onde se costumava ver uma crítica pura e simples, de matriz marxista, à religião como fonte de alienação, o autor flagra uma tensão não resolvida entre, de um lado, tal crítica aparente e, de outro, o sistema simbólico do candomblé integrado pelo filme em sua própria fatura, a ponto de reger o desenrolar de sua intriga. E em *Deus e o diabo*, ele percebe e explora outra tensão, desta vez entre duas concepções de História, uma de natureza laica e progressista (remetida pelo au-

Mateus Araújo

tor a Jean-Paul Sartre) que faz do homem o seu sujeito, e outra de natureza religiosa, calcada na ideia de um destino vindo "do alto", que a profecia reitera ("o sertão vai virar mar") e o cordel prolonga. Nestas tensões internas aos filmes, o crítico surpreende uma tradução de tendências ideológicas em jogo nos debates políticos e culturais do Brasil dos anos 1960: de um lado, um pensamento tradicional de esquerda que, em nome da revolução, vê a religião como entrave e a desqualifica como fonte de alienação; de outro, uma visão culturalista, mais atenta às determinações antropológicas, tomando a religião do oprimido como elemento de afirmação da sua identidade cultural. E é assim que, no método do crítico, a visada estilística se articula ao domínio da história das ideias, produzindo resultados reveladores.

A conjugação do rigor das análises, da solidez dos instrumentos conceituais e metodológicos e da originalidade das interpretações fez deste *Sertão mar*, desde o seu lançamento em 1983, um clássico dos estudos glauberianos. Já era hora do leitor francês navegá-lo em sua língua.

Paris, maio de 2007

Glauber Rocha
em tempo de revisão crítica[1]

Entrevista a Vinicius Dantas

VINICIUS DANTAS — *Enquanto os promotores da glória pós-tuma de Glauber Rocha monumentalizam seu nome no vazio (o que é um cineasta sem seus filmes?), você neste novo livro,* Sertão mar: Glauber Rocha e a estética da fome,[2] *parte para a leitura detalhada dos filmes. Esta é uma maneira de fazer viver a memória de um cineasta e combater o "glauberismo" de consumo? Um* close reading *é mais revelador do que as afirmações e intenções do próprio diretor?*

ISMAIL XAVIER — Mais do que fazer viver a memória do cineasta, a análise deve fazer viver os seus filmes e, portanto, o seu trabalho, o dado maior de seu empenho, de sua intervenção, de sua aposta. É claro que hoje vamos aos filmes com uma certa identidade de Glauber na cabeça e isto cumpre seu papel, como os comentários usuais demonstram. Eu quis chegar mais perto do seu estilo de fazer cinema, quis dizer melhor a sua diferença

---

[1] Entrevista publicada originalmente no suplemento *Folhetim*, da *Folha de S. Paulo*, em 13 de novembro de 1983. Posteriormente reunida em *Encontros/ Ismail Xavier*, volume de entrevistas organizado por Adilson Mendes (Rio de Janeiro, Azougue, 2009). (N. da E.)

[2] Lançado em 1983 em coedição pela editora Brasiliense e pela Embrafilme. (N. da E.)

Entrevista a Vinicius Dantas

e peculiaridade, indagar o sentido de suas invenções deixando bem nítido de que Glauber estou falando e que Glauber estou revivendo com o olho colado nos filmes. O cineasta que encontramos em *Sertão mar* é construção de minha leitura, onde procurei traçar um perfil bem nítido da invenção impressa nos filmes, expondo, ao mesmo tempo, os próprios instrumentos do meu olhar. Se há combate ao glauberismo de consumo, este vem talvez de minha recusa à reverência fácil que nada acrescenta, ou de minha distância frente à coleção de dados folclóricos que, para os amigos, definiam o herói e, para os inimigos, o cabotino. Ou vem ainda do próprio estilo do meu trabalho que não segue a moda e, portanto, não imita Glauber no tom e na sintaxe, não faz da reprodução de suas estratégias aquele álibi que escamoteia muita pobreza de leitura.

Atento a *Barravento* e *Deus e o diabo* como imagem e som, escrevi a primeira versão do texto em 1979, portanto antes da morte de Glauber, quando não havia ainda a apropriação e a monumentalização que vemos hoje. Neste sentido, *Sertão mar* não é nenhuma reação deliberada aos processos mais recentes, mas parte de uma proposta mais geral de fazer avançar a discussão sobre os filmes num quadro que privilegia o econômico nas considerações sobre cinema brasileiro, e trivializa a estética. Como estou fazendo a análise dos filmes propriamente, o que Glauber disse sobre Corisco ou Sebastião, nos anos 1960, ou sobre Fernando Henrique [Cardoso] ou Golbery [do Couto e Silva], nos anos 1970, não serviu de base para as minhas interpretações. Não acho que o melhor caminho seja fazer o inquérito das intenções e, julgando-as por decreto realizadas, ler o filme com o gabarito da entrevista lida no jornal. Concentrei-me na produção de sentido gerada pelo debate entre minha percepção e aquilo que podemos considerar uma intencionalidade imanente à imagem e ao som organizados segundo critérios discerníveis e sem a muleta da própria voz do criador. Este, afinal, está longe de deter a chave que revela o sentido do que faz: quem hoje insiste na condição de intérprete mais autorizado de seus próprios gestos? Contrariando até declarações explícitas de Glauber, apostei na convicção de que muito há ainda a dizer sobre o movimento interno de cada filme, ficções construídas a partir de um corpo a corpo com os dados históricos e os influxos do mito. Falar que há isto e aquilo no cinema de Glauber é já lugar-comum; esclarecer o modo como isto e aquilo aparecem, de que modo se encaixam, bem ou mal, no desenho complexo de suas obras é o grande problema.

Na sua leitura, Barravento torna-se, ao contrário do que se diz, não um filme contra a religião popular (candomblé), mas sim uma tentativa de apreender a dimensão simbólica e mítica desta crença. Para você, Glauber quer afirmar, em um só movimento, uma identidade cultural, da comunidade negra e da religião afro--brasileira, assumindo ao mesmo tempo a irreversibilidade da transformação histórica. Como interpretar essa contradição por você apontada?

Há uma interpretação de *Barravento*, vigente até hoje, assumida até pelo próprio filme no seu letreiro inicial: a religião popular é alienação. Ao me ocupar da narração desta história fui percebendo que esta não é uma direção unívoca. Há muita coisa no filme que só se explica se assumirmos aquele mesmo sistema simbólico dos pescadores que está sendo sujeito à crítica. O que faço, portanto, não é negar que a religião seja alvo de crítica, pois ela o é, numa direção (aquela que corresponde ao impulso pedagógico-militante). Vejo nessa direção um problema: caracterizo a força da religião que o filme traz dentro de si, pois a internalização do sistema simbólico é mais decisiva do que muita gente supõe.

Entrevista a Vinicius Dantas

Dentro da busca do seu próprio cinema, marcado pelo nacionalismo e a questão da identidade, Glauber inventa um estilo que se apoia no dado da cultura popular, um estilo que não se definiria sem esta internalização e, portanto, cria uma tensão aguda entre a experiência que informa a obra e o seu recado político mais ostensivo. A história da produção de *Barravento* é cheia de atropelos e sabemos que o roteiro original de Luís Paulino dos Santos fazia a defesa da religião afro-brasileira. O fundamental, no momento, é que as contradições que caracterizo e interpreto estão no filme, independentemente dos meandros de sua gênese. Assumo que estas contradições, de fato, não se resolvem e não procuro à força uma integração qualquer para recuperar a harmonia do conjunto. Não julguei pertinente, por exemplo, uma interpretação que trabalhasse a ideia de que tudo se resume a uma captação das forças do mito em favor da revolução. Acho tal formulação uma saída retórica que alguns encontram para não falar sobre contradições, impasses, descompassos, que se põem no caminho de quem leva um projeto de totalização da experiência, com vontade de recuperar tudo. Na encruzilhada da questão cultural, da luta de classes, do poder instituído e do imaginário social nem tudo se encaixa sem problemas. Num filme que tem a ver com tudo isso, não me surpreende a permanência de contradições. Afinal, isto expressa que já no início dos anos 1960 estava bem presente — o suficiente para cristalizar em filme — algo que hoje se discute de modo mais explícito: nem tudo se reduz a uma verificação de rendimento do simbólico em termos políticos imediatos.

Igualmente, Deus e o diabo na terra do sol *adquire um outro sentido: na sua leitura é um filme sobre a transformação do homem em sujeito da História, mas é também a afirmação de uma "ordem maior", de um Destino, mas de um Destino que liberta e conduz à Revolução. Como entender melhor essa sobreposição de visões de mundo tão diversas?*

O "entender melhor" pode ser tomado em dois sentidos. O primeiro está diretamente ligado ao filme e à maneira como a análise mostra tal sobreposição se fazendo pelo embate entre a voz do cantador, o estilo de câmera, a profecia de Sebastião e Corisco, o discurso de Antônio das Mortes, a gestualidade do cangaceiro, a jornada de Manuel e Rosa e entre outras tantas coisas que compõem *Deus e o diabo*. Não vou refazer aqui tal caminho. O segundo nos leva à consideração do contexto a partir do qual o filme se faz e, neste caso, alguns dados de época evidenciam que tal sobreposição é um arranjo peculiar de peças não exclusivas a Glauber, peças condensadas na sua obra como talvez em nenhuma outra do período.

Há uma vertente progressista no filme, afinada ao nacional-desenvolvimentismo teorizado pelo ISEB (Instituto Superior de Estudos Brasileiros) e assumido por diferentes forças empenhadas na luta pelas reformas de base. O país parece prenhe de história e o intelectual, enquanto vanguarda, quer por a nação em marcha como um sujeito coletivo em busca da libertação; neste impulso, dá especial ênfase à noção de projeto, privilegiando uma dialética histórica que, como em Sartre, é afirmação da liberdade humana, terreno da práxis que escolhe e constrói o futuro. No filme de Glauber, esta ideologia da revolução brasileira se transfigura dentro de uma proposta estética nacionalista que busca uma raiz popular. O cordel é a matriz que vem dar expressão a esta proposta e, dentro da convenção assumida pelo filme, a mesma revolução se pensa e se projeta com a mediação da voz popular, a qual contribui com uma dicção profética e reveste a ordem do tempo de certezas. O "sertão virar mar" é a metáfora central de *Deus e o diabo* porque há no filme uma teleologia que — afinada à profecia — reitera um termo final que parece já dado, inevitável, como destino, e não como liberdade.

Aparece em Glauber, por um lado, a concepção de uma cultura nacional-popular, por outro lado, ele expõe e discute os limites dessa ideologia. A força cultural de seu cinema está nessa problematização?

Está, principalmente, porque seus filmes não são mero reflexo de um programa ideológico que, sem dúvida, incorporam. O que exatamente procuro mostrar é como, incrustado num tempo e aceitando o mergulho dele, Glauber não é mera reprodução. É muito mais um corpo que condensa as diferentes linhas de força copresentes naquele momento, peça de exposição das fraturas de um projeto, de sua força e fraqueza, porque afinal é obra que procura abranger — totalizante —, chamando a si as contradições. Estas se evidenciam a nossos olhos não só porque temos a perspectiva do tempo mas também porque, e isto é decisivo, estão impressas em obra que nos ensina e mostra a sua força à medida que a interrogamos.

Qual a importância de Terra em transe *nesta trajetória?*

Terra em transe é um riquíssimo desabafo. Se *Deus e o diabo* é a expressão maior da postura teleológica que animava os espíritos antes de 1964, ele é a expressão maior do desencanto, da crise dessa teleologia após a derrota da esquerda nacionalista. Crítica ao populismo, reflexão corajosa sobre as oscilações do intelectual, traz novamente a marca da sobreposição, da ambivalência. Expõe os mecanismos da política imperialista e os interesses de classe subjacentes ao golpe; ao mesmo tempo estrutura a encenação e as máscaras grotescas de suas figuras numa tonalidade de ritual que culmina na representação do conflito político como batalha de carismas e do golpe como convulsão geral, coletiva, cristalizada na metáfora do transe. Embaralha as determinações da economia política com aquelas que sobrevêm da rede simbólica que exibe enfaticamente e, no entanto, não reprime a imprecação exasperada que responsabiliza e condena as lideranças, como se tudo fosse resultado exclusivo de um jogo de vontades. Ao lançar o grito de protesto contra as contemporizações e a "inconsequência nacional" das elites progressistas, o filme escolhe como figura motora da reflexão justamente o poeta no momento da autocrítica encenada como recapitulação alegórica do passado. Quando parece estar apenas descendo fundo na subjetividade do poeta, tece na verdade uma convergência pela qual se entrelaçam a experiência individual e a coletiva, o onírico e o mítico, dentro daquele mesmo impulso de síntese próprio ao cinema de Glauber. O peculiar aqui é que tal impulso de síntese convive com uma textura agressiva de acumulação, de estímulos, que ultrapassa o espectador e faz de *Terra em transe* uma experiência de choque, desconcerto, revisão geral. Divisor de águas no cinema brasileiro, este filme de Glauber é ponto de inflexão no processo cultural mais amplo dos anos 1960. Uma resposta vigorosa ao seu desafio virá com o tropicalismo, logo depois.

Há uma visível simpatia, em seu livro, pelo modo de Glauber se aproximar do Outro, respeitando seus sistemas simbólicos e valores culturais. Qual a singularidade dessa abordagem que não se satisfaz com as explicações globais do marxismo nem recai na antropologia?

Eu demonstro simpatia pela vivência de uma contradição para mim difícil de resolver no estado atual de coisas: como estabelecer um princípio de justiça baseado na crítica radical à exploração do trabalho e, simultaneamente, assumir também como princípio o respeito a todos os sistemas simbólicos e valores culturais porque expressões de identidades e diferenças que cabe preservar? Creio que sempre em Glauber o impulso de transformação social e política conviveu com a legitimação de culturas e religiões. Na fase em que se aproximou mais decisivamente do marxismo, as contradições se expressam com toda a nitidez, embora ele tenha estabelecido uma demarcação que parece resolver o problema: o sistema simbólico é legítimo desde que popular, revolucionário desde que oprimido. O marxismo não explica tudo; o relativismo antropológico também não. Ainda há muito espaço para a imaginação do século, mas ela tem de trabalhar sem esquecer que está instalada num mundo que já foi unificado pelo capitalismo no tempo das partilhas coloniais e hoje se divide em esferas de influência, o novo lugar sendo ocupado pelas razões de estado do socialismo burocrático. O que eu estou dizendo bate mais com o ar que se respira em *A idade da terra*, onde o terceiro-mundismo de Glauber se alia definitivamente com a religião. Nos tempos da estética da fome, no início dos anos 1960, o cinema de Glauber mergulhou mais fundo na contradição, sem resolvê-la.

Mas, afinal, o que foi a estética da fome?

A estética da fome foi uma feliz metáfora, vigente na primeira metade dos anos 1960, que abriu muitos caminhos para a imaginação do cineasta brasileiro, libertando a expressão e o autor do império da suposta técnica universal *made in Hollywood* e fazendo com que a imitação do modelo dominante no mercado internacional deixasse de ser a grande meta do cinema economicamente subdesenvolvido. Ela é uma estética da fome e não uma estética de filmes sobre a fome, porque sua característica maior não está no tema das obras mas na sua fatura, está num estilo de fazer cinema que faz da carência de recursos a sua mola e não o seu entrave, inventando uma linguagem que dá conta do corpo a corpo do cineasta com a realidade social e com a sua própria condição precária dentro dela. Se o seu *slogan* mais conhecido foi o "câmara na mão, ideia na cabeça", sempre foi sublinhada a recusa do valor *a priori* do grande equipamento e a defesa de um "cinema de autor" em oposição ao objeto de consumo imediato na rotina do comércio cinematográfico. Não se trata, portanto, de um simples sair filmando por aí, que resulta em muita bobagem. É um esforço de criação que exige muito, pois a estética realmente se efetiva quando se tem as ideias nas mãos e o cinema na cabeça. Separados, são sociologia na tela, que não é boa sociologia nem bom cinema. É da fome, mas não é estética.

Os últimos filmes de Glauber, ao contrário daqueles por você estudados, são demonstrações de desencanto com o mito do desenvolvimentismo, com o progresso e as possibilidades de transformação do Terceiro Mundo. São filmes arrasadores, negativos, sofridos e nada edificantes. Como se refletiu no estilo do cineasta essa transformação?

Não vejo desencanto total com as possibilidades de transformação, vejo uma opção nítida quanto ao caráter religioso das forças capazes de gerá-la. *A idade da terra* abraça a fé popular, olha obsessivamente os seus rituais e, permeando tudo com Cristo, vislumbra uma vocação nacional que dispensa os traços iluministas de *Deus e o diabo*. A vitalidade da nação está nos mitos formadores do sincretismo brasileiro, pois a vigência do sagrado é condição para que um povo possa cumprir um destino de libertação. Aqui, o mundo empírico se estilhaça, o filme exibe blocos de ação que coexistem, encenações grotescas que se autocriticam, e vemos a ficção se fazer e se desfazer diante de nós. O painel é estilhaçado, mas há recorrências. As agressões à representação se sucedem, mas há uma mesma busca que acaba

por se afirmar na intervenção mais direta de Glauber, cujo recado evangélico é explícito, como se as alegorias que suas personagens carregam não bastassem para que se perceba a analogia contida na "decadência dos impérios" (a premissa aqui é o colapso
inevitável daqueles que atingiram o maior grau de civilização
técnica — momento de morte — e o maior poder sobre os homens). A fala *off*, quase ao final, é uma grande pincelada de história, tensa, sofrida, hesitante às vezes, agitada e vigorosa quase
sempre, e suas repetições indicam a procura de um ponto de
apoio. Em movimento, o autor deixa o que seria o seu testamen-
to. O aspecto arrasador que você aponta talvez se deva, neste caso, ao fosso que separa os fragmentos, os lances do seu painel, a
sua experimentação e o desejo de completude, ficando a angústia de uma obra que não se realiza.

*Seu ponto de partida é o conhecimento molecular do filme, vis-
to e analisado na mesa de montagem (moviola), abstraindo a experiência viva do espectador. Este tipo de análise não pode recair em
uma ilusão de objetividade, com a pretensão de apreender o filme que
"bate na tela" sem chegar a apreender o filme que "bate no rosto"?*

Antes de tudo, existe o filme que "bate no rosto", como você diz. É este que traz o impacto, as perguntas, as emoções, enfim tudo aquilo que nos leva à busca dos segredos na moviola.
Em vez de "abstraindo a experiência viva do espectador", o melhor seria dizer "a partir da experiência viva do expectador".
Quando você vai à moviola, o filme já está instalado em você
como um corpo de certa tonalidade, certa energia, pontos nítidos, desfocados — este rever ao microscópio, se causa uma certa morte pela dissecação, faz nascer toda uma outra vida diante
dos olhos: o trabalho, as tensões e conflitos da composição vêm
à tona, e há uma nova vida e um novo prazer nisto, pois todo um
continente se abre à percepção... e a gente se espanta como da

primeira vez. Há lugar também para imediatez nesta experiência supermediada e não há motivo para considerar este corpo a corpo menos legítimo do que o oferecido pela projeção contínua, pois as duas se completam — uma deixa ver o que a outra não deixa; numa talvez eu sofra mais os efeitos (o que faz parte), noutra eu enxergue mais a criação (o que também faz parte). Por outro lado, mesmo nessa imediatez do filme que "bate no rosto" tudo é, a rigor, mediado — é toda uma educação do olho que aí incide e se faz presente como censura, ver e também não ver. Acrescentemos: ouvir e também não ouvir. Se há na moviola uma espécie de vingança ou uma espécie de sadismo de espectador, o que temos aí é uma arrancar segredos para socializar, porque a intervenção do crítico é justamente este refazer, às avessas, os processos de sedimentação da obra, num revolver as suas camadas para fazer justiça ao trabalho que a constitui. Somos geólogos menores de deuses menores que trabalham numa escala curta do tempo. Ilusão de objetividade? Sim e não. Está fora de moda dizer sim, mas é preciso deixar clara uma diferença. Não se trata de opor radicalmente ciência e ideologia, racional e irracional, saber e opinião; não se trata de buscar a fala livre de impurezas ou o discurso neutro porque acima dos conflitos e interesses. É pensando nisto que dizemos não à objetividade, com razão. No entanto, caminhando na direção oposta, esta recusa pode se transformar numa expulsão preguiçosa de qualquer rigor, criando-se um espaço onde tudo se achata e equivale, o império do gosto reduzindo a estética a um conjunto de mônadas sensíveis e solitárias, prontas a reivindicar a legitimidade de qualquer disparate. Se não pressuponho que há algo de concreto a esclarecer e investigar, se não vejo no ar um horizonte de objetividade com todos os problemas que esta palavra recobre, como me arrogar o direito de denunciar as mistificações, ou me opor a algo como o glauberismo de consumo?

Entrevista a Vinicius Dantas

Glauber construiu seus filmes do ponto de vista de um narrador descentrado, com vários princípios de coerência, às vezes tomando distância, às vezes aderindo aos valores do universo narrado. Este procedimento usual na literatura e no cinema modernos aqui se aplica sobre episódios e mitos de uma história dos dominados. Como se dá esta coincidência entre uma técnica moderna e o universo arcaico, elaborada pelo "olhar industrial" do cinema?

Toda questão está no tipo de interação estabelecido entre o universo das tradições populares e o referencial urbano e erudito do autor. Eu posso ter uma técnica narrativa onde me utilizo das duas perspectivas (urbana e rural), mantendo-as claramente distintas e mutuamente exclusivas ao longo do filme. Neste caso, não problematizo a distância que as separa. O mais usual, inclusive, nesta situação é uma das perspectivas ser caracterizada como superior à outra, dona de uma verdade maior que engloba tudo. A peculiaridade de Glauber, neste aspecto, é elaborar uma narração em que as perspectivas se embaralham. Quando falo em narrador descentrado, me refiro justamente a isso. Ou seja, a convivência entre o cordel e as outras instâncias que tecem a história não estabelece univocamente a autoridade de um dos focos da narração sobre o outro. Quando você fala em "olhar industrial", entendo que quer chamar a atenção para o fato de que este embaralhamento está se dando num filme. Ou seja, mesmo encenando o cordel e fazendo a sua voz presente, *Deus e o diabo* pressupõe a técnica moderna e tudo o que vem com ela. Seria tudo? O problema é complexo. De qualquer modo, não há dúvida de que, não podendo ser cordel, *Deus e o diabo* pode incorporar muito dos seus valores. É neste plano que me coloco. Aceito o faz de conta e analiso os critérios de imitação, se estão a reboque da tradição popular ou se a negam. Como não ocorre rigorosamente nem uma coisa nem outra, falo em descentramento. A especificidade do cinema e sua técnica são decisivos no momento que discuto o modo como tal descentramento se produz, quais são os recursos particulares que o veículo oferece para que conduza a representação numa direção ou outra. Chego mesmo a me perguntar se a tecnologia implícita no cinema já não estaria sabotando qualquer projeto de aderência à tradição popular, uma vez que tal aproximação significaria realizar a quadratura do círculo ao se negar, fazendo cinema, aquele mesmo saber que o cinema pressupõe. A coisa vai longe e sabemos o quanto dilemas como este atormentaram os estetas cristãos preocupados em absorver (e absolver) a nova técnica, demonstrando sua compatibilidade com a ontologia e os valores do cristianismo. Algo mais radical acontece no caso de culturas onde a representação imagética é um tabu: como fazer um cinema islâmico seguindo à risca a tradição cultural?

Seu livro tem a pretensão, a meu ver, de ser um complemento estético, uma revisão deste livro marcante, tão deficiente mas tão interessante que é Brasil em tempo de cinema, *de Jean-Claude Bernardet.*[3] *Qual a importância desta retomada hoje de temas e discussões de um contexto antigo, passados quase vinte anos, quando Cinema Novo, Glauber e "tempo de cinema" já não mais existem?*

Brasil em tempo de cinema é o primeiro livro dedicado à produção artística que, já em 1967, faz a crítica ao nacional-popular, tal como concebido no período de hegemonia do populismo. Embora escrito como parte do processo e da polêmica, não tendo o recuo que podemos ter agora, ele se tornou um clássico porque tocou na ferida. Para quem começou a pensar o ci-

---

[3] Publicado em 1967 pela editora Civilização Brasileira, e reeditado pelas editoras Paz e Terra (1976) e Companhia das Letras (2007). (N. da E.)

Entrevista a Vinicius Dantas

nema brasileiro a partir do referencial criado por ele — como é o meu caso, não só como leitor mas como aluno — toda reflexão sobre o Cinema Novo é ocasião de diálogo, revisão. O complemento não é apenas natural mas necessário, pois Jean-Claude concentra sua análise nas questões de enredo e composição de personagens, ao mesmo tempo em que o desejo de intervir no debate e a abordagem sociológica o levam a fazer correlações entre personagens e classes sociais nem sempre consistentes, como o citado uso da noção de classe média. No meu trabalho, a diferença de enfoque se marca menos pelo lado sociológico e mais pela emergência da textura do filme, pela integração dos elementos propriamente cinematográficos na forma da leitura. Daí a sua ideia de complemento estético, o qual aliás incide sobre todos os níveis, inclusive o sociológico.

Passados vinte anos, não há Cinema Novo, a questão do cinema independente se deslocou e há muita oposição às tendências da época (criticada agora como momento de um discurso autoritário do intelectual-cineasta que queria dar lições ao povo). No entanto, a discussão sobre o confronto entre estética, ideologia e meios de produção persiste, e é preciso esclarecer melhor a experiência dos anos 1960 porque ela é, na crítica ou na defesa, a referência maior para muita gente. O tempo talvez não esteja para cinema, mas muito do que foi palavra de ordem nos tempos áureos do nacional-popular está aí. Ora burocratizado em políticas de cultura que retomam uma ideia da identidade nacional a partir do folclore e das tradições regionais específicas (o povo como manancial a ser administrado). Ora industrializado em programações televisivas de fundo pedagógico-nacional — o Brasil se reconhecendo no vídeo — que, não por acaso, mobilizam os mesmos quadros intelectuais (penso em Dias Gomes, Ferreira Gullar, Maurice Capovilla). Mesmo quando há uma renovação de quadros e enfoques, como é o caso da série dirigida por Roberto da Matta,[4] acabam por revelar muito mais semelhanças do que desejariam.

Em 1968, Glauber Rocha rompeu com Jean-Luc Godard, defendendo a necessidade de construção de cinematografias nacionais nos países subdesenvolvidos, quando Godard desejava retirar o cinema da órbita da burguesia e partir para uma militância guerrilheira à margem do circuito. Ao longo dos anos 1970, ocorreu uma inversão curiosa: Godard voltou ao cinema comercial, sem abrir mão de suas ideias e de suas experimentações, enquanto Glauber, após lutar pelo soerguimento da Embrafilme, fez com o dinheiro do Estado um filme muito mais destruidor e radical que os filmes alternativos de Godard. O que pensar da confusão destes caminhos, que lição tirar dos dois maiores cineastas modernos?

Esta divergência na verdade se deu em 1969, por ocasião da filmagem de *Vento do leste*. Naquele momento Godard estava empenhado em questionar o ilusionismo do cinema (a ideologia nele implícita), numa militância que se alinhava ao debate iniciado pelos maoístas na revista *Cinéthique* que traziam como palavra de ordem a "desconstrução". Ou seja, a proposta de desmontagem da representação burguesa e seus pressupostos, o que, no cinema, significava questionar o aparato técnico de base enquanto dispositivo que incorpora uma ideologia de representação baseada no dogma da "impressão de realidade" e por uma certa mimese — o sujeito na posição de contemplador e intérprete privilegiado do espetáculo do mundo. Preocupado com a questão nacional, Glauber trouxe dentro do filme de Godard o seu terceiro-mundismo. Em sua fala, descartou a desconstrução se opondo à tendência do filme feito para explicar as virtudes

---

[4] *Os Brasileiros*, produzida em 1983 pela extinta TV Manchete. (N. da E.)

Entrevista a Vinicius Dantas

revolucionárias de tal radicalização estética. Sintomaticamente, *O leão de sete cabeças* (assim como depois *Di* e *A idade da terra*) está marcado pela desconstrução — pelo menos, exibe as mesmas recusas — e Glauber, afinal, nunca fez o cinema economicamente viável que seu discurso dentro do filme de Godard solicitava. Na verdade, este descompasso não é tanto entre Glauber e Godard (de 1969); ele manifesta, mais uma vez, o conflito entre o Glauber-líder dentro de uma política cultural barra pesada, que envolve o Estado, os grupos econômicos, a chamada classe cinematográfica e a imprensa e o Glauber-cineasta que não contaminou a sua criação com estas concessões de caráter tático. Identificado como líder do Cinema Novo, era consciente do leque de estilos e disparidades de talentos que este guarda-chuva sempre abrigou. Nas declarações públicas, dava mais importância às necessidades de vitalização do grupo do que à defesa intransigente de características estéticas definidas. Ideologicamente, um nacionalismo vigoroso, porém de ocasião (flexível e ajustado ao momento), dava uma certa ordem ao turbilhão que sempre assustou muita gente. Basta lembrar que, em função de uma briga pessoal que, diga-se, se deu nos dois sentidos, desde 1969 ele minimizou, atacou e nunca absolveu (o termo é este mesmo) um grupo de cineastas brasileiros, notadamente Sganzerla e Bressane, também empenhados na reinvenção do cinema depois de Godard — eles dialogaram de modo profundo e criativo com o cinema de Glauber, mas não se enquadraram no seu messianismo nacional e terceiro-mundista e na sua pedagogia, seguindo caminhos próprios. Há uma certa relação entre estes afastamentos, frente a Godard e frente ao cinema marginal brasileiro.

Apegado ao mito e sempre buscando o sentido no sofrimento e na história, Glauber não transava bem com a ironia, com o processo de esvaziamento radical que recusa a redenção; Godard, ao atacar o cinema dominante e o neocapitalismo pós-

Glauber Rocha em tempo de revisão crítica

-industrial, traçou um percurso de des-fascinação diante do cinema (dimensão presente no cinéfilo de *Acossado* e outros filmes do início da carreira), politizando suas estratégias e intensificando o tom de dissecação irônica da vida cotidiana de uma pequena burguesia mesquinha e aprisionada. Na eliminação dos resíduos de fascínio e prazer, chegou à militância mais decisiva pós--1968, onde a vertente desmontadora das ilusões e das seguranças burguesas se articulava, no fundo, ao horizonte mítico da revolução que vinha do Leste (não europeu). Nos anos 1970, Godard retoma um cinema mais comportado onde a ironia se aprofunda. Em *Salve-se quem puder*, por exemplo, destila uma amargura barra pesada. Em contraposição, *A idade da terra* é, de um lado, mais estilhaçado na montagem e mais agressivo na textura; de outro, é de novo marcado pela tentativa de grande síntese, pela mesma busca de sentido no grande plano da história onde se encaixa a ideia de um destino nacional — o tom de Glauber ainda é de salvação. E ele, apesar das aparências em cacos, quer totalizar; o tom de Godard é de um zero que não se apega a horizontes (falo de *Salve-se quem puder*) e não se pergunta pelo porto seguro, apesar da fluência linear das ações. Destes trajetos, a lição mais imediata talvez seja a de que, na atualidade, os caminhos da experiência mais criativa no cinema não marcam uma progressão de sentido único; há bifurcação, vaivéns, apostas, desencantos e reinvenções, como a de Syberberg que nos traz de volta a Méliès. Não dá mais para pensar o alinhamento com o último gesto de uma suposta vanguarda como o mergulho exclusivo na virtude, ou no pecado.

Ficha técnica dos filmes analisados

Barravento [1961-62]

direção e argumento: Glauber Rocha
produção: Rex Schindler e Braga Neto
produtor associado: David Singer
diretor de produção: José Telles de Magalhães
produtor executivo: Roberto Pires
assistente de direção: Waldemar Lima
direção especializada: Hélio Oliveira
ideia original: Luís Paulino dos Santos
roteiro: Glauber Rocha e José Telles de Magalhães
diálogos: Glauber Rocha e Luís Paulino dos Santos
direção de fotografia e câmera: Tony Rabatoni
fotografia de cena: Elio Moreno Lima
continuidade: Marina Magalhães
direção de som: Hélio Barrozo Netto
montagem: Nelson Pereira dos Santos
letreiros: Calazans Netto
música: Canjiquinha [Washington Bruno]: samba de roda e capoeira; Batatinha
    [Oscar da Penha]: "Diplomacia" (samba)
locações: Praia do Buraquinho, Itapoã, Salvador (BA)
companhia produtora: Iglu Filmes
distribuição: Horus Filmes Ltda.
p&b, 35mm, 80 min
elenco: Antonio Pitanga [Antônio Luiz Sampaio] (Firmino), Luiza Maranhão
    (Cota), Lucy Carvalho (Naína), Aldo Teixeira (Aruã), Lídio Silva [Lídio

Sertão mar

Cirillo dos Santos] (Mestre), Rosalvo Plínio, Alair Liguori, Antonio Carlos dos Santos, D. Zezé, Flora Vasconcelos, Jota Luna, Hélio Moreno Lima, Francisco dos Santos Brito
Participação especial: em candomblés: D. Hilda; samba de roda e capoeira: D. Zezé, Adinorá, Sabá; orientador de candomblés: Hélio de Oliveira

Deus e o diabo na terra do sol [1963-64]
   direção e argumento: Glauber Rocha
   produção: Luiz Augusto Mendes
   produtores associados: Jarbas Barbosa e Glauber Rocha
   direção de produção: Agnaldo Azevedo
   assistentes de direção: Paulo Gil Soares e Walter Lima Jr.
   roteiro: Glauber Rocha e Walter Lima Jr.
   direção de arte: Glauber Rocha e Paulo Gil Soares
   fotografia: Waldemar Lima
   cenografia e figurino: Paulo Gil Soares
   letreiros: Lygia Pape
   sonografia: Agnaldo Azevedo e Geraldo José
   gravuras: Calazans Netto
   cartaz: Rogério Duarte
   continuidade: Walter Lima Jr.
   montagem: Rafael Justo Valverde
   música: Heitor Villa-Lobos
   canções: Sérgio Ricardo e Glauber Rocha
   locações: Monte Santo, Feira de Santana, Salvador, Canché (Cocorobó) e Canudos (BA)
   companhia produtora e distribuição: Copacabana Filmes
   p&b, 35mm, 125 min
   elenco: Othon Bastos (Corisco), Maurício do Valle (Antônio das Mortes), Geraldo Del Rey (Manuel), Yoná Magalhães (Rosa), Lídio Silva [Lídio Cirillo dos Santos] (Sebastião), Sônia dos Humildes (Dadá), Maria Olívia Rebouças, Marrom (Cego Júlio), João Gama (padre), Roque Santos, Regina Rozemburgo, Billy Davis, Antônio Pinto (coronel), Milton Rosa (Moraes), Mário Gusmão e moradores de Monte Santo

Ficha técnica dos filmes analisados

O pagador de promessas [1962]
  direção: Anselmo Duarte
  produção: Oswaldo Massaini
  assistentes de produção: Rui Rosado e José Telles
  gerente de produção: Roberto Ribeiro
  assistente de direção: José Telles
  roteiro: Anselmo Duarte, baseado na peça homônima de Dias Gomes
  diálogos: Dias Gomes
  direção de arte: José Teixeira de Araújo
  direção de fotografia: Henry Chick Fowle
  câmera: Geraldo Gabriel
  assistente de câmera: Marcial Alfonso Fraga
  fotografia de cena: Anselmo Duarte
  sonografia: Carlos Foscolo
  engenharia de som: Juarez Costa
  continuidade: Adelice Araújo
  montagem: Carlos Coimbra
  trilha musical: Gabriel Migliori
  locações: Salvador (BA)
  companhia produtora e distribuição: Cinedistri
  p&b, 35mm, 96min
  elenco: Leonardo Vilar (Zé do Burro), Glória Menezes (Rosa), Dionísio Azeve-
    do (Padre Olavo), Geraldo Del Rey (Bonitão), Roberto Ferreira (Dedé), Nor-
    ma Bengell (Marli), Othon Bastos (repórter), Antonio Pitanga [Antônio Luiz
    Sampaio] (Capoeirista Coca), Gilberto Marques (Galego), Milton Gaúcho
    (policial), Enoch Torres (delegado), Carlos Torres (monsenhor), João De Sor-
    di (detetive), Maria Conceição (tia), Velvedo Diniz (sacristão), Walter da Sil-
    veira (bispo), Napoleão Lopes Filho (bispo), Alai Liguori (beata), Cecília
    Rabelo (beata), Jurema Penna, Irenio Simões, Antonio Mutamatsu e Girola-
    mo Brimo

Sertão mar

O cangaceiro [1953]

direção, argumento e roteiro: Vitor Lima Barreto
gerente de produção: Cid Leite da Silva
assistentes de produção: Rigoberto Plothow e Valter Thomás
assistente de direção: Galileu Garcia
diálogos: Rachel de Queiroz
direção de fotografia e iluminação: Henry Chick Fowle
assistentes de fotografia: Oswaldo Kemeni, Marcelo Primavera e Heitor Sabino
câmera: Ronald Taylor
fotografia de cena: Geter Costa
engenharia de som: Erik Rasmussen e Ernst Hack
continuidade: Bernadete Ruch
cenografia e figurino: Pierino Massenzi e Caribé
edição: Oswaldo Hafenrichter
montagem: Lucio Braun e Giuseppe Baldacconi
música (genérico): Gabriel Migliori
companhia produtora: Cinematográfica Vera Cruz Ltda.
distribuição: Columbia Pictures
locações: Interior do Estado de São Paulo
p&b, 35mm, 94 min
elenco: Alberto Ruschel (Teodoro) Marisa Prado (Olívia), Milton Ribeiro
(Galdino), Vanja Orico (Maria Clódia), Adoniran Barbosa (Mané Mole),
Ricardo Campos (cangaceiro), Neuza Veras, Zé do Norte, Lima Barreto
(comandante da Volante), Galileu Garcia, Nicolau Sala, João Batista Giot-
to, Leonel Pinto, Nieta Junqueira, W. T. Gonçalves, Antonio V. Almeida,
Auá Sapy, A. Coelho, Maria Luiza, José Herculano, Vitor Merino, Dona
Felicidade, Dan Câmara, João Pilon e Jesuíno

Outros filmes citados

Acossado (*À bout de souffle*) [1959], Jean-Luc Godard, 87, 88, 90, 91

amuleto de Ogum, O [1974], Nelson Pereira dos Santos, 27

Bahia de Todos os Santos [1969], José Hipólito Trigueirinho Neto, 26

Cidadão Kane (*Citizen Kane*) [1941], Orson Welles, 83

Caiçara [1950], Adolfo Celi, 61, 62

canto do mar, O [1953], Alberto Cavalcanti, 203

Coronel Delmiro Gouveia [1978], Geraldo Sarno, 171

dragão da maldade contra o santo guerreiro, O [1969], Glauber Rocha, 27

Duelo ao sol (*Duel in the Sun*) [1947], King Vidor, 170

encouraçado Potemkin, O (*Bronenosets Potyomkin*) [1925], Serguei Eisenstein, 111

fuzis, Os [1964], Ruy Guerra, 206

Intolerância (*Intolerance*) [1916], David W. Griffith, 14

Mandacaru vermelho [1960], Nelson Pereira dos Santos, 96

Memórias do subdesenvolvimento (*Memorias del subdesarrollo*) [1968], Tomás Gutierrez Aléa, 15

Outubro (*Oktyabre*) [1927], Serguei Eisenstein, 111

Paixão dos fortes (*My Darling Clementine*) [1946], John Ford, 186

Rastros de ódio (*The Searchers*) [1956], John Ford, 12

São Bernardo [1972], Leon Hirszman, 206

tempo das diligências, No (*Stagecoach*) [1939], John Ford, 83

Terra em transe [1966-67], Glauber Rocha, 14, 19, 215, 223, 224, 225, 226

Tenda dos milagres [1976-77], Nelson Pereira dos Santos, 27

Vidas secas [1963], Nelson Pereira dos Santos, 106, 171, 197, 199, 201, 202, 203, 204, 205

Índice onomástico

Aléa, Tomás Gutierrez, 15
Amengual, Barthélémy, 26
Antônio Conselheiro (Antônio
    Vicente Mendes Maciel), 128,
    129, 138, 139
Artaud, Antonin, 14
Auerbach, Erich, 10, 75, 161
Augusto, Sérgio, 105
Bahia Pontes, Norma, 194
Bakhtin, Mikhail, 13, 207
Balogh Ortiz, Anna Maria, 202
Barbosa, João Alexandre, 19
Barthes, Roland, 209
Bastos, Othon, 139
Bazin, André, 71, 89
Beardsley, Monroe C., 12
Beato Lourenço (José Lourenço
    Gomes da Silva), 128, 129
Belmondo, Jean-Paul, 87, 90
Benjamin, Walter, 14, 129
Bernardet, Jean-Claude, 19, 28, 34,
    35, 36, 105, 160, 161, 216
Bosi, Alfredo, 194
Brayer, Sônia, 201

Brecht, Bertolt, 13, 114, 120
Browne, Nick, 83
Caccese, Neusa Pinsard, 201, 202
Candido, Antonio, 19, 193, 198
Cavalcanti, Alberto, 203
Celi, Adolfo, 61
Chaui, Marilena, 220
Cícero, Padre, 128
Coleridge, Samuel T., 22
Collingwood, Robert G., 162
Cunha, Euclides da, 139
Del Rey, Geraldo, 108
Dias Gomes, 62, 75, 92
Dostoiévski, Fiódor, 207
Duarte, Anselmo, 18, 62, 69
Dufrenne, Mikel, 42
Eisenstein, Serguei M., 86, 111, 112,
    114, 122, 138
Fanon, Frantz, 210, 211, 212, 213,
    214, 215, 217, 218, 221
Ferreira Gullar, 215
Ford, John, 12, 96, 168, 171, 186
Galvão, Maria Rita Eliezer, 19, 61
Galvão, Walnice Nogueira, 193, 194

Índice onomástico

Gardies, René, 28
Gatti Jr., José, 38
Gerber, Raquel, 19, 26, 28
Godard, Jean-Luc, 87, 90, 91, 99
Griffith, David W., , 14, 96
Guerra, Ruy, 206
Guimarães Rosa, João, 194, 195, 196, 197, 205
Hawks, Howard, 171
Hegel, Georg W. Friedrich, 76, 77, 157, 210
Hirszman, Leon, 206, 216
Hobsbawm, Eric J. B., 141, 142, 180, 190
Jameson, Fredric, 16
João XXIII, Papa, 81
Kayser, Wolfgang, 23
Kracauer, Siegfried, 71
Lampião (Virgulino Ferreira da Silva), 95, 104, 105, 117, 120, 121, 123, 128, 140, 142, 143
Leite, Sebastião Uchoa, 215
Leskov, Nikolai, 129
Lima Barreto, Vitor, 18, 96, 169, 170, 171, 180, 186, 192, 203
Lins do Rego, José, 180
Lotman, Iuri, 82, 83, 204
Lukács, Georg, 77, 199, 203
Machado de Assis, 21
Maciel, Luís Carlos, 26, 167, 216
Martins, Carlos Estevam, 132, 215, 216
Marx, Karl, 10, 27, 165
Metz, Christian, 28, 42
Monzani, Josette, 11

Moraes Leite, Lígia Chiappini, 19
Moura, Roberto, 38
Navarro de Toledo, Caio, 217
Ortiz, Renato, 215
Paranaguá, Paulo, 10
Peñuela Cañizal, Eduardo, 19, 202
Perdigão, Paulo, 19, 105, 107
Pereira, Lúcia Miguel, 193
Pereira dos Santos, Nelson, 27, 37, 96, 197, 198, 199
Pires, Roberto, 196
Ramos, Fernão, 83
Ramos, Graciliano, 197, 198, 199, 201, 202, 204
Ribeiro Tavares, Zulmira, 19
Rocha, Glauber, 9, 10, 11, 12, 13, 14, 15, 18, 19, 23, 24, 26, 27, 28, 37, 62, 84, 87, 88, 89, 90, 91, 92, 93, 105, 117, 131, 142, 164, 165, 167, 168, 169, 170, 171, 190, 194, 195, 196, 197, 204, 207, 210, 211, 212, 215, 216, 217, 218, 222, 223, 224, 225, 226
Sales Gomes, Paulo Emílio, 19, 219
Santos, Luís Paulino dos, 11, 37, 39
Sarno, Geraldo, 171
Sartre, Jean-Paul, 217
Schwarz, Roberto, 206
Seberg, Jean, 87
Sérgio Ricardo, 131
Trigueirinho Neto, José Hipólito, 26
Viany, Alex, 117
Vidor, King, 170
Vilar, Leonardo, 72

Villa-Lobos, Heitor, 93, 101, 107, 109, 112, 129, 130, 131, 136, 139

Wayne, John, 12

Welles, Orson, 83

Wimsatt Jr., William K., 12

Wisnik, José Miguel, 164

Zavattini, Cesare, 203

Créditos das imagens

pp. 44-5: *Barravento*, Acervo Tempo Glauber.

pp. 66-7: *O pagador de promessas*, Cinedistri Produção e Distribuição Audiovisual Ltda.

pp. 97, 99, 113, 118-9, 121, 122-3: *Deus e o diabo na terra do sol*, Acervo Tempo Glauber.

pp. 173, 183, 191: *O cangaceiro*, Cinematográfica Vera Cruz Ltda.

Reprodução dos fotogramas: Cinemateca Brasileira.

Sobre o autor

Ismail Xavier nasceu em 9 de junho de 1947, em Curitiba, Paraná. Formou-se em Engenharia Mecânica na Escola Politécnica da Universidade de São Paulo e em Comunicações Sociais (Habilitação Cinema) na Escola de Comunicações e Artes da mesma universidade em 1970. Ingressou no mestrado em Teoria Literária na Faculdade de Filosofia, Letras e Ciências Humanas da Universidade de São Paulo, orientado por Paulo Emílio Sales Gomes, apresentando, em 1975, a dissertação *À procura da essência do cinema: o caminho da "avant-garde" e as iniciações brasileiras*. Em 1979, recebeu o título de doutor com a tese *A narração contraditória: uma análise do estilo de Glauber Rocha, 1962-64*, orientada por Paulo Emílio e depois por Antonio Candido de Mello e Souza, publicada em livro sob o título *Sertão mar: Glauber Rocha e a estética da fome*. Em 1982, tornou-se PhD em Cinema Studies pela Graduate School of Arts and Science, da New York University (NYU), onde finalizou também seu pós-doutorado, em 1986. Publicou em 1993 um volume que reúne a tese escrita para a NYU e a tese de livre-docência: *Alegorias do subdesenvolvimento: Cinema Novo, tropicalismo, cinema marginal*. Desde 1989 desenvolve seus trabalhos com o apoio do CNPq.

Foi professor-visitante no Department of Cinema Studies da New York University (1995), no Communication Studies Department da University of Iowa (1998), e na Université Paris III — Sorbonne Nouvelle (1999). Desde 1971 é professor no Departamento de Cinema, Rádio e Televisão da Escola de Comunicações e Artes da USP, tendo recebido o título de Professor Emérito em 2017. É membro do Conselho Consultivo da Cinemateca Brasileira desde 1977 e faz parte do conselho editorial das revistas *Novos Estudos Cebrap* e *Literatura e Sociedade*. Entre 2001 e 2015, coordenou a coleção Cinema, Teatro e Modernidade na editora Cosac Naify.

Sobre o autor

Publicou:

O discurso cinematográfico: a opacidade e a transparência. Rio de Janeiro: Paz e Terra, 1977 (3ª edição revista e ampliada, 2005).

Sétima arte: um culto moderno. São Paulo: Perspectiva, 1978.

A experiência do cinema (org.). Rio de Janeiro: Graal, 1983 (2ª edição com posfácio, 1991).

Sertão mar: Glauber Rocha e a estética da fome. São Paulo: Brasiliense, 1983 (2ª edição, São Paulo: Cosac Naify, 2007).

D. W. Griffith: o nascimento de um cinema. São Paulo: Brasiliense, 1984.

O desafio do cinema (em colaboração com Jean-Claude Bernardet e Miguel Pereira). Rio de Janeiro: Zahar, 1985.

Alegorias do subdesenvolvimento: Cinema Novo, tropicalismo, cinema marginal. São Paulo: Brasiliense, 1993 (2ª edição, São Paulo: Cosac Naify, 2012).

O cinema no século (org.). Rio de Janeiro: Imago, 1996.

Allegories of Underdevelopment: Aesthetics and Politics in Brazilian Modern Cinema. Minneapolis: University of Minnesota Press, 1997.

O cinema brasileiro moderno. São Paulo: Paz e Terra, 2001.

O olhar e a cena: melodrama, Hollywood, Cinema Novo, Nelson Rodrigues. São Paulo: Cosac Naify, 2003.

Nelson Rodrigues e o cinema (org. em colaboração com Eugênio Puppo). Rio de Janeiro: Centro Cultural Banco do Brasil, 2004.

Glauber Rocha et l'esthétique de la faim. Paris: Éditions l'Harmattan, 2008.

El discurso cinematográfico: la opacidad y la transparencia. Buenos Aires: Ediciones Manantial, 2008.

Encontros/Ismail Xavier (entrevistas, org. Adilson Mendes). Rio de Janeiro: Azougue, 2009.

Cine brasileño contemporáneo. Buenos Aires: Santiago Arcos, 2013.

Este livro foi composto
em Adobe Garamond Pro
pela Bracher & Malta,
com CTP e impressão
da Edições Loyola
em papel Pólen Soft
80 g/m² da Cia. Suzano de
Papel e Celulose para a
Duas Cidades/Editora 34,
em junho de 2019.